FRAUEN, DIE VERTRAUEN

MIT MUT UND ZUVERSICHT DAS LEBEN GEWINNEN

JOYCE MEYER

This edition published by FaithWord The Hachette Book Group, New York, USA.
Originally published in English under the title
The Confident Woman by Joyce Meyer

Joyce Meyer Ministries / Life in the Word GmbH
P.O. Box 761001
22060 Hamburg
www.joyce-meyer.de
Tel: 040 / 88 88 41 11

ISBN 978-3-939627-14-2

Bestellungen bitte an oben stehende Adresse richten

1. Auflage, September 2007

Die Bibelzitate wurden überwiegend, wenn nicht anderweitig gekennzeichnet, der der *Amplified Bible* entnommen und aus dem Englischen übersetzt. *The Amplified Bible, Old Testament* copyright © 1965, 1987 by Zondervan Corporation. *The Amplified New Testament*, copyright © 1954, 1958, 1987 by Lockman Foundation.

Vereinzelt wurden Bibelstellen auch der *Revidierten Elberfelder Bibel*, R. Brockhaus Verlag Wuppertal, Ausgabe 1992, entnommen.

Übersetzung: Jokim Schnöbbe
Umschlag: Sebastian Tobies
Satz: Satz & Medien Wieser, Stolberg
Druck: Printed in Germany

Inhalt

EINLEITUNG

Wir sind weit gekommen (haben aber auch noch weit zu gehen)

»Eine Frau muss doppelt so gut wie ein Mann sein, um halb so weit zu kommen.« – Fannie Hurst

Die meiste Zeit der Weltgeschichte haben Frauen sich nicht der ihnen gebührenden Achtung erfreuen können, noch ihren rechten Platz in der Gesellschaft gehabt. Obwohl in der westlichen Welt diese Ungerechtigkeit zu einem Großteil korrigiert wurde, gibt es immer noch viele Kulturen in der Welt, in denen die Frauen schrecklich misshandelt werden. Das ist tragisch.

Frauen sind ein wertvolles Geschenk, das Gott der Welt gegeben hat. Sie sind kreativ, sensibel, mitfühlend, intelligent, begabt und – laut der Bibel – dem Mann gleichgestellt.

Gott hat den Mann zuerst geschaffen, dann aber schnell festgestellt, dass dieser eine Gehilfin brauchte. Keine Sklavin, sondern eine Gehilfin. Er schuf die Frau aus einer Rippe Adams und nannte sie Eva. Bemerkenswert dabei ist, dass Eva aus Adams Seite genommen wurde – aus der Nähe seines Herzens – nicht aus seiner Fußsohle. Frauen wurden nicht geschaffen, um sie als Fußabtreter zu benutzen, sie respektlos zu behandeln, sie zu tyrannisieren oder herabzusetzen. Eva wurde geschaffen, weil Adam sie brauchte. Gott sagte, Adam sei ohne sie nicht vollständig. Das gilt auch heute noch. Männer brauchen Frauen, und das nicht nur als Köchin, Haushälterin, Sexpartnerin oder Gebärmaschine.

Ich sagte, Adam war ohne Eva nicht vollständig. Um Missverständnisse zu vermeiden, möchte ich ganz deutlich hinzufügen: Man muss nicht unbedingt heiraten, um vollständig zu sein. In Anbetracht der Tatsache, dass 43 Prozent aller ersten Ehen wieder geschieden werden - und 60 Prozent aller Wiederverheirateten -, ist die Ehe eindeutig nicht das Ein und Alles eines glücklichen Daseins[1].

Auch wenn die meisten sich eine Ehe wünschen und gerne einen lebenslangen Gefährten hätten, ruft und befähigt Gott viele Männer und Frauen dazu, ihr Leben lang Singles zu bleiben. Da dieses Buch für Frauen geschrieben ist, möchte ich betonen, dass Sie als Frau nicht verheiratet sein müssen, um Ihr Leben zu genießen und Großes zu vollbringen. Nur weil die meisten Frauen heiraten, heißt das noch lange nicht, mit Ihnen stimme etwas nicht oder fehle in Ihrem Leben, wenn Sie es nicht tun.

Männer und Frauen: Seite an Seite

Ich glaube, die meisten Frauen besitzen einen sechsten Sinn, den Gott den Männern nicht gegeben hat. Er ist allgemein als weibliche Intuition bekannt und ist kein Mythos; es gibt ihn wirklich. Die Lage sieht nämlich wie folgt aus: Männer sind meist sehr logisch veranlagt, Frauen dagegen mehr auf Gefühle ausgerichtet. Ein männlicher Manager mag sich zum Beispiel bei einem Job-Interessenten den Lebenslauf, die Bewerbung, den Notendurchschnitt und die Bewertungen früherer Arbeitgeber anschauen und sich gemäß den »Fakten« entschließen, die Person anzustellen. Die weibliche Kollegin dieses männlichen Managers mag sich dagegen mehr instinktiv leiten lassen, durch ihr »Bauchgefühl«. In ihrer Bewertung desselben Bewerbers nimmt sie vielleicht intuitiv einige Eigenarten in der Persönlichkeit wahr, einige subtile aber destruktive Haltungen, die sich nicht auf dem Papier zeigen. Dadurch sind Frauen noch lange nicht bessere Leiter als Männer, auch ist das kein Indiz für eine besondere Frequenz zwischen Gott und Frauen, in die sich Männer nicht einklinken können. Die weiblichen Gefühle können einer Frau sogar Schwierigkeiten bereiten, und sehr häufig bedarf sie der Logik des Mannes, die in der linken Gehirnhälfte sitzt, um einen klaren Durchblick zu bekommen.

Der Punkt ist, dass Frauen und Männer sich gegenseitig brauchen. Sie können sich ergänzen, genau wie in dem Beispiel von den männlichen und weiblichen Chefs, das ich gerade gegeben habe. Weder der Mann noch die Frau haben das Gesamtbild deutlich oder komplett gesehen. Deshalb sollten Männer und Frauen harmonisch zusammenarbeiten, Seite an Seite, und sich dabei als Gleichberechtigte respektieren.

Der Ordnung halber hat Gott es so eingerichtet, dass sich eine verheiratete Frau ihrem Ehemann unterordnet. Ich weiß, viele Frauen mögen dieses »unter«-Wort nicht. Aber sehen Sie es doch einmal so: Zwei Menschen können nicht gleichzeitig ein Auto fahren und sich dabei um das Steuerrad und die Bremskontrolle streiten. Notwendigerweise wird einer der beiden auf dem Fahrersitz Platz nehmen. Es war jedoch nie Gottes Absicht, dass Frauen dominiert werden und ihnen das Gefühl gegeben wird, ihre Ansichten seien belanglos. (Mein Mann Dave kann Ihnen bezeugen, wie hilfreich eine Beifahrerin im Auto ist, die spüren kann, wann wir uns verfahren haben - und die nicht zu stolz ist, nach dem Weg zu fragen!)

Wie gut kennen Sie die Welt der Frauen?

Neuere Umfragen von Frauen in den Vereinigten Staaten haben einige faszinierende Offenbarungen über Frauen gebracht. Machen Sie das folgende Quiz, bei dem Sie bestimmen müssen, ob die jeweilige Aussage richtig oder falsch ist, und sehen Sie, inwieweit sich Ihre Erfahrungen und Einstellungen mit denen anderer Frauen decken.

1. Die meisten amerikanischen Frauen bekommen jede Nacht genug Schlaf.
2. Frauen haben nur am Wochenende eine Pause von ihren Haushaltsaufgaben und Verantwortlichkeiten.
3. Bei den meisten Wiederverheiratungen sind keine Kinder mit im Spiel.
4. Die meisten Mütter sagen, sie verbringen mehr wertvolle Zeit mit ihren Kindern als ihre eigenen Mütter es mit ihnen getan haben.
5. Mehr als alles andere wünschen sich Frauen mehr Zeit für sportliche Aktivitäten zu haben.
6. Die meisten verheirateten Frauen sind damit zufrieden, wie viel Zeit sie mit ihren Ehemännern verbringen.
7. Mehr als Kinder vermissen Frauen im Eheleben Zeit für Sex.
8. Die meisten Mütter sagen, ihre Ehemänner seien als Väter so wie sie erwartet hatten.
9. Die meisten Mütter sagen, sie - nicht ihre Ehemänner - kümmern sich um die Probleme in ihren Familien.
10. Die Mütter sagen mehrheitlich, sie hätten nicht genug Zeit für sich selbst.

Antworten auf »Wie gut kennen Sie die Welt der Frauen?«

1. Falsch. Nur 15 Prozent der Frauen bekommen mindestens acht Stunden Schlaf pro Nacht[2].
2. Falsch. Die Hälfte aller heutigen Frauen verbringen ihre Wochenenden mit Hausarbeit und anderen Haushaltsaufgaben[3].
3. Falsch. Bei 65 Prozent aller Wiederverheiratungen sind Kinder aus früheren Ehen mit dabei[4].
4. Richtig. 70 Prozent aller Mütter sagen, sie verbringen mehr Zeit mit ihren Kindern als ihre eigenen Mütter es getan haben[5].
5. Falsch. 69 Prozent aller Mütter würden gerne mehr Freizeit mit ihren Kindern verbringen. Sportliche Aktivitäten kamen mit 67 Prozent gleich danach[6].
6. Falsch. 79 Prozent aller Frauen möchten mehr Zeit mit ihren Ehemännern verbringen[7].
7. Falsch. Zwar vermissen heutige Mütter mehr Zeit im Bett mit ihren Männern, aber weit mehr vermissen Schlaf (69 Prozent) als Sex (22 Prozent)[8].
8. Richtig. 56 Prozent aller Frauen sagen, ihre Männer seien als Väter so, wie sie es sich vorgestellt haben - obwohl sie zugeben, dass dies nicht immer positiv zu werten ist. Auf der anderen Seite gibt es unter den 44 Prozent, die die gegenteilige Antwort gegeben haben, auch einige, bei denen die Männer ihre Erwartungen in Sachen Vatersein überstiegen haben[9].
9. Richtig. Diese Antwort mag einige Männer schockieren, aber 60 Prozent aller Mütter sagen, sie lösen die Probleme in ihren Familien[10].
10. Richtig. Überwältigende 90 Prozent der heutigen Mütter sehnen sich nach mehr Zeit für sich selbst[11].

Als Resultat jahrelanger Misshandlung und einer falschen Weltanschauung im Hinblick auf Frauen haben viele von uns die Zuversicht verloren, die Gott uns zugedacht hat. Unsere Gesellschaft leidet unter einer Epidemie verunsicherter Leute. Dieses Problem verursacht große Beziehungsschwierigkeiten und ist mit ein Grund für die hohe Scheidungsrate.

Fragen Sie Frauen des 21. Jahrhunderts: »Wie ist Ihr Selbstwertgefühl?«, dann werden die meisten zugeben: »Ich hasse mich.«

Fragen Sie Frauen des 21. Jahrhunderts: »Wie ist Ihr Selbstwertgefühl?«, dann werden die meisten zugeben: »Ich hasse mich.« Selbst wenn nicht alle eine gar so heftige Meinung von sich selbst haben, werden sie immer noch zugeben, dass sie sich selbst nicht mögen. Bei dieser negativen Einstellung spielen drei Faktoren eine Rolle:

1. Die lange Vergangenheit männlicher Misshandlung von Frauen hat das vage Gefühl in uns erzeugt, wir seien irgendwie »weniger« als Männer. Weniger wertvoll. Weniger achtbar.
2. Die Welt hat ein falsches, unrealistisches Bild davon erzeugt, wie Frauen aussehen und sich benehmen sollen. In Wirklichkeit hat Gott nicht jede Frau als mageres Wesen mit makellosem Teint und langen, wehenden Haaren geschaffen. Auch war es nicht die Absicht, dass jede Frau zwischen einer Karriere und allen anderen Pflichten als Ehefrau, Mutter, Bürgerin und Tochter hin- und hertanzt. Alleinstehende Frauen sollten nicht den Eindruck bekommen, ihnen fehle etwas, weil sie nicht verheiratet sind. Verheiratete Frauen sollten nicht den Eindruck bekommen, sie müssen eine Karriere haben, um vollständig zu sein. Wenn sie sich dafür entscheiden, ist das wunderbar, aber wir müssen uns die Freiheit der Individualität bewahren.
3. Viele Frauen hassen sich und haben kein Selbstvertrauen, weil sie missbraucht, abgelehnt, verlassen oder auf andere Weise emotional verletzt wurden. Frauen müssen eine Erweckung erleben und das Wissen über ihren unendlichen Wert

wiedererlangen. Durch dieses Buch hoffe ich, eben solch eine Erweckung zu erzeugen.

Während meiner Kindheit habe ich viele Jahre sexuellen Missbrauchs durchstehen müssen. Der Missbrauch hat sich erheblich auf meine Zuversicht und das Selbstbild, das ich in mir trug, ausgewirkt. Innerlich war ich angsterfüllt, auch wenn ich mich nach außen als stark und sicher gab, als jemand, der sich um die Meinung anderer nicht scherte. Ich schuf ein vorgetäuschtes Ich, damit niemand das echte Ich entdecken würde. Ich war mit Scham und Schuldgefühlen darüber beladen, was mir ein Mann angetan hatte. Ehrlich gesagt habe ich deswegen viele Jahre lang von Männern allgemein nicht viel gehalten.

Heute jedoch, so glaube ich, bin ich eine recht ausgeglichene Frau. Ich habe einen wundervollen Ehemann und vier erwachsene Kinder. Ich bin die Vorsitzende und Gründerin eines weltweiten Mediendienstes, der Millionen von Menschen Errettung durch Jesus Christus bringt, wie auch Freiheit und Ganzheit für ihr Leben. Mein Mann, meine Kinder und ich arbeiten alle zusammen im vollzeitlichen Dienst.

Auf meiner Lebensreise habe ich viel darüber gelernt, was »wahre Zuversicht« ist, und es wird mir ein Vorrecht sein, alles mit Ihnen zu teilen, was Ihnen helfen kann, die von Gott vorgesehene Frau zu werden. Er möchte, dass Sie kühn, mutig und zuversichtlich sind, respektiert, bewundert, befördert, gefragt und, mehr als alles andere, geliebt werden.

Gott hat einen wunderbaren Plan für Ihr Leben, und ich bete, dass Sie durch das Lesen dieses Buches diesen Plan mehr denn je realisieren können. Sie können mit erhobenem Haupt leben und mit Zuversicht über sich selbst und Ihre Zukunft erfüllt sein. Sie können kühn sein und neue Schritte wagen - selbst Dinge tun, die kein Mann und keine Frau jemals getan haben. Sie haben das Zeug dazu!

TEIL I

Gottes Gabe der Zuversicht

Kapitel 1
Zuversicht

Was ist Zuversicht? Ich glaube, Zuversicht bedeutet, sich seiner Fähigkeiten sicher zu sein - anstatt sich über seine Unfähigkeiten Sorgen zu machen. Eine Frau mit Zuversicht möchte stets dazulernen, weiß sie doch, dass sie mit ihrer Zuversicht durch die Tore des Lebens schreiten kann, gespannt darauf, was sich auf der anderen Seite befindet. Sie weiß, dass jedes Unbekannte eine Chance darstellt, mehr über sich selbst herauszufinden und ihre Fähigkeiten zu entfalten.

Menschen mit Zuversicht konzentrieren sich nicht auf ihre Schwächen, sie entwickeln ihre Stärken und holen das Beste aus ihnen heraus.

Auf einer Skala von eins bis zehn bin ich zum Beispiel etwa eine Drei im Klavierspielen. Nun, wenn ich lange und hart üben würde - und mein Mann den Lärm aushielte -, dann könnte ich vielleicht eine durchschnittliche Fünfer-Pianistin werden. Als öffentliche Rednerin mag ich jedoch eine Acht sein. Wenn ich meine Zeit und Kraft also in diese Fähigkeit stecke, kann ich eventuell bis zur Stufe zehn gelangen. In diesem Licht betrachtet ist es nicht schwer zu sehen, wo Sie Ihre Kraft investieren sollten.

Die Welt benötigt keine Mittelmäßigkeit. Wir brauchen wirklich keinen Haufen voller Vierer und Fünfer, die den Durchschnitt erfüllen. Diese Welt braucht Zehner. Ich glaube, jeder kann in einem Bereich eine Zehn sein. Leider gibt es da ein Problem. Häufig arbeiten wir so sehr an unseren Schwächen, dass wir unsere Stärken nie entwickeln. Die Dinge, auf die wir uns konzentrieren, wachsen in unseren Augen - sogar viel zu stark. Wir können ein großes Problem aus einer Sache machen, obgleich sie nichts weiter als eine kleine Unannehmlichkeit gewesen wäre, hätten wir sie nur im Verhältnis zu unseren Stärken betrachtet. Nehmen wir zum Beispiel an, Sie haben mit Zahlen nicht viel am Hut. Sie haben große Mühe, in Restaurants 15 Prozent Trinkgeld zu berechnen, und Ihr Scheckbuch haben Sie schon seit 1987 nicht mehr aufgerechnet.

Sie könnten ganz davon gepackt sein, dass Sie Ihre »Matheaufgaben« nicht hinbekommen. Sie könnten sich *Algebra für Dummies* und andere themenbezogene Bücher kaufen, vielleicht sogar einen Kurs an der Volkshochschule belegen. Weil Sie so darauf versessen wären, Ihre Mathematikkenntnisse zu verbessern, würden Sie viel Zeit verbrauchen, die Sie Ihren Stärken widmen könnten: Sonntagsschulunterricht, kreatives Schreiben oder Spendensammeln für Wohltätigkeitszwecke. Mit anderen Worten: Sie stehlen Zeit und Kraft von den Zehnern in Ihrem Leben, bloß, um eine lausige Drei auf eine mittelmäßige Fünf zu bringen.

Wäre es nicht viel sinnvoller, das Mathezeug an jemand anderen zu delegieren? Sie könnten von Anbietern im Internet Gebrauch machen, die Ihre Finanzen berechnen und automatisch Fehler oder Überziehungen erkennen. Und beim Essengehen wenden Sie sich doch einfach an Ihre Begleiter, um das Trinkgeld auszuknobeln. Es gibt sogar Trinkgeld-Richtlinien, die man sich in die Tasche stecken kann.

Ich erinnere mich an ein Interview mit einem Ehepaar in der Fernsehsendung unseres Dienstes. Ich fragte den Mann, der übrigens ein Prediger war, nach seinen Schwächen. Seine Antwort lautete: »Wissen Sie, ich konzentriere mich nicht auf sie. Ich habe bestimmt welche, aber im Moment kann ich sie Ihnen gar nicht nennen, weil ich nicht auf sie achte.« Lachend erwiderte ich, dann könne ich ja später seine Frau fragen. Bestimmt würde sie seine Schwächen kennen, selbst wenn er es nicht tat. Als sie später in der Sendung dazu kam, bin ich kurzerhand mit dieser Frage herausgeplatzt. Sie sagte dazu: »In meinen Augen ist mein

Mann perfekt; ich konzentriere mich nicht auf seine Schwächen. Er hat so viele Stärken, dass ich mich einfach darauf ausrichte und ihm helfe, sein Potential voll auszuschöpfen.«

Ich brauchte nicht lange, um zu begreifen, warum diese Beiden immer so glücklich und gut gelaunt waren - und warum sie so eine wunderbare Ehe hatten. Positives Denken und Handeln wird bei zuversichtlichen Menschen zur Gewohnheit. Deshalb genießen sie das Leben und erreichen so viel.

Jemand ohne Zuversicht ist wie ein Flugzeug, das mit leeren Treibstofftanks auf der Startbahn steht. Das Flugzeug kann zwar fliegen, ohne Treibstoff hebt es aber nicht ab. Zuversicht ist unser Treibstoff. Unsere Zuversicht, unser Erfolgsglaube gibt uns die nötige Starthilfe und lässt uns jede Lebensherausforderung erfolgreich meistern. Ohne Zuversicht wird eine Frau in Furcht leben und sich nie erfüllt fühlen.

Zuversicht lässt uns das Leben mit Kühnheit, Offenheit und Ehrlichkeit angehen. Sie befähigt uns, sorgenfrei zu leben und uns sicher zu fühlen. Durch sie können wir authentisch leben. Wir müssen kein falsches Bild abgeben, denn wir sind uns unserer Identität sicher - selbst wenn wir anders als unsere Mitmenschen sind. Ich glaube ganz fest daran, dass uns Zuversicht erlaubt, anders zu sein, einzigartig zu sein. Gott hat jeden Menschen einzigartig erschaffen, und trotzdem versuchen die meisten Leute ständig, wie jemand anders zu sein - und werden dadurch todunglücklich. Glauben Sie mir: Gott wird Ihnen nie dabei helfen, jemand anders zu sein. Er möchte, dass Sie Sie sind! Da können Sie ganz sicher sein!

Zuversicht lässt uns das Leben mit Kühnheit, Offenheit und Ehrlichkeit angehen. Sie befähigt uns, sorgenfrei zu leben und uns sicher zu fühlen. Durch sie können wir authentisch leben.

Leute mit einem Mangel an Zuversicht sind sich dagegen in überhaupt nichts sicher. Sie sind wankelmütige, unentschlossene Menschen, die sich ständig am Leben die Zähne ausbeißen. Wenn sie einmal eine Entscheidung treffen, werden sie sogleich von Selbstzweifeln gequält. Sie kritisieren sich im Nachhinein selbst (und kritisieren dann die Kritik der Kritik der Kritik) und leben folglich nicht kühn genug. Sie führen ein kleines, enges Leben und verpassen das große, lohnende Leben, das Gott für sie bereit hat.

Vielleicht kennen Sie einige von Gottes Verheißungen für sein Volk: Verheißungen des Friedens, Glücks, Segens und so weiter. Aber wissen Sie auch, dass alle Verheißungen Gottes für jeden einzelnen gelten?

Sie haben richtig gelesen. Gott begünstigt keinen, wenn es darum geht, seine Verheißungen zu erfüllen. Allerdings verknüpft er einige Verheißungen mit bestimmten Vorraussetzungen, genau wie Eltern ihrem Kind einen besonderen Ausflug als Belohnung für ein gutes Zeugnis versprechen.

Ähnlich fordert Gott von uns, dass wir uns ihm im Glauben nähern, womit eine tiefe Zuversicht im Hinblick auf Gottes Vertrauenswürdigkeit und das Einhalten all seiner Versprechen gemeint ist. Gott liebt Sie, in der Erkenntnis dieser Liebe dürfen Sie aufatmen. Das möchte Gott für Sie. Er wünscht Ihnen jene Seelenruhe, die man findet, wenn man sich in seiner Liebe geborgen weiß und frei von quälenden Ängsten und Zweifeln lebt. Zu viele Menschen zucken zusammen, wenn Gott erwähnt wird, weil sie Angst haben, er sitze dort oben im Himmel und warte nur auf einen Ausrutscher, damit er sie bestrafen könne. Ich sage nicht, dass unsere Taten nie Konsequenzen mit sich bringen, aber Gott hat keinen Gefallen daran, uns zu bestrafen. Viel lieber möchte er uns segnen und uns gedeihen sehen. Er ist gnädig, und wenn wir seine Gnade empfangen können, wird er uns häufig Segen schenken, selbst wenn wir vom Gesetz her Strafe verdient hätten. Wunderbarerweise sieht er nicht nur unsere Taten, sondern auch die Einstellung unseres Herzens und unseren Glauben an Jesus.

Wenn wir Zuversicht in Gott, in seine Liebe und Freundlichkeit haben, können wir auch mit Zuversicht leben und in den Genuss des von ihm vorgesehenen Lebens kommen. Achten Sie darauf, dass ich von Zuversicht in Bezug auf Gott und nicht auf uns selbst gesprochen habe. Die Leute verstehen unter Zuversicht meist Selbstbewusstsein. Denken Sie nur daran, wie viele

Fernseh-Selbsthilfe-Gurus oder Sportler Ihnen einschärfen, Sie sollen »an sich selbst« glauben. Da erlaube ich mir, anderer Meinung zu sein. Gleich am Anfang möchte ich klarstellen, dass unsere Zuversicht in Christus allein verankert sein muss, nicht in uns selbst, nicht in anderen Menschen, nicht in der Welt oder ihren Systemen. In der Bibel steht, dass wir durch Christus allem gewachsen sind (Philipper 4,13). So könnte man auch sagen, durch Christi Zuversicht sind auch wir zuversichtlich. Oder anders ausgedrückt: »Wir haben nur deshalb Zuversicht in uns selbst, weil er in uns lebt und wir von seiner Zuversicht zehren können.«

Stellen Sie sich vor, Sie spielen in einer Basketballmannschaft, deren Kapitän die beste Spielerin der Welt ist und einen unübertroffenen Durchblick auf dem Spielfeld hat. Sie hat die Position des Point Guard, auch Aufbauspielerin genannt (die für die Spielübersicht verantwortliche, verteidigende Spielmacherin; Anm. d. Übers.). Diese Sportlerin kann nicht nur jeden anderen austricksen, sie kitzelt auch das Beste aus ihrer Mannschaft heraus. Sie können mit Zuversicht in jedes Spiel gehen, wissend, dass Ihre Leiterin das Wissen und Können hat, Sie zum Sieg zu führen. Natürlich müssen auch Sie Ihren Teil beitragen, Ihre Rolle im Team erfüllen, aber selbst wenn Sie einmal schlecht in Form sind, gibt Ihnen Ihr Superstar immer Deckung. Sie ist hinter Ihnen. Und bei fortschreitendem Spiel merken Sie, wie ansteckend die Zuversicht Ihrer Leiterin ist. Sie können kühn spielen, weil Ihre Kapitänin Sie inspiriert.

Wenn ich also sage, ich sei zuversichtlich - was ich häufig tue -, dann meine ich damit keine Zuversicht in Bezug auf mich selbst und meine Fähigkeiten. Vielmehr meine ich Zuversicht im Hinblick auf Gott, meinen Leiter, und die Gaben, Talente und die Erkenntnis, die er in mich hineingelegt hat. Ich weiß, dass ich ohne ihn nichts bin (Johannes 15,5), doch mit ihm kann ich ein Champion sein, weil er das Beste aus mir herausholt.

... wir rühmen und brüsten uns in Jesus Christus, und setzen keine Zuversicht in das und sind nicht abhängig [in unserer Identität]

vom Fleisch und äußerlichen Privilegien und physischen Vorteilen und dem sichtbaren Erscheinungsbild. (Philipper 3,3)

Leiden Sie an einem Zuversichtsdefizit?

Einen Mangel an Zuversicht zu haben, bedeutet, in einer schlechten Verfassung zu sein, man könnte es sogar als Krankheit bezeichnen. Genau wie bei anderen Krankheiten, wird Zuversichtsmangel durch das Defizit einer Sache (Zuversicht) und das Überhandnehmen einer anderen Sache (in diesem Fall Furcht) verursacht. Ich nenne Furcht einen emotionalen Virus, weil sie als ein Gedanke in Ihrem Kopf beginnt und sich dann auf Ihre Gefühle und Ihr Handeln auswirkt - genau wie ein Grippenvirus durch ein Händeschütteln oder Niesen in Ihren Körper dringt und bewirkt, dass Sie sich dann durch und durch mies fühlen.

Furcht ist ein gefährlicher Virus, denn eine furchtsame Person hat keine Zuversicht und wird nie ihr Lebenspotenzial erreichen. Sie wird nie aus dem Gewohnten heraustreten, um etwas zu tun, schon gar nicht etwas Neues oder Anderes. Furcht ist eine grausame Herrscherin, und ihre Untertanen leben in ständiger Qual.

Es bricht mir das Herz, wenn ich Leute in Angst leben sehe, weil sie ohne Zuversicht nie echte Freude kennen oder erleben können. Auch der Heilige Geist Gottes ist betrübt, weil er in unser Leben geschickt worden ist, um uns zu unseren von Gott gegebenen Bestimmungen zu verhelfen. Wenn Sie sich jedoch durch Furcht Ihre Lebenstür vor der Nase haben zuschlagen und verriegeln lassen, können Sie schlecht Ihre Bestimmung finden. Stattdessen kauern Sie hinter der Tür, voller Hass auf sich selbst, voller Selbstverurteilung, voller Angst vor Ablehnung, Angst vor Versagen und Angst vor anderen.

Aus vielen, die der Furcht unterliegen, werden Duckmäuser, die sich häufig von anderen kontrollieren und manipulieren lassen. Sie geben das Recht des eigenen Ichs auf und verbringen ihr Leben normalerweise mit dem Versuch, den von ihnen so verstandenen Vorstellungen einer anderen Person zu entsprechen.

Der Versuch, jemand zu sein, der wir gar nicht sein sollen, erstickt leider uns selbst und Gottes Kraft in uns. Durch Zuversicht können wir wahrlich unglaubliche Höhen erreichen; ohne Zuversicht bleiben selbst kleine Erfolge aus.

Nun mögen Sie den vorherigen Absatz über die »unglaublichen Höhen« gelesen und dabei gedacht haben: *Ja, ja, Joyce. Ich kann ganz bestimmt nichts Unglaubliches vollbringen. (Und Höhenangst habe ich auch.)* Falls Sie solche Gedanken haben, brauchen Sie nicht zu verzweifeln. Immer wieder hat Gott in der Geschichte ganz gewöhnliche Menschen benutzt, um unglaubliche, außergewöhnliche Dinge zu vollbringen. Doch mussten sie alle zunächst einen Glaubensschritt tun. Sie mussten zuversichtlich in das Unbekannte oder Ungewohnte vordrängen, bevor sie vorankamen. Sie mussten glauben, dass sie das Vorgenommene auch tun konnten. Im Wörterbuch kommt »Aufschwung« zwar vor »Hoffnung«, aber im wirklichen Leben ist es anders herum.

Dabei ist es wichtig, im Kopf zu behalten, dass viele erfolgreiche Menschen erst einmal eine große Anzahl von gescheiterten Versuchen durchstehen mussten, bis sie endlich Erfolg hatten. Sie mussten nicht nur mit Zuversicht beginnen, sondern zuversichtlich bleiben, auch wenn jeder Umstand ihnen ins Ohr zu schreien schien: »Versagen! Versagen! Versagen!«

Nehmen wir den Erfinder Thomas Edison als Beispiel. Er sagte einmal: »Ohne Übertreibung kann ich sagen, dass ich bezüglich des elektrischen Lichts dreitausend verschiedene Theorien aufgestellt habe, jede von ihnen nachvollziehbar und scheinbar wahr. Doch nur in zwei Fällen haben meine Experimente die Wahrheit meiner Theorie belegt.«

Das bedeutet, Edison hat auf seinem Weg zum Erfolg 2.998 verfehlte Theorien aufgestellt. Überhaupt ist die wahre Geschichte der Glühbirne eine lange, mühsame Reise von wiederholtem Versuch und Versagen. Stellen Sie sich vor, wie Edison sich gefühlt haben muss, als sich seine vergeblichen Versuche zu Dutzenden stapelten, dann zu Hunderten, schließlich zu Tausenden. Und trotzdem, inmitten dieses Versagens, drängte er immer nach vorn. Er glaubte an seine leuchtende Idee, weshalb er seine Entschlossenheit nie verlor[12].

Nur weil gewöhnliche Menschen Schritte tun, um ungewöhnliche Dinge zu erreichen, heißt das nicht, dass sie keine Angstgefühle haben. Ich glaube, die alttestamentliche Heldin Ester hatte Angst, als sie ihr gewohntes, komfortables Leben verlassen und in den Harem des Königs eintreten musste, um von Gott zur Errettung ihres Volkes gebraucht zu werden. Ich glaube, Josua hatte Angst, als ihm nach Moses Tod der Auftrag gegeben wurde, die Israeliten in das Verheißene Land zu führen. Ich weiß, dass ich Angst hatte, als Gott mich rief, meine Arbeitsstelle aufzugeben und mich auf den vollzeitlichen Dienst vorzubereiten. Ich erinnere mich noch, wie meine Knie weich und meine Beine ganz schwach wurden und ich dachte, ich würde umfallen. Ich erinnere mich an das damalige Angstgefühl, aber heute jagt mir mehr der Gedanke Angst ein, wie sich mein Leben wohl entwickelt hätte, wenn ich der Furcht nicht begegnet wäre und mich nicht zu Gottes Willen durchgekämpft hätte. Furcht macht Sie nicht zum Feigling, solange Sie bereit sind, trotz des Angstgefühls zu tun, was Sie zu tun haben.

Hätte ich mich von der Furcht aufhalten lassen, wo wäre ich dann heute? Was wären meine Aufgaben? Wäre ich glücklich und erfüllt? Würde ich in diesem Moment ein Buch darüber schreiben, wie eine Frau zuversichtlich sein kann - oder säße ich deprimiert zuhause und fragte mich, warum mein Leben solch eine Enttäuschung gewesen ist? Ich glaube, dass viele unglückliche Menschen zu denen gehören, die ihr Leben von Furcht haben bestimmen lassen.

Wie sieht es mit Ihnen aus, meine liebe Leserin? Tun Sie das, von dem Sie wirklich glauben, dass Sie es in dieser Lebensphase tun sollten, oder haben Sie sich durch Furcht und einen Mangel an Zuversicht davon abhalten lassen, sich auf neue Dinge einzulassen - oder auch auf ein höheres Niveau alter Dinge? Wenn Ihnen Ihre Antwort nicht gefällt, dann lassen Sie mich Ihnen eine gute Nachricht bringen: Es ist nie zu spät, von neuem zu beginnen! Verbringen Sie keinen weiteren Tag in einem eingeengten

Leben, in dem es nur Platz für Sie und Ihre Ängste gibt. Entschließen Sie sich gerade jetzt, dass Sie es lernen werden, kühn, resolut und zuversichtlich zu leben. Lassen Sie sich nicht länger von Furcht beherrschen.

Dabei ist es wichtig zu wissen, dass Sie nicht einfach herumsitzen und warten können, bis die Furcht endlich verschwindet. Sie müssen trotz Ihrer Angstgefühle handeln. Oder, wie John Wayne es sagte: »Mut bedeutet, sich zu Tode zu fürchten, aber sich trotzdem in den Sattel zu schwingen.« Anders ausgedrückt ist Mut nicht die Abwesenheit von Furcht, sie ist eine Handlung inmitten von Furcht. Kühne Menschen handeln gemäß dessen, was sie für richtig halten, nicht gemäß ihrer Gefühle.

Während ich diese Worte schreibe, kommt bei mir richtig Begeisterung für Sie auf. Ich glaube wirklich, dieses Buch wird das Leben vieler Leserinnen verändern. Für einige von Ihnen mag es einfach eine gute Erinnerung sein, andere von Ihnen werden hierdurch jedoch auf Ihren wahren Lebenspfad geführt werden, zu dem Leben hin, das seit Anbeginn der Zeit auf Sie gewartet hat und welches Sie durch Furcht und Einschüchterung vielleicht bis jetzt verpasst haben. Satan ist ein Meister im Einschüchtern. Aber wenn Sie erst einmal erkennen, dass er derjenige ist, der hinter all Ihrer Zögerlichkeit steckt, können Sie Vollmacht über ihn ergreifen, indem Sie einfach Ihr Vertrauen auf Jesus Christus setzen und mutig hervortreten, um Ihr Potential zu erfüllen. Gott sagte zu Josua: »Fürchte dich nicht, denn ich bin mit dir.« Er schickt Ihnen die gleiche Botschaft heute: FÜRCHTEN SIE SICH NICHT! Gott ist mit Ihnen. Er wird Sie nie verlassen, noch Sie im Stich lassen.

Mut ist nicht die Abwesenheit von Furcht; sie ist eine Handlung inmitten von Furcht. Kühne Menschen handeln gemäß dessen, was sie für richtig halten, nicht gemäß ihrer Gefühle.

Abraham wurde gesagt: »Gott ist mir dir in all deinem Tun« (1. Mose 21,22). Das hört sich für mich nach einem weit gespannten Leben an. Sind Sie für ein weites Leben bereit, eines, in dem

Sie sich zufrieden und erfüllt fühlen? Ich denke, Sie sind es, und ich möchte alles in meiner Macht stehende tun, um Ihnen auf Ihrer Reise zu helfen.

Ich weiß, wie es ist, in Angst zu leben. Angst kann uns buchstäblich Magenschmerzen bereiten. Sie kann uns so angespannt und nervös machen, dass alle um uns herum merken, dass etwas nicht stimmt - so sichtbar ist sie in den Gesichtszügen und der Körpersprache. Nicht nur das, ein Mangel an Zuversicht ist dazu noch genauso ansteckend wie die Zuversicht selbst. Wenn wir keine Zuversicht in uns tragen, hat auch sonst niemand Zuversicht. Stellen Sie sich eine zaghafte, kauernde Basketballspielerin vor, wie sie mit den Armen um sich geschlungen am Spielfeldrand steht. Wird irgendjemand ihr den Ball zuwerfen? Wird irgendjemand ihr vorher verabredete Zeichen geben, auf die sie reagieren soll?

Der Gedanke, andere können uns ablehnen, verletzt uns. Die Basketballspielerin in dem Beispiel denkt vielleicht, ihre Mitspielerinnen hassen sie oder haben etwas gegen sie. Dabei ist die Wurzel des Problems bei furchtsamen, wenig zuversichtlichen Leuten ihre Selbstablehnung. Sie lehnen die Person ab, die sie nach Gottes Absicht sein sollen.

Ein klassisches Beispiel in Sachen Zuversicht

Genau wie Zuversichtsmangel bestimmte Symptome aufweist, kann man dasselbe für Zuversicht sagen. Eine Frau mit Zuversicht fühlt sich sicher. Sie weiß sich geliebt, wertvoll, umsorgt und sicher in Gottes Willen für sie. Wenn wir uns sicher und geborgen fühlen, ist es leicht, Neues zu wagen. Als die Golden Gate Bridge gebaut wurde, gab es zunächst keine Sicherheitsmaßnahmen, so dass 23 Menschen in den Tod gefallen sind. Für den Endspurt des Projekts wurde jedoch ein großes Netz als Sicherheitsvorkehrung gespannt. Mindestens zehn Männer fielen dort hinein und wurden somit vor dem Tod bewahrt. Noch interessanter ist jedoch die Tatsache, dass nach Aufspannen des Netzes 25 Prozent mehr Arbeit erbracht wurde. Warum? Weil die Männer sich sicher wussten und dadurch frei waren, sich ganz dem Projekt zu widmen[13].

Wenn Leute sich sicher fühlen, nehmen sie das Risiko des Versagens auf sich, um einen Erfolg anzustreben. Wenn wir uns geliebt wissen - uns selbst, nicht nur unsere Taten oder Leistungen -, dann brauchen wir das Versagen nicht länger zu fürchten. Dann begreifen wir: Ein Versagen bedeutet nicht gleich in allem ein Versager zu sein. Wir können frei ausprobieren und herausfinden, wofür wir am besten geeignet sind. Wir können unseren eigenen Platz im Leben finden, was ganz unmöglich ist, wenn man keinen Schritt wagt, um Dinge herauszufinden. Versuch und Versagen ist der Weg zum Erfolg, und es kann nicht losgehen, solange Ihr Auto noch geparkt ist. Setzen Sie sich also in Bewegung, und Gott wird Sie lenken. Wenn Leute Zuversicht haben, probieren sie Dinge aus. Das machen sie immer weiter, solange, bis sie in dem, wozu Gott sie berufen hat, einen Weg zum Erfolg finden.

Natürlich kann uns das Leben manchmal so vorkommen, als könnten wir uns nicht einmal über Wasser halten. Dabei können wir uns in Wirklichkeit ohne Gott *nie* über Wasser halten.

Ein Beispiel dafür ist ein dreijähriges Mädchen, das sich auf Papas Arm sicher fühlte, während er in der Mitte des Schwimmbeckens stand. Doch dann bewegte sich Papa spaßeshalber langsam auf den tieferen Teil zu. Während das Wasser immer höher stieg, summte er: »Tiefer und tiefer und tiefer.« Auf dem Gesicht des Mädchens zeichnete sich immer stärkere Panik ab. Sie klammerte sich immer fester an ihren Vater, der natürlich problemlos den Beckengrund berührte. Wäre das Mädchen fähig gewesen, ihre Situation zu analysieren, hätte sie erkannt, dass es für ihre wachsende Angst gar keinen Grund gab. Das Wasser war *überall* im Becken zu tief für sie. Ihre Sicherheit hing in jedem Teil des Beckens von Papa ab.

In verschiedenen Lebensabschnitten fühlen wir uns alle, als würden wir den sicheren Grund unter den Füßen verlieren, als könnten wir uns nicht über Wasser halten. Die Probleme stürzen nur so auf uns ein: eine Kündigung, ein Todesfall, Familienstreit oder eine schlechte Nachricht vom Arzt. Wenn solche Dinge passieren, verlieren wir die Kontrolle und geraten leicht in Panik. Aber denken Sie einmal darüber nach. Genau wie das Kind im Schwimmbecken haben auch wir nie wirklich die Kontrolle über die entscheidenden Elemente des Lebens. Wir sind immer schon von der Gnade Gottes des Vaters getragen worden, und das wird sich auch nicht ändern. Gott verliert nie den Grund unter seinen Füßen. Deshalb sind wir im »Schwimmerteil« des Lebens genauso sicher wie im Kinderbecken.

Mit einem Stückchen göttlicher Zuversicht kann man hoch hinaus

Katie Brown wiegt nur 43 Kilo und ist 1,53 Meter groß. Sie ragt jedoch weit höher hinaus, wenn sie behände eine dreißig Meter hohe Kletterwand (gleichzusetzen mit einem zehnstöckigen Gebäude) erklommen hat.

Katie ist eine »Schwierigkeitskletterin«, worin sie Weltmeisterin und mehrfache Goldmedaillengewinnerin bei der Extremsport-Olympiade »X Games« ist, die Sie vielleicht schon einmal im Fernsehen gesehen haben.

Wie Sie sich vorstellen können, ist es für eine klein gebaute Person einschüchternd, sich Wände und Klippen vorzunehmen, die zwanzigmal so hoch sind wie sie. Katie sagt aber, ihr »extremer« Glaube bringe ihr Frieden, selbst wenn sie vor extrem gefährlichen Herausforderungen steht.

»Ohne Christ zu sein, hätte ich diese Dinge nie tun können. Das weiß ich«, erklärt sie. »Mein Glaube an Gott macht mich zwar nicht frei von meiner gesunden Furcht oder Vorsicht, wenn ich extreme Höhen ersteige, aber er hilft mir, damit umzugehen. Er löst mich von einem Großteil des Drucks, weil man weiß, Gott wird einen nicht verurteilen, wenn man nicht gewinnt. Deshalb braucht man innerlich gar nicht unruhig zu sein. Wenn ich andere im Wettkampf sehe, frage ich mich, wie ich ohne meinen Glauben an Gott am Wettkampf teilnehmen könnte.«

Die »Wände«, die Sie in Ihrem Leben vor sich haben, mögen nicht buchstäblich oder physischer Natur sein. Vielleicht haben sie mit Gefühlen oder Beziehungen zu tun. Und es ist völlig in Ordnung, von Ihren Lebenswänden eingeschüchtert oder verängstigt zu sein. Wie Katie angemerkt hat, wäre es ungesund, die Gewichtigkeit einer Herausforderung nicht anzuerkennen.

Doch genau wie Katie können Sie in der Gewissheit ruhen, dass Gott Sie nicht verurteilen wird, wenn Sie es an der Wand nicht bis nach oben schaffen - oder wenn Sie dafür hunderte von Anläufen brauchen. Gott geht es viel mehr um Ihre treuen Versuche - Versuche, die sich auf die Zuversicht stützen, dass er Sie liebt[14].

Wenn Sie es zunächst nicht schaffen, versuchen Sie es noch einmal - und noch einmal

Ich glaube, Versagen gehört zu jedem Erfolg. Wie John Maxwell sagt: »Wir können vorwärts versagen.« Die Geschichte ist voller Beispiele von Leuten, die für große Taten bekannt sind. Doch bei genauerer Betrachtung ihres Lebens finden wir bald heraus, dass sie vor ihrem Erfolg aufs Bitterste versagt haben. Einige von ihnen haben immer und immer wieder versagt, bis sie je irgendwo erfolgreich waren. Ihre wahre Stärke lag nicht in ihrem Talent, sondern in ihrer Hartnäckigkeit. Jemand, der einfach nicht aufgeben will, wird schlussendlich immer Erfolg haben.

Schauen Sie sich einmal diese Beispiele an:

- Henry Ford versagte und ist fünfmal bankrott gegangen, ehe sich der Erfolg einstellte[15].
- Basketball-Superstar Michael Jordan wurde in der Schule einmal vom Basketballteam aussortiert.
- Nach seinem ersten Vorsprechen bekam die Kinolegende Fred Astaire die folgende Bewertung von einem Leiter der Filmpro-

duktionsgesellschaft MGM: »Kann nicht schauspielern. Dünnes Haar. Kann ein bisschen tanzen.«
- Das erste Buch vom Erfolgsautor Max Lucado wurde von 14 Verlagen abgelehnt, bevor er einen fand, der sich auf ihn einließ.
- Ein sogenannter Footballexperte sagte einmal über den Trainer Vince Lombardi, der zweimal den »Super Bowl« (das größte amerikanische Sportereignis im Jahr; Anm. d. Übers.) gewann: »Seine Kenntnis über Football ist nicht redenswert. Mangel an Motivationskraft.«
- Walt Disney wurde von einer Zeitung gefeuert, weil er nicht ideenreich genug war. Später ging er mehrfach bankrott, bevor er Disneyland aufbaute.
- Als Abraham Lincoln zum US-Präsidenten gewählt wurde, nannte ihn eine Zeitung in seinem Heimatstaat Illinois einen »Pavian«. Die Zeitung schrieb weiterhin, es wäre für das amerikanische Volk besser, »wenn er ermordet werden würde.«
- Einem jungen Burt Reynolds wurde einmal gesagt, er könne nicht schauspielern. Zeitgleich musste sich sein Kumpel Clint Eastwood anhören, er würde im Filmgeschäft nie Erfolg haben, weil sein Adamsapfel zu groß sei[16].

Die Menschen in diesen Beispielen haben in verschiedensten Vorhaben Erfolg gehabt, aber sie hatten alle eins gemeinsam: Beharrlichkeit. Ein weiteres leuchtendes Beispiel für Beharrlichkeit ist der berühmte Pastor John Wesley. Wir wollen kurz in sein Tagebuch blicken ...

> *Sonntagmorgen, 5. Mai*
> Predigte in der St. Anne Kirche. Wurde gebeten, nicht wiederzukommen.

> *Sonntagnachmittag, 5. Mai*
> Predigte in der St. Jude Kirche. Kann auch dort nicht wiederkommen.

> *Sonntagmorgen, 19. Mai*
> Predigte in der St. »Eine Andere« Kirche. Die Diakone riefen ein außerordentliches Treffen ein und sagten, ich könne nicht wiederkehren.
>
> *Sonntagnachmittag, 19. Mai*
> Predigte auf der Straße. Wurde von der Straße geschmissen.
>
> *Sonntagmorgen, 26. Mai*
> Predigte auf einer Wiese. Wurde von der Wiese gejagt, als ein Bulle während des Gottesdienstes losgelassen wurde.
>
> *Sonntagmorgen, 2. Juni*
> Predigte am Stadtrand. Wurde von der Straße geschmissen.
>
> *Sonntagnachmittag, 2. Juni*
> Predigte im Weideland. Zehntausend Menschen kamen, um mich zu hören[17].

Hieran kann man sehen, dass Herr Wesley Ausdauer brauchte - und einen guten Sinn für Humor -, um inmitten von Ablehnung und Misserfolg weiter zu machen. Zu guter Letzt hatte er Erfolg, weil er ein klassisches Beispiel in Sachen Zuversicht ist. Einfach nicht aufgeben zu wollen, gehört zu den Symptomen von Zuversicht. Ich ermutige Sie, es zu versuchen, und wenn Sie zunächst keinen Erfolg haben, es immer und immer wieder zu versuchen!

Kapitel 2

Um es mal klarzustellen

Gott wollte nie jemanden glauben lassen, Frauen seien niedriger einzuschätzen als Männer. Genauso wenig stehen sie über den Männern. Beide Geschlechter sollten zusammen für das Wohl aller arbeiten. Der Konkurrenzgeist in der heutigen Gesellschaft zwischen Männern und Frauen ist geradezu albern. Als Frauen merkten, dass sie für ihre Rechte werden kämpfen müssen, entwickelten einige von ihnen eine extreme Einstellung. Es scheint, als rutschen wir unperfekten Menschen immer auf der einen oder anderen Seite in den Graben. Wie ein Fahranfänger driften wir an den einen Straßenrand und korrigieren unsere Richtung dann so heftig, dass wir gleich auf den entgegengesetzten Rand zubrausen!

Der Schlüssel zum Frieden zwischen den Geschlechtern ist Ausgeglichenheit. Wir wollen einmal sehen, was Gott dazu zu sagen hat.

Frauen aus der Sicht Gottes

Gott hat Frauen geschaffen und er sagte, dass alles von ihm Geschaffene sehr gut war. Lernen Sie, das über sich selbst zu glauben, was Gott über Sie sagt, nicht was andere über Sie gesagt haben. Gott hat Sie geschaffen. Dann hat er Sie angeschaut und gesagt: »Sehr gut!« Sie sind ein Kunstwerk Gottes, und laut Psalm

139 sind alle seine Werke wunderbar. Deswegen müssen auch Sie wunderbar sein!

Weil zuerst Eva Gott gegenüber ungehorsam war und Adam verführt hat, haben Frauen seither einen schlechten Ruf. Ich glaube, Adam hätte Verantwortung übernehmen und sich weigern sollen, auf Evas Versuchung einzugehen - anstatt nachzugeben und dann ihr die Schuld für den Schlamassel zu geben. Immerhin hatte Gott Adam ja zuerst geschaffen, und ihm hatte er auch das Gebot gegeben, nicht vom Baum der Erkenntnis von Gut und Böse zu essen.

Sicherlich hat Adam Eva von dem Gebot erzählt, aber es war nicht ihre Schuld, dass er im Angesicht der Versuchung keine Selbstbeherrschung hatte. Die Bibel sagt sogar, dass die Sünde durch einen Mann, Adam, in die Welt gekommen sei (Römer 5,12; 1. Korinther 15,21-22). Ich möchte Eva hier nicht entschuldigen. Sie traf eine schlechte Entscheidung und musste für ihren Teil die Verantwortung übernehmen, aber sie war nicht die alleinige Ursache für eine große Sünde. Es war Teamarbeit.

Sie kennen die Geschichte: Satan versuchte Eva zuerst und benutzte sie dann, um Adam zu versuchen. Beide sind verantwortlich. Leider haben sich seit dem Garten Eden Männer und Frauen gegenseitig die Schuld für ihre Probleme in die Schuhe geschoben. Es ist an der Zeit, dies zu ändern.

Haben Sie sich jemals gefragt, warum Satan sich mit seinen Lügen Eva und nicht Adam vorgeknöpft hat? Vielleicht dachte er, er könne leichter mit Evas Gefühlen spielen als mit Adams. Auch wenn das nicht immer der Fall ist, sind Frauen im allgemeinen doch gefühlsgesteuerter, Männer dagegen logischer.

Auf jeden Fall brachte Satan Eva erfolgreich dazu, etwas wider besseres Wissen zu tun. Durch Täuschung lockte er sie gen Sünde, was er auch heute noch mit jedem tut, der bereit ist, ihm Gehör zu schenken.

Nachdem Gott Adam und Eva mit ihren Taten konfrontiert hatte, wandte er sich nicht nur an sie, sondern auch an Satan. Gott sagte zu Satan: »Und ich werde Feindschaft setzen zwischen dir und der Frau, zwischen deinem Samen und ihrem Samen; er wird dir den Kopf zermalmen, und du, du wirst ihm die Ferse zermalmen« (1. Mose 3,15).

In ihrem Buch *Why Not Women?* (»Warum nicht auch Frauen?«) machen Loren Cunningham und David Joel Hamilton eine interessante Beobachtung: »Von dem Moment an, als Gott Satan sagte, dass der Samen der Frau seinen Kopf zermalmen würde, hat der Teufel überall auf der Welt eine heftige Attacke gegen Frauen gestartet[18].«

1. Mose 3 macht deutlich, dass Satan und die Frau im Streit miteinander liegen. Warum? Satan hat Frauen fast von Anfang an gehasst, weil es eine Frau war, die schließlich Jesus Christus, den Sieger über Satan und all seine bösen Werke, auf die Welt brachte. Wie Gott gesagt hat: Ihr Same hat seinen Kopf (seine Autorität) zermalmt.

Ein geschichtlicher Blick auf Frauen

In alten griechischen Mythen und Schriften werden Frauen häufig als böser Fluch dargestellt, den die Männer ertragen müssen. Der Philosoph Platon sagte zum Beispiel, dass es keinen Hades gäbe; die wahre Strafe der Männer sei, die Frauen zu ertragen. (Würden Sie ihn nicht zu gern einmal als Gast bei Sandra Maischberger sehen?) Er sagte, der Mann könne zwar ohne die Frau nicht auf die Welt kommen, aber danach wüsste er nicht, wie er sich mit ihr abfinden soll. Platon wird von vielen als großer Philosoph betrachtet und seine Ideen haben unsere Kultur geprägt. Könnte es sein, dass man einige noch bestehende Haltungen Frauen gegenüber bis zu 400 v. Chr. zurückverfolgen kann?

In einem der ältesten Dokumente europäischer Literatur, Homers *Ilias*, behauptet der Autor, dass Frauen der Ursprung allen Haders, Leidens und Übels seien. Sie waren Besitztümer, die es zu gewinnen galt, aber keinen eigentlichen Wert hatten[19].

Der Dichter Hesiod ist ein weiterer Typ, der wahrscheinlich nicht zur Frauenkonferenz »N.O.W.« eingeladen werden würde.

Seiner Meinung nach war Zeus, der oberste Gott griechischer Mythologie, ein Frauenhasser[20]. Hesiod behauptete auch, Zeus habe die Frauen aus einer von zehn Quellen erschaffen: einer langhaarigen Sau, dem bösen Fuchs, einem Hund, dem Staub der Erde, dem Meer, dem strauchelnden und störrischen Esel, dem Wiesel, der zierlichen und langhaarigen Stute, dem Affen oder der Biene. Das hört sich nicht gerade nach dem englischen Kinderreim an, in dem Mädchen aus »sugar and spice and everything nice« (»Zucker und Würze und allem Feinen«) gemacht sind.

Noch schlimmer: Hesiod stellte Frauen als den Ursprung aller Versuchung und alles Bösen da. Für ihn waren Frauen ein Fluch - geschaffen, um den Männern das Leben schwer zu machen.

Anhand dieser drei Beispiele können Sie sehen, dass westliche Misogynie (Frauenhass) tiefe Wurzeln hat. Ich glaube, Satan hat Jahrhunderte lang systematisch ein falsches Denken über Frauen in das Bewusstsein der Gesellschaft gebaut. Dieses falsche Denken hat zur Misshandlung von Frauen geführt, wodurch diese einen Mangel an Zuversicht bekommen haben. Es scheint, als haben Frauen entweder überhaupt keine Zuversicht oder sie sind radikale Feministinnen, deren extreme Lösungsansätze echte Probleme nicht beseitigen, sondern noch mehr Probleme verursachen.

Es ist einfach so: Männer brauchen Frauen und Frauen brauchen Männer.

Es ist einfach so: Männer brauchen Frauen und Frauen brauchen Männer. Deswegen müssen noch lange nicht alle Männer und Frauen heiraten, aber die Welt braucht sowohl Männer als auch Frauen, um geölt zu laufen. Gott hat uns in gegenseitiger Abhängigkeit geschaffen. Eine radikale Feministin hat genau dieselbe Einstellung zu Männern, wie Männer sie in der Vergangenheit ihr gegenüber hatten. Sie hasst Männer und denkt, dass sie vorzüglich ohne Männer auskommen würde.

Sicher, Frauen wurden in der Geschichte missbraucht, beschimpft, verächtlich und respektlos behandelt, aber eine bittere, rachsüchtige Haltung ist nicht der richtige Weg, dieses Unrecht zu begradigen.

Lassen Sie mich das auf eine persönliche Ebene bringen. Viele Jahre lang wurde ich von meinem Vater sexuell missbraucht, nebst anderen Männern, die mich während meiner ersten 25 Lebensjahre misshandelten. Dadurch verhärtete sich meine Einstellung gegenüber Männern. Ich legte ein raues, hartes Verhalten an den Tag. Ich benahm mich, als brauche ich niemanden - entwickelte eine Scheinpersönlichkeit, die ich in Wirklichkeit hasste, aber ich spielte meine Rolle, weil ich Angst hatte, wieder verletzt oder ausgenutzt zu werden. Viele radikale Feministinnen wurden auf unbeschreibliche Weise missbraucht. Sie sind verletzte, verwundete kleine Mädchen, die in einem Erwachsenenkörper gefangen sind und Angst haben herauszukommen, weil sie dann wieder verletzt werden könnten.

Ich verstehe die Gefühle dieser Frauen. Aber ich möchte jeden wissen lassen, dass ich durch Gottes Wort und die Hilfe des Heiligen Geistes in meinem Geist, meinen Gefühlen, meinem Verstand, Willen und meiner Persönlichkeit geheilt worden bin. Es war ein mehrere Jahre dauernder Prozess und ich habe genug Erfahrung aus erster Hand, um Gottes Wiederherstellungsmethode - und nicht die der Welt - bestens empfehlen zu können. Es ist weit besser, sich von Gott heilen zu lassen, anstatt den Rest seines Lebens verbittert über die Vergangenheit zu sein.

Schockierende Statistiken

Überall auf der Welt widerfahren hilflosen Frauen und Kindern schreckliche Verbrechen und unbeschreibbare Gräueltaten. Ein beunruhigender Trend, der in den letzten zehn bis zwanzig Jahren zugenommen zu haben scheint, ist die Industrie des Sexhandels. Menschen werden gekidnappt und an den Sexhandel verkauft, normalerweise an Prostituiertenringe oder schlimmere Kreise. 2004 schätzte das amerikanische Außenministerium, dass von den ungefähr 600.000 bis 800.000 Männern, Frauen und Kindern, mit denen jedes Jahr über internationale Grenzen hinweg gehandelt wird, ungefähr 80 Prozent Frauen und Mädchen waren, bis zu 50 Prozent davon Minderjährige[21].

Neary ist eine aus dieser Statistik. Sie wuchs im ländlichen Kambodscha auf. Ihre Eltern starben, als sie noch Kind war und

mit der Absicht, ihr ein besseres Leben zu ermöglichen, verheiratete ihre Schwester sie mit 17. Drei Monate später besuchten sie ein Fischerdorf. Ihr Ehemann mietete ein Zimmer, wovon Neary annahm, dass es zu einem Gästehaus gehöre. Doch als sie am nächsten Morgen aufwachte, war ihr Mann fort. Der Besitzer sagte, dies sei ein Bordell und ihr Mann habe sie für $300 verkauft. Fünf Jahre lang wurde Neary täglich von fünf bis sieben Männern vergewaltigt. Zusätzlich zu brutaler körperlicher Misshandlung infizierte sie sich mit HIV und bekam AIDS. Als sie krank wurde, warf das Bordell sie heraus. Schließlich fand sie Unterkunft in einem lokalen Obdachheim. Sie starb an HIV/AIDS im Alter von 23 Jahren[22].

Es kommt noch schlimmer. Schätzungsweise werden 114 bis 130 Millionen Frauen auf der Welt genital beschnitten, eine alte Praktik, die auch heute noch in Gebrauch ist, um junge Mädchen »rein« und unter der Kontrolle ihrer Familien zu halten. Das Ritual, häufig lebensgefährlich, macht Geschlechtsverkehr und Gebären zu extrem schmerzvollen und traumatischen Erlebnissen. Es wird hauptsächlich in Afrika und dem Mittleren Osten praktiziert[23].

Betrachten wir die Sache einmal in unserer Umgebung.

In Amerika wird alle zweieinhalb Minuten jemand sexuell belästigt und jede sechste amerikanische Frau wird Opfer einer versuchten oder vollständigen Vergewaltigung. Zweidrittel der Vergewaltigungen geschehen durch Bekannte des Opfers[24].

Zehn Prozent der Gewaltverbrechen in 2003, einschließlich tätlicher Bedrohung und Körperverletzung, wurden vom Intimpartner des Opfers begangen, wovon die Anzahl der weiblichen Opfer weit höher ist als die der männlichen[25]. Im selben Jahr waren neun Prozent aller Mordopfer von ihren Ehe- oder Intimpartnern umgebracht worden. Die Mehrzahl der Opfer, 79 Prozent um genau zu sein, waren weiblich[26].

Dabei ist es wichtig, daran zu denken, dass jede dieser schockierenden statistisch erfassten Tat mit dem Leben einer wertvollen Person zu tun hat, die in Gottes Ebenbild erschaffen wurde. Wir dürfen nie einfach Zahlen sehen, wir müssen Menschen sehen.

Vor kurzem hatten wir einen Dienst in Afrika, und während unseres Aufenthalts besuchten wir eine Einrichtung für Kinder, die vom pandemischen AIDS-Virus betroffen waren. Als wir dort waren, fiel uns eine Reihe von Hütten entlang der Hauptstraße auf, woraufhin uns einer unserer Gastgeber erzählte, dass Mädchen, die kein Essen oder keine Unterkunft für den Tag gefunden haben, zu diesen Hütten gehen und sich als Tausch gegen Essen und ein Bett zum Schlafen als Prostituierte benutzen lassen können. Viele der Mädchen, die sich zu einem solch entsetzlichen Lebensstil herabsetzen lassen müssen, sind nur acht oder neun Jahre alt.

Die Herabsetzung von Frauen ist ein weltweites Problem. Und dieses Problem gibt es besonders in Teilen der Welt, die kein christliches Erbe haben. Diese tragische Situation verstößt gegen Gottes Gerechtigkeitssinn. Paulus sagte, es gäbe nun weder Mann noch Frau - alle sind wir eins in ihm (Galater 3,28). Die Gesamtsumme unseres Wertes basiert auf unserer Identität in Christus, nicht darauf, ob wir ein Y-Chromosom haben oder nicht.

Nicht unser Geschlecht bestimmt unseren Wert, sondern nur Gott.

Die Frauenrechtsbewegung

Wir sollten die Frauen achten, die für Frauenrechte gekämpft haben. Die positiven Veränderungen zum Beispiel, die wir seit 1848 erlebt haben, sind wundervoll. Die Frauenrechtsbewegung begann, als fünf Frauen miteinander Tee tranken. Ihre Unterhaltung führte sie zur Lage von Frauen. Eine der Frauen, Elizabeth Stanton, redete über ihre Unzufriedenheit über die Beschränkungen, die in Amerikas junger Demokratie auf Frauen gelegt wurden[27]. Schließlich, so argumentierte sie, wurde die Amerikanische Revolution doch 70 Jahre zuvor deshalb gekämpft, um Freiheit von Tyrannei zu erlangen. Dabei hatten die Frauen die gleichen Risiken auf sich genommen wie die Männer, hatten aber keine Freiheit gewonnen. Sie durften immer noch keine aktive Rolle in der neuen Gesellschaft spielen.

So beschlossen diese fünf Frauen, die weltweit erste Frauenrechtskonferenz einzuberufen. Die Tagung fand am 19. und 20. Juli 1848 in der Wesleyan Chapel in Seneca Falls, New York statt.

In der daraus resultierenden Meinungserklärung spezifizierte Stanton Lebensbereiche, in denen Frauen ungerecht behandelt wurden. Sie hielt sich an den Wortlaut der Unabhängigkeitserklärung und sagte: »Wir halten diese Wahrheiten für ausgemacht, dass alle Männer *und Frauen* (Betonung hinzugefügt) gleich erschaffen wurden, dass sie von ihrem Schöpfer mit gewissen unveräußerlichen Rechten begabt wurden, worunter Leben, Freiheit und das Streben nach Glückseligkeit sind.«

Stantons Version lautete: »Die Geschichte der Menschheit ist eine Geschichte wiederholter Verletzungen und Usurpationen vom Mann gegen die Frau, deren direktes Ziel die Errichtung einer absoluten Tyrannei über sie ist. Um dies zu beweisen, lasse man einer aufrichtigen Welt bestimmte Fakten vorlegen.« Dann machte sie folgende Angaben:

- In den Augen des Gesetzes waren verheiratete Frauen eigentlich tot.
- Frauen durften nicht wählen.
- Frauen mussten sich Gesetzen fügen, die sie nicht mitgestalten durften.
- Verheiratete Frauen hatten kein Eigentumsrecht.
- Ehemänner trugen rechtliche Vollmacht und Verantwortung für ihre Frauen - die Männer konnten sie sogar ungestraft einsperren oder schlagen.

- Scheidungs- und Sorgerechte bevorzugten Männer und sprachen den Frauen keine Rechte zu.
- Frauen mussten Vermögenssteuer zahlen, hatten aber keinen Vertreter bei der Erhebung der Steuern.
- Die meisten Berufe waren für Frauen unzugänglich, und wenn Frauen doch einmal Arbeit fanden, verdienten sie nur ein Bruchteil des Gehalts ihrer männlichen Kollegen.
- Medizin und Jura waren den Frauen als Berufszweige gänzlich verschlossen.
- Frauen konnten sich nicht bilden, weil kein College und keine Universität weibliche Studenten annahmen.
- Mit wenigen Ausnahmen durften Frauen sich nicht an kirchlichen Angelegenheiten beteiligen.

In anderen Worten: Frauen wurden ihres Selbstbewusstseins und ihrer Selbstachtung beraubt und dem Mann gegenüber völlig abhängig gemacht.

Doch es lag Veränderung in der Luft, und so hegten Stanton und ihre Mitarbeiterinnen die Hoffnung, dass die Zukunft für Frauen günstiger sein könnte, ja, sein *würde*.

Die Geschichte zeigt natürlich, wie lang und zermürbend der Kampf für die Rechte der Frauen war. Zunächst waren die Leute schockiert, fanden es gar ungeheuerlich, dass Frauen das Wahlrecht einforderten. Selbst viele Frauen wandten sich aggressiv dagegen. Die Zeitungen starteten eine diffamierende Kampagne gegen die Bewegung, die trotz allem weiterhin rapide zunahm.

Wo stehen wir heute?

Wie wir wissen, haben Frauen große Fortschritte gemacht, und ich habe die größte Wertschätzung für solche, die den guten Kampf gekämpft und den Weg für die Freiheiten bereitet haben, die ich heute genieße. Leider gibt es aber auch heute noch in vielen Bereichen Diskriminierung gegen Frauen. Ich habe neulich gelesen, dass Frauen in den Vereinigten Staaten für dieselbe

Arbeit nur 77 Prozent des Verdienstes eines Mannes bekommen[28].

Als Frau im christlichen Dienst habe auch ich meinen Teil an Kritik und Verurteilung aushalten müssen, aus keinem anderen Grund als dem, dass ich eine Frau bin, denn viele Leute glauben: »Frauen sollten nicht predigen oder das Wort Gottes lehren, besonders nicht Männern.«

Ich werde mich dieser Behauptung später zuwenden und zeigen, dass Gott schon immer Frauen im Dienst benutzt hat. Tatsächlich steht schon in Psalm 68,12: »Der Herr erlässt ein Wort (der Kraft); die Frauen, die (die Nachricht) verkünden, sind eine große Schar.«

Wegen der noch anhaltenden Diskriminierung fehlt es vielen Frauen an Zuversicht. Sie fürchten sich davor, über das ihrem Empfinden nach akzeptable »weibliche« Verhalten hinauszugehen. Ich erinnere mich noch an das Gefühl, nicht »normal« zu sein, weil ich forsch war, Träume und Ziele hatte und große Dinge vollbringen wollte. Ich versuchte immer wieder, häuslich zu werden und eine »normale« Frau zu sein, aber das hat bei mir nie funktioniert. Heute bin ich froh, dass ich den Mut für einen radikalen Schritt aufbringen und meinen Träumen hinterher jagen konnte.

Es ist die Stunde der Wahrheit: Die Leute müssen verstehen, dass der Angriff auf Frauen in Wirklichkeit von Satan selbst stammt. Zwar wirkt er durch Menschen, ist aber trotzdem die eigentliche Ursache des Problems. Und sein Handwerk zieht sich durch unsere ganze Geschichte. Gegen Gottes Willen wurden die Frauen gewohnheitsmäßig diskriminiert. In 1. Mose sagt die Bibel einfach:

»Und Gott schuf den Menschen nach seinem Bild, nach dem Bild Gottes schuf er ihn; als Mann und Frau schuf er sie. Und Gott segnete sie, und Gott sprach zu ihnen: Seid fruchtbar und vermehrt euch, und füllt die Erde, und macht sie (euch) untertan [und benutzt dabei all die unermesslichen Mittel im Dienst an Gott und Menschen]; und herrscht über die Fische des Meeres und über die

Vögel des Himmels und über alle Tiere, die sich auf der Erde regen« (1. Mose 1,27-28).

Das hört sich für mich ganz danach an, als rede Gott gleichsam zu Mann und Frau, als gäbe er ihnen beiden Rechte und Autorität. Beiden sagte er, sie sollen ein fruchtbares Leben führen.

Gott hat es allerdings so eingerichtet, dass Autorität von ihm zum Mann und dann zur Frau fließen soll. Das können wir in anderen Teilen von Gottes Wort sehen. Die Bibel sagt, der Mann sei das Haupt der Frau wie Christus das Haupt der Gemeinde ist. Die Frau soll sich ihrem Mann unterordnen, wie es sich im Herrn gehört. So wie ich Gottes Wesen jedoch einschätze und verstehe, war damit nie Missbrauch, Kontrolle, Manipulation oder irgendeine Form schlechter Behandlung gemeint. Genau gesagt, unterrichtet das Wort Gottes den Mann, seine Frau wie seinen eigenen Körper zu lieben, sie zu umsorgen und mit Freundlichkeit und Sanftheit zu behandeln (Epheser 5,21-33).

Gott ist ein Gott der Ordnung, weswegen er eine Autoritätsstruktur errichtet hat, die eine geordnete, friedevolle Existenz ermöglicht. Er erwartet, dass wir uns gegenseitig fügen und respektieren. Wenn ein Ehepaar mit sich so umgehen kann, wie Gott es vorhergesehen hat, wird ihre Beziehung wunderbar und unglaublich fruchtbar sein. Doch Stolz zerstört die meisten Beziehungen. Es ist wieder einmal das große Ego. Egoistische, selbstsüchtige Leute setzen immer ihren eigenen Willen durch, ohne Rücksicht auf Verluste, selbst wenn sie dadurch diejenigen missbrauchen, die sie eigentlich umsorgen und beschützen sollten.

Wenn eine Autoritätsperson ihre Autorität Gott gemäß einsetzt, entsteht dadurch eine Absicherung - ein Sicherheitsnetz - für Menschen unter dieser Autorität. Wenn eine Autoritätsperson ihre Autorität dagegen missbraucht, werden die Untergebenen Widerstand leisten und rebellieren oder bestenfalls im Stillen murren. Als eine, die ziemlich viel Autorität hat, habe ich gelernt, dass »die Herrin nicht herrisch« sein muss. Die Leute bewundern Autorität und sehnen sich sogar nach jemanden, zu dem sie aufblicken können - solange sie gut behandelt werden.

Es liegt auf der Hand, dass viele Leute heutzutage ihre Autorität nicht mit Verantwortungsbewusstsein und Liebe zu gebrauchen wissen. Die Statistiken über Kindesmissbrauch jeglicher Art sind schwindelerregend - und nehmen mit einer alarmierenden Geschwindigkeit zu. Wir mögen uns alle fragen: »Wie kann jemand ein hilfloses, unschuldiges Kind misshandeln?« Dabei geschieht es jede Minute irgendwo auf der Welt. Warum? Nun, einige Erwachsene sind einfach selbstsüchtig. Mein Vater hat mich sexuell misshandelt, um seine selbstsüchtigen sexuellen Begierden zu stillen. Er besaß Autorität und keiner konnte ihn aufhalten; so tat er, was er tun wollte. Er nahm keine Rücksicht darauf, welche Auswirkungen das auf mich haben könnte, sondern dachte nur daran, was er in dem Moment haben wollte.

Missbrauch kann sich auch in anderer Gestalt zeigen. Manche Eltern laden ihren Frust auf die Kinder ab, sowohl verbal als auch physisch, und nehmen ihnen damit die emotionale Fürsorge, die sie brauchen. Kinder werden beschuldigt, angeklagt, abgelehnt und als eine Last betrachtet. Viele Kinder leiden unter Brandwunden und Schlägen, sie werden ausgehungert, eingesperrt und auf andere unglaublich grausame Weisen behandelt. Ich könnte Ihnen eine Geschichte nach der anderen erzählen, die Ihnen das Herz brechen würden, aber darum geht es mir in diesem Buch nicht. Mir geht es darum, Frauen zu ermutigen; Ihnen zu sagen, dass Sie ab jetzt Ihren rechten Platz in Familie und Gesellschaft einnehmen sollen. Jetzt gilt es, eine gesunde Selbstachtung zu haben, eine ausgeglichene Selbstliebe und eine feste, unerschütterliche Zuversicht zu Gott und den Gaben, Talenten und Fähigkeiten, die er in Sie hinein gelegt hat. Sie sind *Frau*! Gott liebt Sie, Sie sind Männern gleichgestellt und haben eine Bestimmung. Es ist höchste Zeit, dass Ihr wirkliches Ich zum Vorschein kommt!

Kapitel

3 Benutzt Gott Frauen im Verkündigungsdienst?

Zumindest in bestimmten Kreisen wird auch heute noch heftig debattiert, ob Frauen im christlichen Verkündigungsdienst stehen dürfen oder nicht. Besonders heikel ist die Frage, ob man eine Frau als Pastorin haben könne.

Im Umgang mit diesem Thema möchte ich zunächst einmal klarstellen, dass mir nichts daran liegt, Männer im allgemeinen zu verleumden, denn einige Männer unterstützen wirklich Gottes Wirken durch Frauen. Solche Männer haben die Bibel eingehend zu diesem Thema studiert und dabei gelernt, dass Gott schon immer auch Frauen als Leiterinnen in Schlüsselpositionen gebraucht hat und das auch immer tun wird. Ich kenne viele Männer, die für die Rechte der Frauen in der Gemeinde richtiggehend gekämpft haben.

Es gibt jedoch auch Männer - und ganze Konfessionen -, die definitiv sehr dagegen sind, dass Frauen Schlüsselpositionen in der kirchlichen Leitung haben oder in irgendeiner Form des Verkündigungsdienstes stehen, es sei denn, die Zuhörer sind Kinder in der Sonntagsschule.

Historisch gesehen durften Frauen viele oder gar alle Gebets- und Hilfsdienste in der Gemeinde tun, während dieselben Männer, die sie vom Verkündigungsdienst fernhielten, zu Hause blieben und sich ausruhten.

Egal, in welche amerikanische Gemeinde Sie gehen, wenn

diese typisch ist, werden Sie in der Sonntagsschule stets mehr weibliche Mitarbeiter finden als männliche. Das ist eine wichtige Tatsache, denn nähme man Paulus' bekannte Aussage über das geforderte Schweigen der Frauen in der Gemeinde wörtlich, dann sollten sie nicht all den Sonntagsschulunterricht geben. Die Männer sollten es tun.

Kein Wunder, dass die meisten Frauen, mit denen ich über dieses Thema spreche, über die ganze Sache verwirrt sind, besonders solche, die sich von Gott zu etwas berufen fühlen, ihnen aber gesagt wird, es widerspreche der Schrift. Um es noch komplizierter zu machen, werden die heutigen Gottesdienste und Gebetsveranstaltungen von mehr Frauen als Männern besucht. Pastoren erzählen mir häufig, dass die meisten Gemeinden nicht überleben könnten, wenn die Frauen nicht mehr kämen und soviel Arbeit täten.

Pastoren erzählen mir häufig, dass die meisten Gemeinden nicht überleben könnten, wenn die Frauen nicht mehr kämen und soviel Arbeit täten.

Wiederum möchte ich betonen, wie dankbar ich für Männer bin, die für die Frauenrechte kämpfen und für solche, die um ein ausgewogenes Verständnis für die Rolle der Frau in der Gemeinde bemüht sind. Die Zahl solcher Männer ist beträchtlich und ich schätze jeden einzelnen. Tausende von Männern haben mir Respekt und Ehre erwiesen, aber es gibt immer noch Männer in Positionen mit geistlicher Autorität, die Frauen davon abhalten können, ihre angemessenen Rollen einzunehmen. Das macht mich traurig. Warum sollten Frauen davon abgehalten werden, ihre von Gott gegebene Bestimmung zu erfüllen - und das von Männern mit einem übergroßen Ego, die einfach nicht den ganzen Ratschluss Gottes über Frauen in Betracht ziehen wollen?

Wenn einige Männer alle Autorität für sich beanspruchen, sollten sie auch alle Verantwortung tragen. Niemand sollte Autorität ohne die dazugehörige Verantwortung bekommen. Leider sind aber die meisten Frauen das geistliche Familienoberhaupt. Einige Frauen brauchen Männer, die aufstehen und richtige Männer sind, worunter ich einen Mann verstehe, der Gott regelmäßig sucht und seine Familie in Gerechtigkeit und Gottesfurcht führt. Ich kenne viele wunderbare Männer, die das tun - mein eigener Ehemann mit eingeschlossen -, doch es braucht noch mehr Männer, die in diesem Bereich vorankommen.

Ich ermutige Frauen immer, für ihre Männer zu beten, damit sie ihren Platz als geistliches Familienoberhaupt einnehmen. Ebenso ermutige ich Frauen, Männer dies ohne Widerstand tun zu lassen. Einige Frauen sagen, ihr Mann solle gerne das Haupt der Familie sein, wenn er sich jedoch dann wirklich darum bemüht, leisten sie Widerstand.

Wie viel Arbeit leisten die Kritiker?

Es ist eine altbekannte Wahrheit: Die meisten Kritiker tun selbst meistens *gar* nichts. Es ist traurig, wenn Leute nichts Besseres zu tun haben, als diejenigen zu kritisieren, die sich für positive Veränderungen in der Welt einsetzen.

Ich erinnere mich noch an die Zeit, als ich einer Gemeinde angehörte, deren Pastor Frauen nur auf bestimmte Weise einsetzen wollte. Jede Frau, die etwas anderes als beten, sauber machen und im Babyraum aufpassen wollte, musste bei ihm und den Ältesten um Erlaubnis bitten. Als wir anfingen, in diese Gemeinde zu gehen, hielt ich bereits sehr erfolgreiche Bibelstunden bei uns zu Hause ab. Eines Tages nach dem Gottesdienst, als wir gerade das Gemeindegebäude verließen, hielt der Pastor Dave und mich an. Er blickte zu Dave und sagte: »Bruder, die Bibelstunden in eurem Haus solltest *du* geben, nicht deine Frau!« Dave und ich wollten der über uns stehenden Autorität gehorchen, also versuchte sich Dave in den darauf folgenden Wochen am Bibelunterricht und ich übte mich im Schweigen. Keiner von uns war damit glücklich, die Teilnehmer der Bibelstunde mit eingeschlossen. Der Pastor hatte seine Regeln, die deshalb Probleme verursachten, weil Gott mich und nicht Dave zum Lehren berufen hatte. Dave hat andere wundervolle und wertvolle Gaben und macht einen wichtigen Teil unseres Dienstes aus, aber er wird als erster zugeben, dass er nicht zum Lehren berufen ist. Gewiss hätte Gott mir nicht die Lehrgabe gegeben - und dazu noch den Wunsch, sie zu benutzen -, wenn er nicht wollte, dass ich sie auch benutze. Soweit ich die Schrift verstehe, liegt Gott nicht viel daran, Leute zu frustrieren und zu verwirren.

Der erwähnte Pastor stammte aus einem religiösen Hintergrund, in dem Frauen nicht ordiniert wurden und auch sonst kein öffentliches Amt in der Gemeinde bekleiden durften. Lehren, Predigen und der Pastorendienst standen alle außer Frage für Frauen. Komischerweise dürfen Frauen in den meisten Konfessionen, in denen ihnen diese Dienste nicht gestattet sind, jedoch als Missionare in andere Länder gehen. Es ist mir unbegreiflich, wie eine Frau erfolgreich missionieren kann, wenn sie nicht lehren darf. Ohne die Verkündigung des Evangeliums kann man auch niemanden zu Christus führen. Wir mögen das nur »Zeugnis geben« nennen, aber für mich ist es dasselbe Prinzip. Natürlich würde ein Kritiker wohl sagen, Frauen dürfen über Christus sprechen, nur eben nicht in der Gemeinde, aber ist die Gemeinde denn ein Gebäude oder ein lebendiger Organismus von Menschen aus aller Welt, die Jesus Christus nachfolgen? Die Gemeinde kann man doch nicht auf Stein und Mörtel mit buntem Fensterglas und einer Kirchenorgel reduzieren.

Während ich noch zu der erwähnten Gemeinde gehörte, sammelte ich auch eine Schar Frauen um mich und spornte sie an, einmal in der Woche mit mir mit zu kommen und christliche Traktate zu verteilen. Wir klemmten die Heftchen an Windschutzfenster und verteilten sie in Einkaufszentren und an Straßenecken. Nach wenigen Wochen hatten wir zehntausend Traktate verteilt, nur aus dem Wunsch heraus, Gott zu dienen. Dann wurde ich vor die Ältesten gerufen und öffentlich zurechtgewiesen, dass ich die Materialien ohne die Erlaubnis der Ältesten verteilt hatte.

Diejenigen, die mich kritisierten, taten nichts, um Menschen mit den Traktaten zu erreichen, aber sie taten etwas, um mich aufzuhalten. Es tut mir leid, das sagen zu müssen, aber in ihrer

Missbilligung kann ich nichts weiter als das männliche Ego sehen. In mir fanden sie eine Frau, die tat, was sie hätten tun sollen und deshalb suchten sie nach etwas, das sie an mir aussetzen konnten, um ihr schlechtes Gewissen zu beruhigen.

Frauen im Dienst: Eine göttliche Tradition

Ob es nun Miriam, Debora, Ester und Rut im Alten Testament oder Jesu Mutter Maria, Maria Magdalena oder Priska im Neuen Testament sind - man kann schnell sehen, dass Gott Frauen im Dienst benutzt hat. Als er jemanden brauchte, um die Juden vor der Vernichtung zu bewahren, die Haman gegen sie ausgeheckt hatte, berief er Ester (Ester 4,14b). Wenn Gott etwas gegen das Wirken durch Frauen hätte, warum zog er dann nicht einen Mann für die Aufgabe heran? Ester opferte als junge Frau ihre Träume, um in den Harem des Königs zu gehen und dort in einer Position zu sein, von der sie zur rechten Zeit für ihr Volk eintreten konnte. Wegen ihres Gehorsams gab Gott ihr Gunst beim König, wodurch die Verschwörung zur Vernichtung der Juden aufflog. Sie rettete ihr Volk und wurde zu einer Königin, die eine hohe Leitungsposition im Land innehielt und sich um die Armen kümmerte.

Debora war eine Prophetin und Richterin. Als Prophetin war sie eine Sprecherin für Gott, als Richterin traf sie Entscheidungen an Gottes statt (Richter 4,5).

Maria Magdalena und einige andere Frauen waren die ersten, die das Grab am Auferstehungssonntag besuchten (Johannes 20,1). Sie fanden es leer vor, doch ein Engel erschien ihnen und wies sie an: »Geht und erzählt seinen Jüngern, dass er auferstanden ist.« *Geht und erzählt.* Das hört sich mir ganz nach Evangeliumsverkündigung an. Lukas berichtet sogar, dass, als Maria und ihre Freunde die anderen Jünger fanden, es jene waren, die zuerst nicht an Jesu Auferstehung und das leere Grab glaubten. Ich frage mich, warum keiner von ihnen schon beim Grab gewesen war? Warum trauten sich nur die Frauen dahin?

Eine Frau hat unseren Retter auf die Welt gebracht und viele Frauen unterstützten und kümmerten sich während seines Lebens und Dienstes um ihn. Frauen waren beim Kreuz, als er starb und die ersten beim leeren Grab. Wenn Gott Frauen nicht im Dienst gebrauchen wollte, warum hat er sie dann bei den wichtigsten Abschnitten in Jesu Leben mit einbezogen?

Wenn Gott Frauen nicht im Dienst gebrauchen wollte, warum hat er sie dann bei den wichtigsten Abschnitten in Jesu Leben mit einbezogen?

Es scheint mir, als habe Gott den Frauen einen Ehrenplatz gegeben - anstatt sie auszuschließen, wie es einige Leute zu tun versucht haben.

Brauchen Sie weitere Beispiele? Priska und ihr Ehemann, Aquila, hatten eine Gemeinde bei sich zu Hause, und da Priska genau wie er erwähnt wird, muss sie zusammen mit ihm das Pastorenpaar für die Gemeinde gebildet haben (Apostelgeschichte 18,2-26). Interessanterweise wird ihr Name zuerst genannt, worin einige Gelehrte ein Indiz sehen, dass ihre pastoralen Aufgaben die ihres Mannes überstiegen.

Frauen haben sowohl Jesus gedient als auch *mit* ihm gedient. Dasselbe griechische Wort, das in manchen Übersetzungen als »Diakon« wiedergegeben wird und sich im Neuen Testament auf sieben Männer bezieht, wird auch in Bezug auf sieben Frauen benutzt: Petrus' Schwiegermutter, Maria Magdalena, Maria (die Mutter der Zebedäus-Kinder), Johanna (die Frau Chuzas), Susanna und Marta (die Schwester von Maria und Lazarus).

Wenn Lukas von Jesu Reisen spricht, erwähnt er auch die zwölf Männer, die bei ihm waren, sowie einige Frauen. Hatten diese Frauen möglicherweise eine öffentlich anerkannte Rolle, ähnlich wie die der Männer? Zumindest ein Experte glaubt das. Laut Lukas teilten diese Frauen ihr Hab und Gut mit Jesus (Lukas 8,3).

Als sich die 120 Leute im Obergemach zu Pfingsten versammelten, wurden auch Frauen mitgezählt (1,14-15). Wenn Frauen das Evangelium nicht verkündigen sollten und dazu dann natürlich auch keine übernatürliche Befähigung brauchten, warum wurden sie dann in die Ausgießung des Heiligen Geistes mit eingeschlossen? In Apostelgeschichte 1,8 steht deutlich: »Aber ihr werdet Kraft empfangen, wenn der Heilige Geist auf euch gekommen ist; und ihr werdet meine Zeugen sein, sowohl in Jerusalem als auch in ganz Judäa und Samaria und bis an das Ende der Erde« (Rev. Elberfelder).

In Joels Prophetie über das kommende Ausgießen des Heiligen Geistes sagte er, Gott würde seinen Geist über alles Fleisch ausgießen, über seine Knechte und Mägde würde er ihn ausgießen (Joel 3,1-2). Er sagte, »sie« würden weissagen. Er sagte nicht, dass nur Männer weissagen würden. Weissagen kann dasselbe bedeuten wie Lehren und Predigen. Es bedeutet einfach, das inspirierte Wort Gottes auszusprechen.

Von den 39 Mitarbeitern, die Paulus in seinen Schriften erwähnt, sind mindestens einviertel Frauen. In Philipper 4 ermutigt Paulus Evodia und Syntyche in ihrer Zusammenarbeit und sagt, sie hätten in der Verbreitung der guten Nachricht mit viel Einsatz an seiner Seite gearbeitet.

Diesen Beispielen aus der Bibel könnte ich jetzt noch eine lange Liste von Frauen hinzufügen, die in der Kirchengeschichte immer wieder dazu gebraucht wurden, bedeutende Dinge im Reich Gottes zu vollbringen. Um nur einige wenige zu nennen: Julian von Norwich, Madame Guyon, Jeanne d'Arc, Aimee Semple McPherson, Kathryn Kuhlman, Maria Woodworth Etter, Mutter Teresa, Catherine Booth von der Heilsarmee, Corrie ten Boom und Joni Eareckson Tada.

Aber wie steht es mit Paulus?

Eine Frau lerne in der Stille in aller Unterordnung. Ich erlaube einer Frau nicht zu lehren, auch keine Autorität über den Mann zu haben; stattdessen soll sie sich in der Stille halten und [in religiösen Versammlungen] schweigen. (1. Timotheus 2,11-12)

In fast jedem Interview, das ich gebe, werde ich über meine Meinung zu Paulus' Aussage gefragt, dass Frauen in der Gemeinde still sein sollen und keine Männer belehren dürfen. Wenn ich dieses Buch erst einmal fertig habe, kann ich den Leuten zum Glück sagen, dass sie es sich vor dem Interview besorgen sollen. Dann wissen sie, was ich denke.

Vorab müssen wir verstehen, dass die Schrift sowohl absolute Wahrheiten enthält als auch Dinge, die sich speziell auf die Zeit beziehen, in der sie geschrieben wurden. Als Paulus die Frauen in 1. Korinther 14 zur Ruhe bat, hatte er bereits zwei anderen Gruppen dasselbe gesagt: denen, die in Zungen redeten und denen, die prophezeiten (1. Korinther 14,28; 32; 34).

Alle diese Anweisungen sollten Ordnung in den Gottesdienst bringen - nicht Leute für immer zum Schweigen bringen oder sie vom Verkünden und Lehren des Evangeliums Jesu Christi abhalten. Ehrlich gesagt, in Anbetracht der großen Zahl von Menschen, die das Evangelium hören müssen, kann ich mir nur schwer vorstellen, dass Gott irgendjemanden aufhält, der die Bereitschaft zum Predigen zeigt. Der Herr hat uns aufgetragen, dafür zu beten, dass er Arbeiter in die Ernte schicke. Er sagte, die Ernte sei reif und es gäbe nur wenige Arbeiter (Lukas 10,2). Er sagte nicht: »Betet, dass ich männliche Arbeiter in die Ernte schicke.«

Nun zurück zu unserer unangenehmen Textstelle von Paulus. Es scheint, als sei der Gottesdienst aus verschiedenen Gründen gestört worden, und zwar von Leuten, die in Zungen sprachen, die prophezeiten und auch von einigen Frauen. Ihnen fehlte Selbstbeherrschung und das nötige Einfühlungsvermögen, um zu wissen, wann sie reden sollten. Die Frauen waren ungebildet und haben vielleicht ihre Fragen in unpassenden Momenten gestellt. Viele der zum Christentum Bekehrten waren vorher an heidnischen Ritualen zur Verehrung verschiedener Götter beteiligt gewesen, was mit einer Vielzahl lautstarker Ausrufe einherging. Einige Gelehrte sehen es als möglich an, dass einige Frauen vor Begeisterung und Enthusiasmus in ihre heidnischen Gewohnheiten zurück gefallen sind.

Lasst uns mit diesem Hintergrundwissen Paulus' Aussage etwas näher betrachten:

> *Frauen sollen in den Gemeinden schweigen, denn sie haben keine Autorität zum Reden, sondern sollen sich unterordnen und eine zweitrangige Stellung einnehmen, wie auch das Gesetz sagt.*
>
> *Wenn sie aber etwas lernen wollen, so sollen sie zu Hause ihre eigenen Männer fragen; denn es ist schändlich für eine Frau, in der Gemeinde zu reden [die Autorität über die Männer in der Gemeinde unrechtmäßig an sich zu reißen].*
>
> *Was! Ist das Wort Gottes von euch [Korinthern] ausgegangen? Oder ist es zu euch allein gelangt?* (1. Korinther 14,34-36)

Die Gemeinde in Korinth und Paulus hatten einen regen Briefwechsel, in denen die Gemeindeleiter Fragen stellten, die Paulus dann beantwortete. Einige Bibelexperten weisen darauf hin, dass Paulus in den Versen 34 und 35 eine Frage der Korinther zu wiederholen scheint und in Vers 36 erwidert: »Was! Ist das Wort Gottes von euch [Korinthern] ausgegangen? Oder ist es zu euch allein gelangt?« Beachten Sie das Ausrufezeichen nach dem Wort »was«. Paulus scheint über ihre Frage überrascht zu sein und erinnert sie, dass das Wort Gottes für alle Menschen gekommen ist. Ich selbst tendiere auch zu dieser Sichtweise, denn sonst ergäbe Paulus' Ausspruch in Vers 36 keinen Sinn. Folgend sagt er, die Korinther sollen nach Prophetien, Sprachenrede und -auslegung streben und ihre Herzen auf diese Dinge richten - und die Gaben nicht hindern. Zum Schluss schreibt er noch, dass alles anständig, schicklich und in Ordnung geschehen solle.

Vielleicht ist Ihnen aufgefallen, dass Paulus in der Tat sagte, Frauen sollen die Autorität der Männer nicht widerrechtlich an sich reißen. Es stimmt: Einige Frauen im Verkündigungsdienst mögen eine falsche Einstellung entwickeln. Sie mögen denken, ihre Position gäbe ihnen das Recht, Autorität über Leute auszuüben. Für das Verhalten anderer Frauen kann ich nicht verantwortlich sein, aber soweit es mich betrifft, kann ich ehrlich sagen, dass ich beim Lehren von Gottes Wort mich nicht so sehe, als übe ich Autorität über Männer und Frauen aus. Ich benutze einfach meine Gabe der Kommunikation, die Gott mir gegeben hat, um die Lehrberufung auf meinem Leben zu erfüllen. Ich möchte Menschen in ihrem Verständnis von Gottes Wort helfen, damit sie es leicht auf ihr tägliches Leben anwenden können. Ich glaube, wenn ich eine öffentliche Versammlung abhalte, dann habe ich Autorität über die Versammlung und bin auch für ihre Ordnung verantwortlich, aber wiederum habe ich nie das Gefühl gehabt, ich ergreife Autorität über Menschen. Die Gemeinde in Korinth mag ein Problem mit einer oder auch mehreren Frauen gehabt haben, die eine unbiblische Gesinnung hatten, doch sollten dafür nicht alle Frauen für immer bestraft werden.

Es ist schwierig, sich die Situation genau zu vergegenwärtigen, in der Paulus seinen Brief schrieb, aber aus dem Vers abzuleiten, dass Frauen zu keiner Zeit je in Gemeinden sprechen dürfen, können wir nun wirklich nicht. Wir müssen uns die gesamten Schriften anschauen, in denen Frauen ganz eindeutig von Gott regelmäßig gebraucht wurden.

Außerdem erkannte Paulus das Recht der Frauen auf Lernen und Bildung an, als er ihnen sagte, sie sollen zu Hause von ihren Männern lernen. Wie ich schon gesagt habe, glaube ich, dass seine Aussage über die Schweigepflicht in der Gemeinde Ordnung schaffen und Frauen nicht von wohlgeordneten Beiträgen abhalten sollte. Sie sollten sich einfach der gegebenen Autorität fügen, genau wie andere auch.

In 1. Korinther 11,5 wies Paulus die Frauen an, sich den Kopf zu bedecken, wenn sie öffentlich beteten oder prophezeiten (lehrten, zurechtwiesen, tadelten, ermahnten oder trösteten). Warum sollte Paulus die Frauen unterrichten, wie sie sich beim Beten und Prophezeien zu kleiden hatten (vergessen Sie nicht, dass Lehren zur Definition von Prophetie gehört), wenn er beständiges Schweigen von Frauen in der Gemeinde forderte? Man kann unmöglich prophezeien und gleichzeitig schweigen. (Übrigens war es damals üblich, dass Frauen bei solchen Angelegenheiten als Zeichen des Respekts gegenüber Autorität ihren Kopf bedeckten. In der heutigen Gesellschaft ist das kein Brauch mehr und ein derartiges Verhalten wird von Frauen nicht mehr erwartet.)

Also, um es kurz zusammenzufassen: In 1. Timotheus 2 schrieb Paulus, er gestatte keiner Frau, zu lehren. Dieser eine Vers hat über die Jahre viele tausend Frauen davon abgehalten, auf ihre von Gott gegebene Bestimmung zu antworten. Priska war neben ihrem Mann eine Leiterin, die eben genau diese Gemeinde mit gegründet hat, an die Paulus schrieb. Konnte er also wirklich gemeint haben, dass Frauen schweigen und nicht lehren sollen? Wie konnte er Frauen Leitungspositionen in der Gemeinde verbieten, wenn er doch die Gemeinde in Rom gebeten hatte, die Diakonin Phöbe mit aller ihr gebührenden Achtung und Ehre zu empfangen (Römer 16,1-2)?

Möglicherweise werden wir nie genau erfahren, womit es Paulus zu tun hatte und warum er sich in dieser kontroversen Textstelle so ausdrückte, aber ganz eindeutig ging es um eine ganz spezielle Situation in einem speziellen geschichtlichen Rahmen, nicht etwas, das eine ewige Ordnung darstellt.

Erinnern Sie sich: In 1. Timotheus 2,9 meinte Paulus, Frauen sollen sich in würdiger Haltung, anständig und sittsam kleiden, nicht mit komplizierten Frisuren und Gold oder Perlen und teurer Kleidung. Heißt das, jede Frau, die heutzutage Gold oder Perlen trägt, gehorcht Paulus nicht? Nein, das ist ganz und gar nicht der Fall, weil Paulus einmal mehr über bestimmte Situationen schrieb, in denen es um damalige Bräuche ging. Die Römer maßen Perlen mehr Wert zu als jedem anderen Schmuck und sie zu tragen war mit einer überaus prahlerischen Zurschaustellung von Eitelkeit gleichzusetzen. Paulus fand, christliche Frauen sollten nichts tun, wodurch sie weltlich erschienen. Ephesus war eine sündige Stadt und Frauen mit protzigem Schmuck, ausgefallener Kleidung oder kunstvollen Frisuren wurden als eitel betrachtet, wenn nicht sogar als unverblümt unmoralisch. Paulus wollte, dass sich die Frauen mehr auf innere als auf äußere Schönheit konzentrierten.

Wenn wir uns wirklich so strikt an alle Gebräuche zu Paulus' Zeiten halten wollten, dann müssten die Männer mit Gewändern oder Tunika herumlaufen, weil sie damals nämlich noch keine Hosen trugen. Mode ändert sich, die Zeiten ändern sich, und lassen Sie mich noch einmal wiederholen, dass sich viele von Paulus' Aussagen über Frauen auf eine bestimmte Zeit in der Kirchengeschichte beziehen - eine Zeit, die es nicht mehr gibt.

Zuletzt möchte ich noch jene Experten erwähnen, die glauben, Paulus habe eine bestimmte Frau angesprochen, die verführt war und sich nicht den Ordnungen fügte. Paulus wollte, dass sie lernte, sich richtig zu verhalten, das sollte aber zu Hause geschehen und nicht während der Gottesdienste. Bis sie es gelernt hatte, durfte sie in der Gemeinde nicht zu Wort kommen oder auf irgendeine Weise lehren.

Ich habe kein ausreichendes Theologiestudium, um dieses Problem in seiner Ganzheit zu diskutieren. Vieles von dem, was Menschen mit einer höheren Bildung als ich geschrieben haben, habe ich gelesen und etwas von dem mitzuteilen versucht, was ich meiner Meinung nach von ihnen gelernt habe. Ich weiß nur, dass Gott schon immer - und immer noch - Frauen als Leiter und Lehrer, Prediger, Pastoren, Missionare, Autoren, Evangelisten, Propheten und so weiter benutzt hat.

Lassen Sie sich von niemand weismachen, Gott könne oder werde Sie nicht benutzen, nur, weil Sie eine Frau sind.

Vergessen Sie nur nicht, dass Gott Sie liebt und Sie auf kraftvolle Weise einsetzen möchte, um Menschen zu helfen. Lassen Sie sich von niemand weismachen, Gott könne oder werde Sie nicht benutzen, nur, weil Sie eine Frau sind. Als Frau sind Sie kreativ, umsorgend, sensibel und fähig, ein enormer Segen zu sein. Sie können in Ihrem Leben viel positive Frucht bringen. Sie müssen sich nicht unbemerkt durchs Leben schleichen, immer im Hintergrund verweilend. Wenn Gott Sie zum Leiten berufen hat, dann sollten Sie leiten. Wenn er Sie in den vollzeitlichen Dienst berufen hat, sollten Sie im vollzeitlichen Dienst stehen. Wenn er Sie in die Wirtschaft oder als Hausfrau berufen hat, sollten Sie mit Kühnheit Ihr von Gott gegebenes Potenzial ausleben.

Kapitel 4

Sieben Geheimwaffen einer kühnen Frau

Jede Ursache hat eine Wirkung. Wenn einige Frauen Zuversicht haben und andere nicht, dann muss es Gründe dafür geben. Ich möchte einige von ihnen unter die Lupe nehmen und Ihnen dadurch Zugang zu Dingen verschaffen, die Ihr Leben zuversichtlicher und kühner machen können.

GEHEIMWAFFE NR. 1 – Eine kühne Frau weiß sich geliebt

Sie fürchtet sich nicht davor, ungeliebt zu sein, weil sie in der Gewissheit lebt, dass Gott sie bedingungslos liebt. Um innerlich gesund und »ganz« zu sein, müssen wir uns geliebt wissen. Jeder wünscht sich und braucht Liebe von Gott und Menschen. Obwohl uns nicht jeder annimmt und liebt, tun es doch einige. Achten Sie doch lieber auf die Leute, die Sie lieben, als auf solche, die es nicht tun. Gott liebt uns auf jeden Fall, und er kann uns auch andere schenken, die das tun – wenn wir denn auf ihn blicken und uns nicht länger schlechte Freunde wählen. Ich glaube, wir brauchen, was ich gerne »göttliche Beziehungen« nenne. Anders ausgedrückt: Beten Sie für Ihren Freundeskreis. Versuchen Sie nicht einfach nach Gutdünken bei einer Gruppe von Leuten Anschluss zu finden. Folgen Sie stattdessen der Führung des Heiligen Geistes, wenn es um die Wahl Ihrer engeren Bekannten geht.

Es gibt Frauen, die sich derart schlecht im Hinblick auf sich selbst fühlen, dass sie glauben, sie hätten nichts Besseres verdient und sich deshalb auf Männer einlassen, die sie ganz bestimmt verletzen werden. Sie müssen mit charakterfesten Menschen zusammen sein, nicht mit Leuten, die Sie immer wieder verletzen. Wenn Sie auf Gottes Weisheit hören, wird er Ihnen helfen, diese Leute zu erkennen.

Wenn Sie sich nicht geliebt fühlen, ist Ihre erste Anlaufstelle Gott. Er ist der Vater, der seine Kinder mit Liebe und Segnungen überschütten möchte. Wenn Ihr leiblicher Vater Sie nicht so liebte, wie er es hätte tun sollen, kann Gott Ihnen geben, was Ihnen in Ihrer Kindheit fehlte. Für diese bedürftige Welt ist Liebe wie eine heilende Salbe, die Gott dazu noch ganz umsonst und ohne Ausnahmen anbietet. Seine Liebe ist bedingungslos. Er liebt uns nicht unter bestimmen Umständen, er liebt uns ganz einfach immer. Er liebt uns nicht, weil wir es verdienen, er liebt uns, weil er freundlich ist und es so möchte.

Für diese bedürftige Welt ist Liebe wie eine heilende Salbe, die Gott dazu noch ganz umsonst und ohne Ausnahmen anbietet.

> *Wie er uns [in seiner Liebe] in Christus auserwählt hat [uns tatsächlich für sich selbst als sein Eigentum handverlesen hat] vor Grundlegung der Welt, dass wir heilig [ihm geweiht und ausgesondert] und schuldlos – sogar tadellos – vor ihm seien in Liebe.*
>
> *Denn er hat uns vorherbestimmt [uns dazu bestimmt, in seiner Liebe für uns geplant], als seine eigenen Kinder adoptiert [offenbart] zu werden durch Jesus Christus, gemäß seiner Bestimmung und seines Willens [weil es ihm wohl gefiel und seine freundliche Absicht war].* (Epheser 1,4-5)

In jedem meiner Bücher schreibe ich etwas über die Liebe Gottes und wie wichtig es ist, sie vollständig zu empfangen. Ich tue das, weil ich glaube, dass unsere Heilung dort anfängt und das Fundament für unser neues Leben in Christus dort beginnt, wo wir die freie Gabe von Gottes bedingungsloser Liebe annehmen. Wir können uns selbst nicht lieben, ehe wir erkennen, wie sehr Gott uns liebt; und wenn wir uns selbst nicht lieben, können wir auch andere Menschen nicht lieben. Ohne dieses Fundament der Liebe in unserem Leben können wir keine guten, gesunden Beziehungen aufrechterhalten.

Viele Leute versagen in der Ehe, einfach, weil sie sich selbst nicht lieben und deswegen in ihrer Beziehung nichts zu geben haben. Die meiste Zeit versuchen sie etwas von ihren Ehepartnern zu bekommen, was nur Gott ihnen geben kann, nämlich ein gutes Selbstwertgefühl.

Ich wuchs in einer Atmosphäre auf, die von Missbrauch und Problemen geprägt war, und als 18-Jährige war ich mit Gefühlen der Scham, Schuld und Schande erfüllt. Ich heiratete sehr jung, aus dem einfachen Grund, weil ich Angst hatte, mich würde sonst keiner wollen. Ein 19-Jähriger zeigte Interesse an mir und ich heiratete aus meiner Hoffnungslosigkeit heraus, obwohl ich nicht einmal wusste, was Liebe überhaupt ist. Auch er hatte seine Probleme und wusste nicht recht, wie er mich lieben sollte - und so setzte sich das schmerzvolle Muster in meinem Leben fort. Wiederholt wurde ich in dieser Ehe seelisch verletzt und nach fünf Jahren endete sie in einer Scheidung.

Als ich dann den Mann traf, mit dem ich nun seit 1967 verheiratet bin, hungerte ich nach Liebe, wusste aber nicht, wie ich sie empfangen sollte, auch wenn sie eigentlich in Reichweite war. Mein Mann Dave liebte mich wirklich, aber immer wieder wies ich wegen meiner tiefsitzenden (negativen) Gefühle über mich selbst seine Liebe ab. Als ich durch Jesus Christus in eine ernsthafte und hingegebene Beziehung zu Gott trat, begann ich, Gottes Liebe kennen zu lernen. Aber es dauerte lange, bis ich sie ganz annehmen konnte. Wenn man sich nicht liebenswert vorkommt, kriegt man es nur schwer in den Kopf und ins Herz, dass Gott einen vollkommen liebt, obwohl man nicht vollkommen ist und es auf dieser Erde auch nie sein wird.

Mit einem Geschenk kann man nur eins machen: es annehmen und dankbar sein. Machen Sie doch gerade jetzt einen Glaubensschritt und sagen Sie laut: »Gott liebt mich bedingungslos und ich empfange seine Liebe!« Eventuell müssen Sie das hundertmal am Tag wiederholen, wie ich es monatelang tat, bis es endlich greift, aber wenn es dann geschieht, ist es der glücklichste Tag Ihres Lebens. Es gibt kein Gefühl auf der Welt, das mehr Trost spendet, als von jemand Vertrauenswürdigem geliebt zu werden. Gott wird Sie nicht nur auf diese Weise lieben, er wird auch andere Leute in Ihr Leben bringen, die Sie wirklich lieben. Wenn er das tut, bleiben Sie dankbar für diese Menschen. Mitmenschen zu haben, die einen ernsthaft lieben, ist eines der wertvollsten Geschenke auf der Welt.

In 1. Johannes 4,18 sagt die Bibel, dass Gottes vollkommene Liebe die Furcht austreibt. Wenn wir nicht von Furcht bestimmt werden, können wir kühn und zuversichtlich sein.

Gott liebt Sie! Gott liebt Sie! Gott liebt Sie! Glauben Sie es und empfangen Sie seine Liebe!

GEHEIMWAFFE NR. 2 – Eine kühne Frau lebt einfach nicht in Furcht

»Ich werde keine Angst haben« ist die einzig akzeptable Gesinnung, die wir gegenüber der Furcht einzunehmen haben. Wir können zwar immer noch Furcht *verspüren*, aber wir lassen uns nicht von ihr in unseren Entscheidungen und Taten leiten. Die Bibel sagt, dass Gott uns keinen Geist der Furcht gegeben hat (2. Timotheus 1,7). Furcht kommt nicht von Gott, sondern ist das Werkzeug des Teufels, um Leuten die Freude am Leben zu nehmen und sie am Vorwärtskommen zu hindern. Furcht lässt einen Menschen davonlaufen, sich zurückziehen und zurückschrecken. In der Bibel steht (Hebräer 10,38), wir sollen aus Glauben leben und uns nicht aus Furcht zurückziehen, denn wenn wir das tun, findet Gottes Seele kein Wohlgefallen an uns. Das bedeutet nicht, dass Gott uns nicht liebt; es bedeutet einfach, dass er enttäuscht ist, weil er uns all die guten Dinge wünscht, die er für uns geplant hat. Wir können von Gott nur durch den Glauben empfangen.

Wir sollten danach streben, alles in einem Geist des Glaubens zu tun. Glaube bedeutet Zuversicht gegenüber Gott und ein Vertrauen darauf, dass seine Verheißungen wahr sind. Wenn jemand seine ersten Glaubensschritte unternimmt, versucht Satan, ihn durch vielerlei Dinge sofort davon abzuhalten, so auch durch Furcht. Durch Glauben gehen Leute voran, probieren Neues aus und sind dynamisch. Ich glaube, dass Furcht die Hauptwaffe Satans gegen Menschen ist. Aus Furcht vergraben sie ihre Gaben, weil sie vor Versagen, Verurteilung und Kritik Angst haben. Sie ziehen sich in ihre Ecke des Elends zurück und leiden dort Qualen.

Von dieser Kraft werden wir nie frei werden, es sei denn, wir entschließen uns fest, keine Furcht zu haben. Ich ermutige Sie, in Ihrem Entschluss festzustehen, zu tun, was immer Sie tun müssen, selbst wenn Sie es »ängstlich tun« müssen. Mit »ängstlich tun« meine ich, die Angst zu spüren, aber dennoch zu tun, was Ihrem Glauben entspricht. Den einzigen, den wir wirklich fürchten sollten, ist Gott, und das auf ehrerbietige Weise.

Satan ist ein Lügner. Er belügt Leute und projiziert Bilder von Versagen und Verlegenheit auf die Leinwand Ihrer Seele. Deshalb sollten wir Gottes Verheißungen (sein Wort) kennen, damit wir die Lügen des Feindes niederreißen können und ihm nicht länger Gehör schenken.

Furcht scheint eine richtiggehende Epidemie in unserer Gesellschaft zu sein. Haben Sie vor etwas Angst? Vor Ablehnung, Versagen, der Vergangenheit oder Zukunft, Einsamkeit, Auto fahren, dem Alter, der Dunkelheit, Höhen, dem Leben oder dem Tod? Die Liste der Dinge, vor denen sich Menschen fürchten, ist endlos. Satan mangelt es nie an neuen Ängsten, die er einem einjagen kann, zumindest bis man den festen Entschluss trifft, nicht in Angst zu leben. Sie können Schmerz und Gelähmtheit gegen Kraft und Begeisterung eintauschen. Lernen Sie ein Leben jenseits Ihrer Gefühle kennen. Lassen Sie sich von keinerlei Gefühlen beherrschen, sondern erinnern Sie sich vielmehr an die launische Natur von Gefühlen. Sie ändern sich ständig. Man hat schlechte Gefühle, wenn man sie sich nicht wünscht und gute Gefühle verschwinden, wenn man sie am meisten braucht.

Gott möchte uns das Wandeln im Geist statt im Fleisch beibringen, worin die Gefühle mit eingeschlossen sind. Wir können nicht in der Eitelkeit unseres Verstandes, unserer Gefühle und unseres Willens wandeln und gleichzeitig Sieg in unserem Leben erringen. Gott sagt: »Fürchte dich nicht«, und wir müssen beschließen, ihm in diesem Bereich zu gehorchen. Furcht kommt als Gefühl zu uns und wenn wir uns vor ihr nicht beugen, dann bleibt sie das auch ... nur ein Gefühl! Denken Sie einmal darüber nach: Sollten Sie von einem bloßen Gefühl eingeschüchtert sein? (Das Thema Furcht wird noch später im Buch ausführlicher behandelt.)

GEHEIMWAFFE NR. 3 - Eine kühne Frau ist positiv gestimmt

Zuversicht und eine negative Haltung passen nicht zusammen. Wie Öl und Wasser vermischen sie sich einfach nicht. Früher war ich einmal eine sehr negativ gestimmte Frau, doch Gott sei Dank habe ich schließlich gelernt, dass eine positive Gesinnung viel mehr Spaß macht und Frucht erzeugt. Positiv oder negativ zu sein ist eine Entscheidung - es ist die Art, wie man denkt, spricht und sich verhält. Beides entsteht aus einer Gewohnheit heraus, die sich durch wiederholtes Verhalten in unserem Leben gebildet hat. Vielleicht sind Sie so wie ich. Ich hatte einfach einen schlechten Lebensstart. Ich wuchs in einer negativen Atmosphäre mit negativ gepolten Menschen auf. Sie waren meine Vorbilder und so wurde ich wie sie. Bis ich 1967 Dave heiratete, war mir meine negative Einstellung nicht einmal bewusst. Er war sehr positiv gestimmt und fragte mich, warum ich so negativ sei. Ich hatte noch nie vorher darüber nachgedacht, aber dann erkannte ich, dass ich schon immer so gewesen war. Kein Wunder, dass mein

Leben nicht gerade rosig aussah! Ich begann zu verstehen: Ich erwartete nichts Gutes und deshalb bekam ich auch nichts Gutes.

Leute mögen nicht gerne mit einer negativ gestimmten Person zusammen sein, weswegen ich mich häufig abgelehnt fühlte und sich meine Ängste und mein Mangel an Zuversicht nur noch verstärkten. Meine negative Haltung öffnete Tür und Tor für einen Haufen Probleme und Enttäuschungen, die wiederum meine negative Haltung schürten. Ich benötigte viel Zeit, bis ich mich veränderte; aber weil ich es tun konnte, bin ich davon überzeugt, dass es jeder kann. Furcht ist die Dunkelkammer, in der alle »Negative« entwickelt werden, warum sich also nicht der helleren Seite des Lebens zuwenden? Sollten Sie der Meinung sein, Sie könnten sich vor Enttäuschungen schützen, indem Sie nichts Gutes erwarten, liegen Sie falsch. Wenn Sie das tun, leben Sie ständig in Enttäuschung. Wenn Ihre Gedanken und Erwartungen negativ sind, ist jeder Tag mit Enttäuschung gefüllt. Was ist falsch daran, nicht auf die Wolken, sondern auf die Sonne zu sehen? Was ist falsch daran, das Glas als halb voll und nicht halb leer zu betrachten?

Wenn man Menschen zum positiven Denken anregt, entgegnen sie häufig: »Das ist aber nicht die Realität.« In Wahrheit jedoch verändert positives Denken Ihre jetzige Realität. Gott ist positiv; das ist seine Realität. So ist er, so denkt er und so sollen auch wir sein - dazu ermutigt er uns. Er sagt, dass alles zum Besten dienen kann, wenn wir ihn lieben und seinen Willen in unserem Leben geschehen lassen möchten (Römer 8,28). Er sagt, wir sollen über jeden stets das Beste denken (1. Korinther 13,7).

Es heißt, 90 Prozent aller unserer Sorgen bewahrheiten sich gar nicht. Warum nehmen Leute dann an, dass negativ zu sein realistischer ist, als positiv zu sein? Die wirkliche Frage ist, ob wir die Welt aus Gottes oder aus Satans Sicht sehen. Wer erledigt Ihr Denken für Sie? Erledigen Sie Ihr eigenes Denken, wählen Sie Ihre Gedanken sorgfältig aus, oder denken Sie passiv alles, was halt so Ihre Gedanken füllt? Woher kommen Ihre Gedanken?

Sind sie im Einklang mit der Schrift? Wenn nicht, dann sind sie nicht von Gott.

Eine Frau ist kein Versager, nur weil sie etwas probiert und es nicht funktioniert hat. Sie versagt nur, wenn sie es nicht länger versucht.

Negatives Denken macht Sie unglücklich. Warum unglücklich sein, wenn Sie glücklich sein könnten?

Negatives Denken hält Sie davon ab, dynamisch, kühn und voller Zuversicht zu sein. Warum also nicht positiv denken und mit Zuversicht vorangehen?

GEHEIMWAFFE NR. 4 – Eine kühne Frau erholt sich von Rückschlägen

Wir müssen Rückschläge nicht als Versagen ansehen. Eine Frau ist kein Versager, nur weil sie etwas probiert und es nicht funktioniert hat. Sie versagt nur, wenn sie es nicht länger versucht. Viele sehr erfolgreiche Menschen haben durch Versagen ihren Weg zum Erfolg gefunden. Lassen Sie sich von Fehlern belehren und nicht aufhalten. Ich pflege zu sagen, dass ich zumindest weiß, was ich nicht soll, wenn ich Schritte gewagt und mich erfolglos an etwas versucht habe.

Viele Menschen sind darüber verwirrt, was sie mit ihrem Leben anstellen sollen. Sie kennen Gottes Willen für sich nicht, haben keine klare Richtung. Auch ich fühlte mich einmal so, aber ich habe durch wiederholte Versuche meine Bestimmung gefunden. Ich versuchte mich im Kleinkinderdienst in einer Gemeinde, merkte aber schnell, dass ich dazu nicht berufen war. Ich versuchte, die Sekretärin des Pastors zu sein, wurde aber nach nur einem Tag mit keiner anderen Erklärung als der gefeuert: »Ist einfach nicht das Richtige.« Zuerst war ich wie am Boden zerstört, bis ich kurz darauf gebeten wurde, am Donnerstagmorgen ein wöchentliches Treffen in der Gemeinde abzuhalten, um Gottes Wort zu lehren. Ich merkte schnell, wo ich hinein passte. Ich hätte mein Leben lang verwirrt bleiben können, aber ich danke Gott für die nötige Zuversicht, mich hinauszuwagen und meinen rechten Platz zu entdecken. Das tat ich durch ein Ausscheidungsverfahren, bei dem ich einige Enttäuschungen erlebte, was dann aber glücklich ausging.

Wenn Sie nichts aus ihrem Leben machen, weil Sie nicht sicher sind, was Sie tun sollen, dann empfehle ich Ihnen, dass Sie beten und einiges ausprobieren. Es wird nicht lange dauern, bis Sie sich in einer Sache richtig wohl fühlen, so, als sei sie maßgeschneidert. Wenn Sie sich nach neuer Kleidung umsehen, probieren Sie doch wahrscheinlich auch mehrere Stücke an, bis Sie etwas finden, das passt, bequem ist und gut an Ihnen aussieht. Warum machen Sie es nicht genauso im Ausfindigmachen Ihrer Bestimmung? Natürlich gibt es Dinge, die Sie nicht einfach so ausprobieren können, zum Beispiel eine Astronautin oder die Bundeskanzlerin zu sein, aber eins ist sicher: Ein geparktes Auto kann man nicht fahren. Holen Sie Ihr Leben vom Parkplatz und bewegen Sie es in eine Richtung. Ich meine damit nicht, sich tief zu verschulden, um herauszufinden, ob Sie eine Geschäftsführerin sein sollen, aber Sie könnten klein anfangen und, wenn sich Erfolg einstellt, Ihr Vorhaben auf die nächste Stufe bringen. Unsere Bestimmung entfaltet sich, während wir Glaubensschritte tun. Eine zuversichtliche Frau hat keine Angst, Fehler zu machen, und wenn ihr doch welche passieren, dann erholt sie sich wieder and drängt weiter nach vorne.

Es gehört zu den vielen guten Dingen einer Beziehung zu Gott, dass er immer wieder neue Anfänge schafft. Seinem Wort gemäß ist sein Erbarmen jeden Tag neu. Jesus wählte sich Jünger, die Schwächen hatten und Fehler begingen, aber er blieb an ihnen dran und ließ sie ihr volles Potenzial entfalten. Wenn Sie es zulassen, wird er dasselbe für Sie tun. Der Apostel Paulus betonte, wie wichtig es sei, das Vergangene zu vergessen und sich nach dem auszustrecken, was vorn ist (Philipper 3,13). Sie brauchen Ihre Vergangenheit nicht fürchten, hat sie doch nur soviel Kraft über sie, wie sie ihr gestatten. Sich seine Zukunft nicht von der Vergangenheit diktieren zu lassen, gehört zu einem Lebensstil der Zuversicht.

Es ist nicht so, dass sich einige Leute ohne ihr Dazutun einfach von Verletzungen und Enttäuschungen erholen und andere eben nicht. Es ist eine Entscheidung! Sie entscheiden sich, die Sache loszulassen und weiterzumachen. Sie lernen aus Ihren Fehlern. Sie sammeln die Bruchstücke auf und geben sie Jesus, der nichts umkommen lässt (Johannes 6,12). Sie weigern sich, über das Verlorene nachzudenken und verzeichnen vielmehr das Ihnen Gebliebene und beginnen es zu nutzen. Sie können sich nicht nur wieder erholen, sondern auch anderen Menschen beim Erholungsprozess helfen. Seien Sie ein lebendiges Beispiel für eine zuversichtliche Frau, die sich immer wieder von ihren Rückschlägen erholt, egal, wie schwierig oder häufig sie sind. Sagen Sie nie: »Ich kann das einfach nicht.« Sagen Sie stattdessen: »Ich vermag alles durch Christus, der mich stärkt. Ich werde nie aufgeben, weil Gott auf meiner Seite steht.«

GEHEIMWAFFE NR. 5 - Eine kühne Frau meidet Vergleiche

Solange wir uns noch mit anderen Leuten vergleichen, ist Zuversicht nicht möglich. Egal, wie gut wir aussehen, wie begabt, intelligent oder erfolgreich wir sind - es gibt immer jemanden, der besser ist und früher oder später werden wir der Person über den Weg laufen. Ich glaube, Zuversicht ist darin zu finden, dass wir unser Möglichstes tun und uns nicht mit anderen vergleichen oder mit ihnen wetteifern. Unsere Freude sollte nicht in unserer Überlegenheit anderen gegenüber liegen, sondern darin, das Möglichste aus uns herauszuholen. Ständig den ersten Platz verteidigen zu müssen, ist harte Arbeit, ja, ist sogar ganz unmöglich.

Werbung zielt oft auf das Bestreben der Leute ab, am besten auszusehen, ganz vorne zu stehen und am meisten zu besitzen. Wenn man »dieses« Auto kauft, dann ist man wirklich die Nummer Eins! Wenn man »diese« Kleidungsmarke kauft, werden einen die Leute wirklich bewundern! Probieren Sie »diese« neue Diät und Sie werden Ihre paar extra Kilos los - und dann werden

Sie akzeptiert und wahrgenommen werden! Die Welt vermittelt uns ständig den Eindruck, wir müssen mehr sein, als wir sind, und irgendein Produkt, Programm oder Rezept könne uns dabei helfen. Wie die meisten Leute habe auch ich jahrelang versucht, wie meine Nachbarin, mein Ehemann, die Frau meines Pastors, meine Freundin und andere zu sein. Meine Nachbarin war im Dekorieren, Nähen und vielen anderen Dingen sehr kreativ, während ich kaum einen Knopf annähen konnte, ohne befürchten zu müssen, dass er bald wieder abfällt. Ich nahm Unterricht und versuchte mich im Nähen, aber ich hasste es.

Mein Ehemann ist sehr ruhig und gelassen; ich war das Gegenteil. So versuchte ich ihm gleich zu werden, was ebenfalls nicht funktionierte. Die Frau meines Pastors war eine ganz liebe, von Barmherzigkeit geleitete, zierliche, niedliche Blonde. Ich dagegen war forsch, kühn, laut, nicht gerade zierlich - und brünett (das heißt, wenn ich mein Haar kurz zuvor gefärbt hatte).

Im Grunde verglich ich mich ständig mit der einen oder anderen Person und lehnte dabei die Person ab, als die Gott mich gemacht hat. Nach Jahren der Qual begriff ich schließlich, dass Gott keine Fehler begeht. Er schafft uns alle absichtlich unterschiedlich, und Unterschiedlichkeit ist nicht schlecht; durch sie zeigt Gott seine kreative Vielfältigkeit. Psalm 139 lehrt uns, dass Gott jeden von uns im Mutterleib mit seinen eigenen Händen gewoben und dass er in seinem Buch alle unsere Tage eingeschrieben hat, noch ehe sie gebildet wurden. Wie ich sagte, macht Gott keine Fehler, deshalb sollten wir uns als Gottes Schöpfung annehmen und ihn uns helfen lassen, die einzigartigen, wertvollen Individuen zu sein, die er sich vorgestellt hat.

Zuversicht fängt mit Selbstannahme an - die durch einen starken Glauben an Gottes Liebe und seinen Plan für unser Leben möglich wird. Ich finde, es ist eine Beleidigung unseres Schöpfergottes, wenn wir uns mit anderen vergleichen und so sein möchten wie sie. Treffen Sie die Entscheidung, sich nie wieder mit einem anderen zu vergleichen. Schätzen Sie andere für das, was sie sind und erfreuen Sie sich an Ihrer eigenen wunderbaren Person.

Eines der Zehn Gebote lautet: »Du sollst nicht ... begehren«

(2. Mose 20,17). Das heißt, wir sollen nicht auf die Besitztümer anderer Menschen gierig sein: nicht nach ihrem Aussehen, ihren Begabungen, Persönlichkeiten oder sonst etwas an ihnen. Begierde, glaube ich, ist immer dort zu finden, wo wir etwas so sehr wollen, dass wir ohne es nicht glücklich sein können. Man kann es einer Person übel nehmen, dass sie etwas hat, was wir nicht haben. Derartige Haltungen gefallen Gott nicht. Jemand anders kann uns zwar als Vorbild dienen, sollte aber nie unsere Richtschnur werden. Die Bibel sagt in Römer 8,29, dass wir dazu bestimmt sind, nach dem Bilde Jesu Christi umgestaltet zu werden und im Inneren ihm zu gleichen. Eine andere Bibelstelle besagt, dass wir den Sinn Christi haben (1. Korinther 2,16). Wir können lernen, so zu denken, zu sprechen und uns so zu verhalten, wie Jesus es tat, und er hat sich ganz sicher nie mit jemandem verglichen oder begehrt, etwas anderes zu sein, als das, wofür ihn der Vater gemacht hat. Er lebte, um den Willen des Vaters zu tun, nicht, um mit anderen zu wetteifern und sich mit ihnen zu vergleichen.

Seien Sie doch einfach mit sich selbst zufrieden. Das heißt nicht, dass Sie keine Fortschritte machen, oder sich nicht immer noch verbessern können, doch wenn Sie aus anderen Menschen eine Art Gesetz - eine Regel oder Vorschrift - machen, dann werden Sie beständig enttäuscht sein. Gott wird Ihnen nie dabei helfen, jemand anders zu sein. Vergessen Sie nicht: »Anders« sein ist gut, es ist nicht zu verachten. Feiern Sie Ihre Einzigartigkeit und freuen Sie sich an der Zukunft, die Gott für Sie bereitet hat. Seien Sie voller Zuversicht und beginnen Sie, Gefallen an sich selbst zu finden!

GEHEIMWAFFE NR. 6 - Eine kühne Frau handelt

Ich habe gehört, es gäbe zwei Arten von Menschen auf der Welt: solche, die darauf warten, dass etwas zustande kommt und solche, die etwas zustande bringen. Einige Menschen sind von Natur aus schüchtern, andere dagegen kühn, doch mit Gott an unserer Seite können wir im Übernatürlichen leben, nicht bloß im Natürlichen. Wir alle haben Dinge, die es zu überwinden gilt. Ein von Natur aus kühner Mensch muss Stolz, Aggressivität und falsche Zuversicht überwinden, während ein von Natur aus schüchterner Mensch anderes zu überwinden hat: Sorgen, Ängstlichkeit, mangelnde Zuversicht und die Versuchung, sich von Herausforderungen zurückzuziehen.

Ein kühner Mensch kann häufig so bestimmend sein, dass er richtig ungehobelt wird. Ich mag Leute, die keine Angst vor mir haben, aber ich mag Leute nicht, die mich nicht respektieren und schlechte Manieren haben. Was einige für Kühnheit halten, ist in Wirklichkeit Stolz - welches zu den Dingen gehört, die Gott laut seinem Wort hasst. Ich bin von Natur aus kühn und musste mich gegen Stolz wehren. Es scheint, als nähmen kühne Menschen ohne großes Nachdenken an, sie hätten in den meisten Dingen recht, und sie haben auch keine Scheu, anderen Leuten zu sagen, wie recht sie doch haben. Zuversicht ist zwar eine gute Sache, Egoismus jedoch nicht. Gott sei Dank können wir Ausgeglichenheit in unserem Leben lernen. Wir können von unseren Stärken profitieren und durch seine Hilfe unsere Schwächen überwinden.

Eine schüchterne Frau schreckt vor vielem, dem sie sich stellen müsste, zurück. Vieles würde sie nur zu gerne sagen oder tun, aber ihre Furcht lähmt sie. Ich glaube, wir müssen lernen, Schritte zu wagen und herauszufinden, was Gott für unser Leben bereithält. Zaghaftigkeit mag Leute vor Fehlern bewahren, aber als Folge fragen sie sich ihr ganzes Leben lang, »was hätte sein können«. Kühne Menschen machen dagegen mehr Fehler, doch erholen sie sich wieder und finden schließlich Erfüllung in dem für sie Passenden.

Gott wirkt durch unseren Glauben, nicht durch unsere Furcht.

Von einigen Fehlern geht die Welt nicht unter. Wir können uns von Fehlern erholen. Genau gesagt gehört zu den wenigen

Fehlern, von denen man sich nicht erholen kann, der Fehler, nie welche begehen zu wollen! Gott wirkt durch unseren Glauben, nicht durch unsere Furcht. Sitzen Sie nicht als Zuschauer am Spielrand des Lebens und wünschen sich, Sie könnten mitmachen. Sie sollten loslegen und etwas Interessantes beitragen!

Eine vom Typus her introvertierte oder extrovertierte Frau wird immer eine typenbedingte Tendenz haben, woran auch nichts auszusetzen ist. Wie wir schon angemerkt haben, hat Gott uns alle unterschiedlich geschaffen. Allerdings ist es auch möglich, das von uns ersehnte Leben zu haben, ohne dabei unsere Identität zu leugnen. Hören Sie also auf ihr Herz und fragen Sie sich, was Ihrer Meinung nach Gottes Wille für Sie ist - und dann tun Sie es einfach. Er beschenkt, wo er lenkt. Immer. Sollte Gott von Ihnen fordern, sich in etwas für Sie Unangenehmes zu wagen, kann ich Ihnen versichern, dass, wenn Sie den Glaubensschritt tun, Sie Gott an Ihrer Seite spüren werden.

Wenn Sie etwas vorhaben, dann machen Sie sich nicht zuviel Gedanken über alles, was schief gehen könnte. Seien Sie positiv und denken Sie an die aufregenden Möglichkeiten. Ihre Einstellung ändert die Sache vollkommen. Durch eine positive, dynamische, tatkräftige Haltung werden Sie das Leben mehr genießen. Am Anfang mag es schwer fallen, aber am Ende ist es die Sache wert.

Ich glaube sogar, dass es einer kühnen Person schwerer fällt, ihren Stolz zu überwinden, als für jemand Schüchternes, ihre Ängstlichkeit zu überwinden. Wenn Sie also schüchtern und ängstlich sind, denken Sie einfach daran: Es könnte schlimmer sein. Entschließen Sie sich dazu, mit Gottes Hilfe das von ihm gegebene Potenzial voll auszuschöpfen und das von ihm vorgesehene Leben zu führen.

Gott ehrt Glauben

Glaube ehrt Gott und Gott ehrt Glauben! Eine Geschichte aus dem Leben der Missionare Robert und Mary Moffat veranschaulicht diese Wahrheit. Zehn Jahre lang hatte sich das Ehepaar in Betschuanaland (das heutige Botsuana) abgemüht, ohne auch nur einen Lichtstrahl der Ermutigung auf ihrem dunklen Weg zu sichten. Nicht einer hatte sich bekehrt. Schließlich begannen sich die Leiter ihrer Missionsgesellschaft zu fragen, ob eine Fortsetzung der Arbeit wirklich angebracht sei. Der Gedanke, ihren Posten aufgeben zu müssen, bereitete diesem hingegebenen Ehepaar großen Seelenschmerz, denn sie waren sich Gottes Anwesenheit in ihren Mühen sicher und zur rechten Zeit, glaubten sie, würden sich die Leute zu Christus bekehren.

Sie blieben; und für weitere ein, zwei Jahre regierte die Finsternis. Dann ließ ein Freund aus England sie eines Tages wissen, dass er ihnen ein Geschenk schicken wolle und fragte, was sie gerne hätten. Im Vertrauen darauf, dass Gott ihre Arbeit segnen würde, antwortete Frau Moffat: »Schicken Sie uns ein Abendmahlgeschirr; bestimmt brauchen wir es bald.« Gott ehrte den Glauben dieser lieben Frau. Der Heilige Geist wirkte in den Herzen der Dorfbewohner und bald formte sich aus einer kleinen Gruppe von sechs Bekehrten die erste christliche Gemeinde in dem Land. Die Post mit dem Abendmahlgeschirr aus England verzögerte sich, aber einen Tag vor der ersten Abendmahlsfeier in Betschuanaland kam sie an[29].

GEHEIMWAFFE NR. 7 – Eine kühne Frau lebt nicht im »wenn doch nur« und »was ist, wenn«

Die Welt ist voller Leute, die sich leer und unerfüllt fühlen, weil sie sich ihr Leben lang über das beklagt haben, was ihnen fehlt, anstatt das ihnen zur Verfügung Stehende zu benutzen. Leben Sie nicht unter der Tyrannei des »wenn doch nur«: Wenn ich doch nur mehr Bildung hätte, mehr Geld, mehr Möglichkeiten oder Leute, die mir unter die Arme greifen. Wenn ich doch nur einen besseren Lebensstart gehabt hätte, nur nicht missbraucht worden wäre, nur größer wäre. Wenn ich doch nur nicht *so* groß wäre. Wenn doch nur, wenn doch nur, wenn doch nur ...

Einer der größten Fehler, den wir im Leben begehen können, ist, das uns Fehlende oder Verlorene anzustarren und dabei zu übersehen, was wir haben. Als Jesus 5.000 Männer - plus Frauen und Kinder - mit Essen versorgen wollte, sagten die Jünger, sie hätte nichts weiter als das Mittagessen eines Jungen, bestehend aus fünf kleinen Brotlaiben und zwei Fischen. Sie versicherten ihm, dass das für eine derartige Menschenmenge nicht reichen würde. Jesus nahm jedoch das Essen und vermehrte es. Er versorgte mehrere tausend Männer, Frauen und Kinder und hatte zum Schluss noch zwölf Körbe übrig (Matthäus 14,15-21). Die Lektion für uns daraus lautet: Wenn wir Gott einfach geben, was wir haben, wird er es gebrauchen und uns mehr zurückgeben, als wir ursprünglich hatten. Die Bibel sagt, Gott habe alles Sichtbare »aus dem Unsichtbaren« erschaffen. Wenn er das tun kann, glaube ich, dass er auch etwas aus meinem kleinen bisschen machen kann, egal, wie unbeeindruckend es aussehen mag.

Als Gott Mose dazu berief, die Israeliten aus Ägypten zu führen, kam er sich überaus unzulänglich vor und erzählte Gott immer wieder, was er alles nicht könne und nicht habe. Darauf fragte Gott ihn, was er denn in seiner Hand hielt. »Einen Stab«, antworte Mose. Dabei handelte es sich um einen ganz gewöhnlichen Stab, wie er beim Hüten der Schafe benutzt wurde. Gott sagte ihm, er solle ihn auf den Boden werfen, was darauf hinweist, dass er ihn Gott zu geben hatte. Als Gott Mose den Stab zurückgab, war er mit Wunder wirkender Kraft angefüllt, durch die Mose das Rote Meer teilen und andere Wunder vollbringen konnte. Ich wiederhole: Wenn Sie Gott das geben, was Sie haben, egal, für wie klein und belanglos Sie es halten mögen, wird Gott davon Gebrauch machen und Ihnen mehr zurückgeben, als Sie ihm gegeben hatten.

Mit anderen Worten, Gott geht es nicht um unsere Fähigkeit, sondern um unsere Verfügbarkeit. Er möchte, dass wir auf die Möglichkeiten schauen, nicht auf die Probleme. Verschwenden Sie Ihr Leben nicht damit, zu denken, »wenn Sie doch nur« etwas anderes hätten, dann könnten Sie etwas Erwähnenswertes tun. »Wenn doch nur« ist ein Dieb des Möglichen.

»Was ist, wenn« kann genauso verheerend sein wie »wenn doch nur« - besonders in Verbindung mit einer negativen Gesinnung. Die bange Erwartung einer zukünftigen Erfahrung kann verheerender sein als das eigentliche Erleben des Problems.

Nehmen wir zum Beispiel meine Freundin Heather. Eines Tages saß sie mit Tränen in den Augen in einem Café. Obwohl sie begabt und attraktiv war, lebte sie in Furcht und ließ sich dadurch ihre Lebensfreude rauben. In der Regel war ihr elend zumute, denn mit Furcht kommt Qual. Gott hat für uns nicht ein Leben in Furcht und Bangen vorgesehen. An jenem Tag beklagte sie sich im Gespräch mit mir, ihre Mutter und Tante seien beide an einer Herzkrankheit gestorben - und sie habe Angst, das gleiche Schicksal könne auch sie heimsuchen. Sie hatte drei kleine Kinder und fürchtete, sie würde die Kinder nicht heranwachsen sehen. Ich fragte sie, ob sie denn irgendwelche Symptome habe, aus denen man eine Herzkrankheit schließen könne. Sie habe Spannung in ihrer Brust, meinte sie, und sei deshalb beim Arzt gewesen. Nachdem er die entsprechenden Untersuchungen gemacht hatte, habe er ihr gesagt, dass sie Stresssymptome erlebe, ausgelöst von ihrer Angst vor einer Herzkrankheit.

Ich ermutigte sie mit mehreren Bibelstellen, die besagen, wir sollen im Glauben und nicht in Furcht leben, aber sie ließ nicht locker und sagte immer wieder: »Was ist, wenn ich sterbe und mein Mann mit den Kindern alleine zurückbleibt?«

Ich muss zugeben, meine Geduld mit Heather ging langsam zu Ende, nicht, weil ich kein Mitgefühl für sie hatte, sondern weil sie bei unserem letzten Zusammensein dieselben Ängste hatte, nur auf ein anderes Problem bezogen. Da war es die Furcht vor dem neuen Arbeitsplatz ihres Mannes gewesen, bei dem er wegen Geschäftsreisen öfter von zu Hause weg sein würde. Sie hatte sich gefragt: »Was ist, wenn« er auf seinen Reisen jemand anders kennen lernt und sich in eine Beziehung verstrickt? »Wenn« sein neuer Arbeitsplatz »doch nur« keine Reisen beinhaltete, hatte sie gesagt.

Heather schuf ihre eigenen Probleme durch ein Leben im »wenn doch nur« und »was ist, wenn«. Bei solch einer Denkweise würde jedem elend zumute sein. Sie musste sich entscheiden, anders zu denken. Sie hatte ein Bollwerk der Furcht in ihrem Kopf, das wahrscheinlich in der Kindheit begonnen hatte, aber sie könnte ihre Gesinnung ändern, indem sie Gottes Wort studiert und darüber meditiert. Oft wünschen sich die Leute ihre Probleme einfach weg und sind dabei nicht bereit, das Nötige zu tun, um sich selbst zu helfen. Ich hatte viele Ängste in meinem Leben und manchmal tauchen sie auch wieder auf. Aber ich reagiere darauf, indem ich im Wort Gottes Zuflucht suche, das mich in meinen von Gefühlen unabhängigen Glaubensschritten bestärkt.

Wie der Mensch denkt, so wird er gelenkt. Wenn Sie mehr Acht auf Ihre Gedanken haben und sich entschließen, über die Dinge nachzudenken, die Ihnen helfen statt Sie zu behindern, wird dadurch Gottes helfende Kraft freigesetzt und Sie können die von Gott gewollte Frau mit Zuversicht sein!

Diese sieben Geheimwaffen werden Ihnen beim Wachstum hin zur vollen Zuversicht helfen. Es gibt immer noch viel zu lernen, aber diese Tipps sind ein guter Anfang.

Kapitel 5

Die Frau, die ich nicht leiden konnte

Wer kann sich schon mit der Frau in Sprüche 31 messen? Diese Frau kann einfach alles. Sie ist eine großartige Ehefrau und Mutter, kümmert sich ums Haus, sie leitet ihr eigenes Gewerbe, sie kocht, sie näht - was sie nicht tut, ist müde werden! Sie ist die Vollkommenheit schlechthin. Vielleicht war deshalb meine Reaktion auf sie beim erstmaligen Lesen: »Ich kann dich nicht leiden.« Haben Sie sich je so gefühlt, nachdem Sie diesen Abschnitt in der Bibel gelesen haben? Ihr Lebensstil forderte mich an so vielen Punkten heraus, dass ich am liebsten gar nichts über sie wissen wollte. Zumindest war das meine Einstellung vor 30 Jahren, als ich die Bibel zum ersten Mal ernsthaft studierte.

Die besagte Frau ist solch eine berühmte Frau mit Zuversicht, und trotzdem wird sie namentlich nicht erwähnt. Ich bin mir sicher, das ist deshalb so, weil Gott sich für jede Frau wünscht, dass sie ihren eigenen Namen in diesen Bibelabschnitt eintragen kann. Ich möchte gerne, dass auch Sie von der Frau lesen. Danach werde ich einige praktische Hinweise geben, die Ihnen bestimmt dabei helfen werden, jene zuversichtliche Frau zu werden, die Sie so gern sein möchten.

Sprüche 31,10-31

10 Eine tüchtige, intelligente und tugendhafte Frau - wer findet sie? Weit wertvoller ist sie als Juwelen und weit über Rubine und Perlen geht ihr Wert.
11 Mit Zuversicht vertraut ihr das Herz ihres Mannes. Er verlässt sich auf sie und glaubt an sie mit Sicherheit, so dass es ihm nicht an [ehrlichem] Gewinn fehlt oder er [unehrliche] Ausbeute bräuchte.
12 Sie tröstet und ermutigt ihn, und erweist ihm nur Gutes alle Tage ihres Lebens.
13 Sie sucht nach Wolle und Flachs und arbeitet dann mit Lust ihrer Hände[, um etwas daraus zu machen].
14 Sie gleicht Handelsschiffen, mit Speisen beladen; von einem fernen [Land] holt sie Speise für ihren Haushalt herbei.
15 Sie steht auf, wenn es noch Nacht ist, und besorgt [geistliche] Speise für ihr Haus und erteilt ihren Mägden ihre Aufgaben.
16 Sie prüft ein [neues] Feld, bevor sie es erwirbt oder akzeptiert [expandiert mit Besonnenheit und vernachlässigt ihre momentanen Aufgaben nicht, indem sie neue Aufgaben annimmt]; von ihren Ersparnissen [ihrer Zeit und Kraft] pflanzt sie fruchtbare Weinstöcke in ihrem Weinberg.
17 Sie gürtet ihre Lenden mit Kraft [mit geistlicher, geistiger und physischer Fitness für ihre von Gott gegebenen Aufgaben] und macht ihre Arme stark und fest.
18 Sie schmeckt und sieht, dass ihr Erwerb [mit und für Gott] gut ist; ihre Lampe erlischt nicht, sondern scheint die ganze Nacht [der Not, Bedürftigkeit oder des Leides, und weist Furcht, Zweifel und Misstrauen ab].
19 Sie streckt ihre Hände aus nach der Spinnrolle, und ihre Finger ergreifen die Spindel.
20 Ihre Hand öffnet sie dem Armen, ja, sie streckt ihre vollen Hände dem Bedürftigen [ob in Leib, Seele oder Geist] entgegen.
21 Nicht fürchtet sie für ihr Haus den Schnee, denn ihr ganzes Haus ist in doppelten Scharlachstoff gekleidet.

22 Sie macht für sich selber Decken, Kissen und dekorative Teppiche. Ihre Kleider bestehen aus Leinen, rein, edel und Purpur [aus dem die Kleider der Priester und die geweihten Tempelstoffe gemacht werden].
23 Ihr Mann ist bekannt in den Toren [der Stadt], wenn er Sitzung hält mit den Ältesten des Landes.
24 Kostbare Leinengewänder macht sie und verkauft sie, und Gürtel [oder Schärpen, die einen dienstfähig machen] liefert sie den Kaufmännern.
25 Kraft und Hoheit sind ihr Gewand, und ihre Stellung ist stark und sicher; unbekümmert lacht sie der Zukunft zu [der späteren oder kommenden Zeit, wissend, dass sie und ihre Familie gut vorbereitet sind]!
26 Ihren Mund öffnet sie redegewandt und mit göttlicher Weisheit, und freundliche Weisung ist auf ihrer Zunge[, um Rat und Belehrung zu geben].
27 Sie hat eine gute Übersicht über die Vorgänge in ihrem Haus, und das Brot der Faulheit (Tratsch, Unzufriedenheit und Selbstmitleid) isst sie nicht.
28 Es treten ihre Kinder auf und nennen sie gesegnet (glücklich, begünstigt, beneidenswert); und ihr Mann prahlt mit ihr und rühmt sie:
29 Viele Töchter haben sich als tüchtig, edel und gut [mit der Charakterstärke, die im Guten verharrt] erwiesen, du aber übertriffst sie alle.
30 Trügerisch sind Charme und Anmut, und nichtig die Schönheit [weil sie nicht währt]; eine Frau aber, die den Herrn in Ehrerbietung und Anbetung fürchtet, die soll man rühmen!
31 Gebt ihr von der Frucht ihrer Hände, und in den Toren [der Stadt] sollen ihre Werke sie rühmen!

Ich hoffe, Sie haben sich die Zeit zum Lesen der obigen Verse genommen. Als nächstes wollen wir tiefer einsteigen und uns jede der Eigenschaften dieser Frau genau anschauen.

Vers 10

Eine gute Frau ist schwer zu finden; weit über Rubine oder Perlen geht ihr Wert. Gute Frauen sind wertvoll, mehr als Juwelen oder teure Edelsteine. Wir müssen bewusst daran arbeiten, unsere Ehemänner durch aufmerksame, liebevolle Fragen zu erbauen, denn dieser Vers macht deutlich, dass eine tüchtige, intelligente und rechtschaffene Frau eine seltene Kombination darstellt. Jeder Mann mit so einer Frau sollte ihr die größte Wertschätzung geben.

Es gibt noch andere Verse in Sprüche, aus denen hervorgeht, wie wichtig unsere Rolle als Frau für unsere Rolle als Ehefrau sein kann. Eine gute Frau ist die krönende Freude ihres Mannes, aber wie Fäulnis in seinen Knochen ist eine schlechte (Sprüche 12,4). Eine weise, einsichtsvolle und besonnene Frau ist eine Gabe des Herrn (Sprüche 19,14).

Vers 11

Vertrauen ist der Stoff, der eine Ehe zusammenhält und die Bibel sagt, dass das Herz des Ehemanns der Frau aus Sprüche 31 vertraut. Er verlässt sich auf sie und glaubt mit Gewissheit an sie. Welch ein Segen, so etwas sagen zu können! Wir leben in einer Gesellschaft, in der so viele Beziehungen diese Eigenschaften missen. Wenn man sie doch einmal vorfindet, sollte man sie deshalb umso mehr schätzen. Zuversicht, Vertrauen und Sicherheit geben unserer Seele Frieden und Ruhe. Wenn wir anderen vertrauen und sie uns vertrauen, erhöht das unseren Grad an Zuversicht. Ich bin zuversichtlich in Bezug auf meinen Ehemann; ich vertraue ihm und fühle mich bei ihm sicher. Ich genieße diese Eigenschaften bei ihm und ich glaube, er kann dasselbe über mich sagen. Das war nicht immer so. Es gab eine Zeit in meinem Leben, da war ich sehr unbeständig. Aber Gott sei Dank verändert er uns beim Studieren seines Wortes. Wir können uns auf die Verheißung in 2. Korinther 3,18 verlassen, dass, wenn wir in Gottes Wort verharren, wir in sein Bild verwandelt (verändert) werden von Herrlichkeit zu Herrlichkeit. Diese Verwandlung geschieht nicht urplötzlich, sondern Schritt für Schritt.

Mir missfiel die Frau in Sprüche 31, bis ich erkannte, dass sie mir als Beispiel dienen soll, als ein Ziel, das ich anstreben kann - eines, zu dem mir Gott selbst verhelfen wird, wenn ich mein Vertrauen auf ihn setze und zur Veränderung bereit bin. Über viele Jahre hinweg wurde diese Frau, die ich einst nicht leiden konnte, zu einer guten Gefährtin. Wenn ich Entscheidungen treffen muss, wende ich mich häufig an sie, um zu sehen, was sie in einer ähnlichen Situation getan hätte.

Vers 12

Diese Frau tröstet ihren Ehemann und erweist ihm ihr Leben lang Gutes. Viele Ehen könnten gerettet werden, wenn die Frau die Initiative ergreifen würde, ihren Mann zu trösten und ihm Komplimente zu machen. Natürlich sollte der Mann das auch tun, aber seien Sie doch bereit, in Ihrer Ehe den ersten Schritt in die richtige Richtung zu tun. Beim Lesen von Sprüche 31,10-31 fällt auf, dass die Tätigkeiten des Mannes nicht erwähnt werden, nur, dass er sie lobt und wegen seiner prächtigen Frau in der Stadt bekannt ist. Ich glaube, wenn Sie den ersten Gehorsamsschritt tun, dann wird Gott sich auch um Ihren Mann kümmern und Sie werden positive Veränderungen in ihm sehen. Außerdem glaube ich, dass dadurch Ihr eigener Grad an Zuversicht steigen wird. Wenn wir anderen Komplimente machen, sehen wir uns selbst ebenfalls in einem besseren Licht.

Eine geistlich reife Frau wird immer als erste das Rechte tun, selbst wenn es außer ihr niemand tut. Wir leben für Gott und nicht für Menschen. Wir leben, um Gott zu gefallen, nicht unbedingt den Leuten.

> *Was ihr auch tut, arbeitet von Herzen [von der Seele] als dem Herrn [als etwas, das für ihn getan wird] und nicht den Menschen, da ihr [mit aller Sicherheit] wisst, dass ihr vom Herrn [und nicht*

von Menschen] als Vergeltung das [wahre] Erbe empfangen werdet. Ihr dient [in Wirklichkeit] dem Herrn Christus.
(Kolosser 3,23-24)

Liest man die Verse, die vor dem oben zitierten Abschnitt kommen (Kolosser 3,18-22), dann findet man Anweisungen für das tägliche Leben, zum Beispiel:

Ihr Frauen, ordnet euch euren Männern unter [seid ihnen untertan und richtet euch nach ihnen], wie es rechtens, passend und die angemessene Pflicht im Herrn ist!

Ihr Männer, liebt eure Frauen [seid zärtlich und mitfühlend mit ihnen] und seid nicht forsch oder bitter oder reizbar mit ihnen!

Ihr Kinder, gehorcht euren Eltern in allem, denn dies ist dem Herrn wohlgefällig.

Ihr Väter, provoziert oder reizt oder ärgert eure Kinder nicht [geht nicht hart mit ihnen um oder reibt sie auf], damit sie nicht mutlos oder mürrisch oder verdrießlich werden und sich minderwertig oder frustriert fühlen. [Brecht ihren Geist nicht.]

Ihr Sklaven, gehorcht in allem euren irdischen Herren, nicht in Augendienerei, als Menschengefällige, sondern in Einfalt des Willens [mit eurem ganzen Herzen], wegen eurer Ehrfurcht vor dem Herrn und als aufrichtiger Ausdruck eurer Hingabe ihm gegenüber.

Haben Sie gemerkt? Für jede Gruppe im Haushalt gibt es Anweisungen, und jede soll gehorchen als tue sie es für den Herrn und nicht für Menschen. Es ist kaum vorstellbar, wie unsere Familien von Friede und Freude durchtränkt sein würden, wenn sich jeder an diese Anweisung hielte. Ehescheidungen gäbe es dann nicht.

Achten Sie auch darauf, dass es nicht heißt, ein Familienmitglied müsse nur dann das Richtige tun, wenn es die anderen tun. Nein, jedes Mitglied ist für sich selbst verantwortlich. Jeder von uns wird einmal vor Gott stehen und sich verantworten müssen (Römer 14,12). Dann werden wir nicht über jemand anders befragt werden, sondern über uns. Jeder von uns sollte um das richtige Verhalten bemüht sein, selbst, wenn wir als einzige die Bereitschaft dazu zeigen. Das ehrt Gott ungemein und wird zur rechten Zeit belohnt werden.

Vers 13
Die Frau aus Sprüche 31 ist nicht faul, auch schiebt sie nichts auf die lange Bank. Sie *sucht* (sehnt sich, verfolgt und jagt mit ganzer Kraft nach) Wolle und Flachs, und sie arbeitet mit Lust mit ihrer Hände (um daraus etwas zu machen). Eins ist sicher, ob es um Kleidung für ihre Familie oder zum Verkauf auf dem Markt geht, sie ist mit Begeisterung dabei! Sie hält ihre Arbeit nicht für Plackerei, ihr graut nicht davor und sie beklagt sich nicht darüber. Die Arbeit gehört zum Dienst für ihre Familie und den tut sie mit Hingabe und einer positiven Haltung.

Vers 14
Sie plant gute Mahlzeiten, die von Vielfältigkeit gekennzeichnet sind. Sie importiert sogar Waren aus fernen Ländern, damit ihre Familie nicht ständig dieselben Dinge essen muss und dieser schließlich überdrüssig wird.

Mann! Ich bin beeindruckt! Ich servierte meiner Familie Hamburger auf 1.001 verschiedene Weisen. Unser Essensbudget war knapp, was ich als Ausrede nahm. Doch unsere Dame in Sprüche fordert uns wieder einmal heraus, über das rein Notwendige hinauszugehen und alles so gut wie möglich zu machen. Wenn ich das tue und etwas mit Qualität mache, fühle ich mich jedes mal dadurch auch besser im Hinblick auf mich selbst und meine Zuversicht wächst.

Vers 15
Sie steht vor Sonnenaufgang auf, um Zeit mit Gott zu verbringen. Sie weiß: Ohne geistliche Nahrung könnte sie nie eine gute Frau und Mutter sein. Ich bin mir sicher, dass sie Gottes Wort las, betete, Anbetung und Lobpreis brachte und sich geistlich angemessen auf den Tag vorbereite.

Auch hatte sie eine Tagesplanung. Das ist sehr wichtig, denn ich glaube nicht, dass wir vage und gedankenlos sein sollten: morgens einfach aufstehen und auf gut Glück in den Tag hinein leben. Leute mit dieser Mentalität erreichen selten etwas, sondern sind meist frustriert und fühlen sich unerfüllt. Machen Sie einen Plan und setzen Sie ihn um. Halten Sie sich diszipliniert daran, es sei denn, Gott weist Sie an, etwas anderes zu tun. Unser Plan muss nicht zum Gesetz werden, aber wir sollten an jedem Tag unseres Lebens Richtung und Bestimmung haben.

Machen Sie einen Plan und setzen Sie ihn um. Halten Sie sich diszipliniert daran, es sei denn, Gott weist Sie an, etwas anderes zu tun.

Die besagte Frau aus Sprüche hatte Hilfe im Haushalt, und sicherlich werden jetzt viele denken: »Nun, mit Haushaltshilfen an der Hand könnte ich auch etwas zustande bringen.« Seien Sie vorsichtig und machen Sie daraus keine Ausrede.

Eine recht gute frühere Bekannte von mir stand mit ihrem Mann im vollzeitlichen Dienst und beklagte sich ständig darüber, dass Gott ihr keine Haushaltshilfe zur Seite gestellt hatte. Sie meinte, sie bräuchte ein Kindermädchen und eine Haushälterin, und sie hatte keines von beiden. Je mehr Zeit ich mit dieser Frau verbrachte, desto mehr begriff ich den Grund, warum Gott ihr Gebet nicht erhört hatte. Sie war faul, unorganisiert und fing ständig Projekte an, die sie nie zu Ende führte. Sie musste sich in den kleinen Dingen als treu erweisen, bevor Gott ihr die Hilfe geben würde, die sie ihrer Meinung nach brauchte. Sie gab der fehlenden Hilfe die Schuld an ihrer Unorganisiertheit und Unfähigkeit, Angefangenes zu Ende zu führen. Dabei war das gar nicht das eigentliche Problem. Sie hätte weniger tun können, dafür aber richtig, dann hätte Gott sie durch eine Helferin dazu befähigt, mehr zu tun. Wenn wir das uns Mögliche tun, wird Gott uns immer dabei helfen, das uns Unmögliche zu tun.

Die meisten Frauen werden nie eine Haushaltshilfe haben, aber man kann trotzdem seine Aufgaben meistern, und das ordentlich. Wir können zum Beispiel Kinder, die alt genug dafür sind, mit einbeziehen. Wir können einige unfruchtbare Aktivitäten aus unserem Terminkalender streichen, damit wir mehr Zeit für die wirklich wichtigen Aufgaben haben. Ich möchte Sie ermutigen, Ihr Leben in Ihre eigene Hand zu nehmen. Lassen Sie sich nicht vom Leben steuern, sondern steuern Sie das Leben! Entscheiden Sie sich, was Sie tun möchten und tun Sie es. Hüten Sie sich vor Ausreden, denn Ausreden sind der sicherste Weg, um an Ihrer Bestimmung vorbei zu leben. Das Gefühl, mit seinem Leben zu tun, wovon man weiß, dass man es tun soll, anstatt es durch Unorganisiertheit und Vagheit zu vergeuden, ist eine wahre Vitaminbombe für Ihre Zuversicht.

Denken Sie einmal über die folgende Bibelstelle nach:

> *Seht nun genau zu, wie ihr wandelt! Lebt mit Bestimmung und würdig und genau, nicht als Unweise und Einfältige, sondern als Weise [als vernünftige, intelligente Menschen]!*
>
> *Nutzt jede Zeit zum Vollsten aus [kauft jede Gelegenheit aus], denn die Tage sind böse.*
>
> *Darum seid nicht vage und gedankenlos und töricht, sondern versteht und erfasst ganz, was der Wille des Herrn ist.* (Epheser 5,14-17)

Vers 16

Dieser Vers bedeutet mir sehr viel. Ich bin ein energischer Typ, der immer bei allem dabei sein möchte, musste aber auf die harte Tour lernen, dass das nicht immer weise oder überhaupt möglich ist. Wir können nicht alles tun und gleichzeitig etwas gut machen. Qualität ist viel wichtiger als Quantität. Die Frau in Sprüche scheint nicht nur eine großartige Ehefrau und Mutter zu sein, sondern auch eine gute Geschäftsfrau. Vers 16 besagt, dass sie ein neues Feld »prüfte«, ehe sie es kaufte. Sie geht ihren momentanen Pflichten nach und achtet darauf, sie durch zusätzliche Pflichten nicht nach hinten zu schieben. Mit anderen Worten, sie nimmt ihre Vorhaben nicht auf die leichte Schulter. Sie handelt nicht einfach ohne weise Voraussicht aus dem Gefühl heraus.

Ach, wie viel besser wäre doch das Leben, wenn wir uns alle ausreichend Zeit zum Nachdenken nehmen würden, bevor wir etwas tun! Es ist schon erstaunlich, wie viele Dinge ich nicht kaufe, wenn ich erst einmal nach Hause gehe und den Kaufwunsch etwas sacken lasse. Es ist erstaunlich, wie eine gute Nachtruhe unsere Meinung ändern kann. Die Dinge, die wir gestern unbedingt brauchten, interessieren uns heute vielleicht gar nicht mehr. Das zeigt die Unbeständigkeit unserer Gefühle. Sie sind nicht alle schlecht, denn sie bereiten uns viel Vergnügen, nur verlassen sollten wir uns nicht auf sie. Gefühle sind launisch und unendlich wandelbar. Deshalb ist es so gefährlich, sein Handeln von emotionalen Höhenflügen abhängig zu machen und dabei all die Details weiter unten nicht zu beachten.

Indem die Frau sich nicht von Gefühlen leiten ließ, sagt die Bibel, sparte sie Zeit und Kraft, die sie dann zum Pflanzen von Weinstöcken in ihrem Weinberg nutzen konnte.

Es ist nicht alles gut, was gut erscheint. Jemand mit Weisheit wird sich Zeit nehmen, sich die Dinge ausführlich anzuschauen. Wenn man es sich einmal genau überlegt, kann das Gute sogar der Feind des Besten sein. Es mag viele gute Dienstmöglichkeiten für Sie in der Gemeinde geben, aber dadurch ist nicht jede dieser Möglichkeiten gleich die beste Wahl für Sie. Wir sollten uns das wirklich Herausragende aussuchen und uns nicht einfach mit einer weiteren guten Sache zufrieden geben. Fast jeden Tag laufen mir viele gute Gelegenheiten über den Weg, aber ich muss die meisten absagen. Ich weiß, wozu Gott mich berufen hat und halte mich auch daran.

Ein Beispiel: Vor kurzem reiste ich in ein Land außerhalb der Vereinigten Staaten und wurde im letzten Augenblick, als mein Reiseplan schon feststand, eingeladen, im Senat dieses Landes zu sprechen. Meine Mitarbeiter ermutigten mich, die Möglichkeit beim Schopf zu ergreifen, doch ich hatte ein ungutes Gefühl dabei. Ich ließ mir mit meiner Antwort Zeit, und indem ich keine voreiligen Schritte unternahm und einer Sache zustimmte, für die ich mich nicht begeistern konnte, legte Gott unerwartet eine Frage in mein Herz, die ich stellen konnte. So fragte ich, ob der gesamte Senat da sein würde oder ob die Leute freiwillig kommen konnten. Es kam die Antwort, dass der Senat zu dem Zeitpunkt keine Sitzung habe und es eine freiwillige Zusammenkunft sei.

Weiterhin meinten sie, es werden wahrscheinlich zwei oder fünf Leute da sein und meine Redezeit betrage fünf Minuten. Ich möchte fünf Minuten oder zwei Menschen nicht als unwichtig darstellen, aber in Anbetracht meiner anderen Möglichkeiten für den Tag musste ich ablehnen. Ich ermutige Sie, sich Zeit zum Nachdenken zu nehmen. Wer überstürzt handelt, ist am Schluss fast immer unglücklich.

Die Frau in Sprüche 31 nahm ihr Wachstum mit Besonnenheit vor. Überhaupt war sie eine besonnene Frau, und Besonnenheit bedeutet, seine Mittel gut zu verwalten. Jeder von uns hat eine bestimmte Menge an Zeit und Kraft, aus der wir das Maximum an Frucht herausholen sollten. Gefühlsgesteuerte Menschen leben oft im Frust. Sie sind voller kreativer Ideen, sind aber unfähig, sie lange genug sacken zu lassen, um einen ordentlichen Plan zu entwerfen und ein solides Fundament zu bekommen. Sie wollen sofortige Resultate sehen, und wenn diese ausbleiben, sind sie schon wieder beim nächsten Projekt, bei dem sie wiederum auf die Nase fallen.

Wann immer Sie sich ein qualitativ hochwertiges Produkt wünschen - ein Geschäft, einen Dienst oder eine Ehe -, müssen Sie Zeit und Geduld veranschlagen. Dave und ich genießen jetzt einen internationalen Dienst, der Millionen von Leuten hilft, aber der Aufbau brauchte 30 Jahre.

Ich möchte Ihnen ans Herz legen, sich Ihre Entscheidungen, Einkäufe und Lebenswege genau zu überlegen. Expandieren Sie mit Besonnenheit. Spielen Sie nicht mit dem Feuer der Vernachlässigung bestehender Aufgaben, indem Sie sich neue aufbürden, es sei denn, Ihre jetzigen Aufgaben können an eine andere Person delegiert werden, um Platz für neue Wagnisse zu schaffen. Sie werden Ihre Zuversicht ganz bestimmt verlieren, wenn Sie so viel zu tun haben, dass Sie nichts mehr davon richtig tun können.

Vers 17
Unsere Bekannte aus Sprüche 31 treibt sogar Sport! Im ersten Teil von Vers 17 heißt es, sie gürte ihre Lenden mit geistlicher und geistiger Kraft. Von einem früheren Vers wissen wir, dass sie sich geistlich auf den Tag vorbereitete. Vielleicht trainiert sie ihre geistige Kraft, indem sie während des Tages über Gottes Wort nachdenkt. Oder sie ist eine leidenschaftliche Leserin. Vielleicht bleibt sie immer gut informiert, damit sie sich mit jedermann vernünftig unterhalten kann. Auch hält sie sich für ihre von Gott gegebene Aufgabe physisch fit, was nur bedeuten kann, dass sie sich körperlich ausreichend bewegt. Entweder tut sie das durch ihre Arbeit oder sie nimmt sich speziell Zeit dafür, aber auf jeden Fall bleibt sie körperlich fit.

Der körperliche Zustand, in den die meisten Leute hineinrutschen, wurde mir solch ein Anliegen, dass ich ein Buch geschrieben habe, das auf Deutsch im November 2006 unter dem Titel *Gut aussehen Gut fühlen - 12 Schlüssel für ein gesundes, erfülltes Leben* veröffentlicht wurde. Als Christ ist Ihr Körper der Tempel des Heiligen Geistes und Sie sollten ihn gut in Form halten, damit Gott durch Sie nach seinem Willen wirken kann. Übermäßige Müdigkeit kann uns und unser geistliches Leben negativ belasten. Wir sind dann geistlich nicht so auf Draht und können leichter verführt werden. Wir haben weder das Verlangen noch die Vitalität zum normalen Gebet. Wir geben nicht das beste Zeugnis für andere ab. Wenn man sich meistens müde fühlt, ist man sogar leichter grantig und hat es schwerer, in der Frucht des Geistes zu leben.

Ich möchte Sie anspornen, in Ihrem Leben Platz für sportliche Aktivitäten zu machen. Sie mögen sagen: »Joyce, ich hasse Sport«, oder: »Ich hab keine Zeit für sportliche Aktivitäten.« Solche Ausreden kenne ich nur zu gut, sind sie doch der Großteil meines Lebens meine eigenen gewesen. Ich bin immer noch nicht an dem Punkt, wo ich sein sollte, aber ich mache Fortschritte. Ich habe mich dazu entschlossen, dass es besser ist, zu tun, was ich kann, als überhaupt nichts zu tun. Suchen Sie sich etwas, an dem Sie Freude haben und wobei Sie sich gleichzeitig sportlich betätigen. Versuchen Sie es mit Wandern oder einem sportlichen Spiel, um ausreichend Bewegung zu bekommen, oder vielleicht hilft Ihnen die Gemeinschaft eines Sportvereins. Ab und zu etwas über die Vorteile körperlichen Trainings zu lesen, wird Sie motivieren, es in Ihr Leben zu integrieren. Vergessen Sie nicht: Ohne Erkenntnis kommt ein Volk um.

Menschen mit ausreichend Bewegung haben oft auch mehr Zuversicht. Zum einen fühlen sie sich besser und energiegeladener, wodurch sie mehr leisten können und Spaß an ihren Aufgaben haben. Sie sehen meist besser aus und das macht zuversichtlicher. Ebenso baut sportliche Betätigung Spannung und Stress ab, was wiederum dem Gefühl der Zuversicht zugute kommt. Denken Sie nicht mehr lange über körperliches Training nach, tun Sie es einfach!

Vers 18

Wir alle kennen Zeiten, in denen wir das Handtuch werfen wollen, und in dieser Beziehung war die Frau in Sprüche nicht anders. Vers 18 beginnt jedoch mit einer wichtigen Aussage: »Sie schmeckt und merkt, dass der Erwerb ihrer Arbeit (mit und für Gott) gut ist.« Der Bibelvers sagt weiterhin, dass ihre Lampe auch in Zeiten von Not, Entbehrung und Leid nicht erlischt. Sie geht im Glauben weiter und vertreibt dadurch Furcht, Zweifel und Argwohn.

Sich Zeit zu nehmen, um die Frucht seiner Mühen zu genießen, ist eine der ganz großen Motivationskräfte in schwierigen Phasen. Vielen Männern und Frauen in der Bibel gab Gott schwierige Aufgaben zu erfüllen, aber stets versprach er eine Belohnung. Die Bibel sagt in Hebräer 12,2b, Jesus habe die Schande des Kreuzes wegen der vor ihm liegenden Freuden nicht geachtet und habe sich nun zur Rechten des Vaters gesetzt.

Denken Sie nur an die Geschichte Abrahams. Diesem Mann wurde gesagt, er solle seine Heimat samt den Verwandten verlassen und zu einem ihm unbekannten Land aufbrechen. Es war eine schwierige Entscheidung, doch Gott verhieß ihm, Segen zu empfangen und für viele andere ein Segen zu sein, wenn er gehorchte.

Ich möchte Ihnen raten, nicht nur den Arbeitsberg vor sich zu sehen, sondern auch den versprochenen Lohn. Nehmen Sie sich ausreichend Zeit zum Genießen Ihres Erwerbs. Dadurch bekommen Sie neue Energie und können am Ball bleiben. Auch wird Zuversicht in Ihnen aufgebaut, weil Sie merken, dass Sie es wert sind und es Gottes Willen wirklich entspricht, dass Sie Ihren Arbeitslohn genießen.

Vers 19

Hier sehen wir die Frau wieder bei der Arbeit. Anscheinend spinnt sie Kleidung für ihre Familie oder Gewänder zum Verkauf auf dem Markt. Eins ist sicher: Sie verschwendet keine Zeit.

Ich glaube, ein reicher Ertrag macht zuversichtlich. Wir wurden nicht von Gott als Verschwender seiner Gaben geschaffen, und Zeit ist eines der größten Guthaben überhaupt. Jeder hat davon gleich viel, und trotzdem fangen einige damit viel an und andere überhaupt nichts. Sie werden nie Zuversicht erfahren, wenn Sie Ihr Leben und Ihre Zeit verschwenden.

Vers 20

Frau Sprüche-31 gibt gerne. Sie öffnet ihre Hand dem Armen. Sie streckt ihre Hände dem Bedürftigen (sei es an Leib, Seele oder Geist) entgegen.

Schauen Sie sich an, wie sie die Initiative im Geben ergreift: Sie öffnet ihre Hand, sie streckt sich aus. Ich glaube, ein echter Geber hält Ausschau nach Möglichkeiten des Gebens, er sucht richtig danach. Hiob sagte: »Ein Vater war ich für die Armen und Bedürftigen, und nach dem Rechtsstreit dessen, den ich nicht kannte, suchte ich« (Hiob 29,16).

In Kapitel 31 geht Hiob sogar soweit zu sagen, dass sein Arm aus seiner Achselhöhle gerissen werden solle, wenn er damit Leuten keine Hilfe spende!

Ich finde, Geber sind unglaublich eindrucksvolle Menschen, sie leben glücklich und erfüllt. Ich war lange, lange Zeit eine selbstsüchtige, egozentrische Frau und war ständig unglücklich. Über die Jahre habe ich mich zu einer energischen Geberin gewandelt. Jetzt halte ich nach Gelegenheiten Ausschau, was mein Leben spannend und erfüllend macht. Es gibt nichts Besseres auf der Welt, als jemand anders glücklich zu machen. Vergessen Sie nicht: Was Sie für andere tun, wird Gott für Sie tun. Bringen Sie eine andere Person zum Lachen und Ihre eigene Freude wird sich mehren.

Lesen Sie, wie die Frau aus Sprüche 31 ihre gefüllten Hände den Bedürftigen hinstreckte. Wenn jemand wirklich geben möchte, wird Gott auch die dazu erforderlichen Gaben schenken. Selbst wenn Sie kein Geld zum Geben übrig haben, besitzen Sie bestimmt etwas. Schauen Sie sich einmal in Ihrem Haus um und geben Sie alles weg, was Sie nicht benutzen oder tragen. Wenn sich ein Kleidungsstück in Ihrem Schrank schon seit einem Jahr nicht mehr von der Stelle gerührt hat, werden Sie es wahrscheinlich nie wieder anziehen. Geben Sie es weiter an jemand in Not, dann wird Gott Sie zur rechten Zeit mit neuen Sachen beschenken. Ich denke, eigentlich wissen wir doch alle, dass Geben das Richtige ist. Von bloßen Nehmern zu Gebern zu werden bringt Freude und Zuversicht in unser Herz.

Da überrascht es nicht, dass ich die Frau in Sprüche 31 beim ersten Lesen zunächst nicht leiden konnte. Sie war alles, was ich nicht war, jedoch werden sollte. Wenn Leute etwas besser machen als wir, sollten wir sie nicht ablehnen - wir sollten klug genug sein, von ihnen zu lernen! Wir brauchen uns nicht mit ihnen zu vergleichen, aber wir können lernen und sie als Vorbild nehmen.

Vers 21

Die Bibel sagt, die Frau fürchtet sich nicht vor schlechtem Wetter, weil ihre Familie in doppeltem Scharlachstoff gekleidet ist.

Könnte das heißen, dass sie scharlachrote Kleider für sie gemacht und im Gebet mit dem Blut des Messias bedeckt hat? Ein Messias, der für sie erst noch in der Zukunft war? Es gibt in der Bibel zu dieser Stelle zwei Querverweise. Der eine Vers ist Josua 2,18, wo von der ehemals sündigen Frau Rahab die Rede ist und wie sie bei der Zerstörung Jerichos eine scharlachrote Schnur an ihr Fenster anbrachte. Als Josuas Männer gekommen waren, um Jericho auszuspionieren, hatte Rahab ihnen Unterkunft gewährt und als Belohnung für ihre Mühen erbeten, ihr und ihrer Familie keinen Schaden zuzufügen. Die scharlachrote Schnur war ein Symbol des Retters, der kommen sollte, genau wie das Blut, dass am Paschaabend bei den Israeliten in Ägypten an die Fenster- und Türrahmen geschmiert wurde (2. Mose 12,13).

Der zweite Querverweis steht in Hebräer 9,19-22, wo wir eine klare Schilderung davon haben, wie Mose das Blut geschlachteter Kälber und Böcke auf das Buch des Gesetzes und aufs ganze Volk sprengte, wie auch auf die Stiftshütte, die Geräte und Gefäße. Genau genommen wurde unter dem Gesetz alles durch Blut gereinigt, um Sünde, Schuld und Strafe zu beseitigen. Gott sei Dank haben wir einen weit besseren Bund, der durchs Blut Jesu bestätigt worden ist! Warum Blut? Im Blut liegt Leben, und nur Leben kann den Tod besiegen. Sünde ist schlichtweg der Tod auf Raten. Wir sündigen alle und machen Fehler, doch indem wir unseren Glauben auf Jesus setzen, können wir beständig durch sein Blut gereinigt werden.

Die Frau in Sprüche, um die es uns geht, war sich der Kraft des Blutes wahrscheinlich nur zu gut bewusst. Deswegen könnte die scharlachrote Kleidung, die sie für ihre Familie machte, in ihren Augen durchaus das Blut des kommenden Messias symbolisiert haben.

Als zuversichtliche Frau können Sie etwas tun, und zwar das Blut Jesu Christi im Glauben für alle Lebensbereiche in Anspruch nehmen. Ich tue das regelmäßig. Ich nehme es in Anspruch für mein Leben, meinen Verstand, meine Gefühle, meinen Willen und Körper, mein Gewissen, meinen Geist, meine Finanzen, meine Beziehungen, meinen Wandel mit Gott, meinen Mann, meine Kinder und ihre Familien, meine Mitarbeiter und alle Partner von Joyce Meyer Ministries. Ich tue das, indem ich bete und meinen Glauben darauf setze, dass im Blut Jesu tatsächlich reinigende und schützende Kraft liegt.

Regelmäßig von Sünden in meinem Leben Buße zu tun und mein Gewissen vom Blut Jesu bedeckt zu haben - das lässt mich vor Gott, in meinen Gebeten und meinem täglichen Leben an Zuversicht gewinnen. Schuldbelastete Menschen führen kein gutes Leben. Sie haben Angst und sind zumeist ein Stück depressiv. Sie, liebe Leserin, müssen nicht von Schuld und Verurteilung belastet sein, vielmehr können Sie Ihre Sünden bekennen und Gott um Vergebung bitten, um durch das Blut Jesu gereinigt zu werden. Zuversichtlich gegenüber seinem Wort zu handeln, wird Ihre eigene Zuversicht erhöhen.

Vers 22

Diesen Vers mag ich besonders, weil er mir zeigt, dass unsere berühmte »Sprüche«-Frau auch selber schöne Sachen hatte. Sie hatte die richtige Balance: Sie tat viel für andere, aber nahm sich auch Zeit für sich selbst. Viele Leute machen sich kaputt, weil sie sich keine Erfrischung gönnen. Wir werden von einem derartigen Drang getrieben, anderen geben und helfen zu wollen, dass wir unsere eigenen Bedürfnisse missachten - oder, noch schlimmer, uns schuldig fühlen, dass wir überhaupt an uns selbst denken. Wir haben geistliche, geistige, emotionale und körperliche Bedürfnisse. Jeder dieser Bereiche ist Gott wichtig; er hat sie geschaffen und ist an ihrem Wohlergehen interessiert, einschließlich der körperlichen und emotionalen Bedürfnisse. Die zuversichtliche Frau in Sprüche hat für sich selbst Kissen, Teppiche und Kleider gemacht. Ihre Kleidung bestand aus demselben Stoff wie die der Priester. Mit anderen Worten: Sie hatte richtig feines Zeug, sogar das Beste!

Viele Leute denken fälschlicherweise, im Christentum ginge es darum, für alle anderen alles zu geben, für sich selbst dagegen alles im Leben, an dem man eventuell Spaß haben könnte, aufzuopfern. Das glaube ich nicht! Natürlich müssen wir im Leben immer wieder Dinge aufopfern, und wenn Gott von uns verlangt, etwas aufzugeben, sollten wir das frohen Mutes tun. Aber daraus muss man keinen Wettbewerb machen, nach dem Motto: Lasst uns sehen, mit wie wenig wir im Leben auskommen können, um bei Gott Eindruck zu schinden und ihm zu gefallen. Jesus sagte: »Ich bin gekommen, damit sie Leben haben und es genießen, und es in solch einer Menge (voll) zu haben, dass es überfließt« (Johannes 10,10).

Diese Frau hatte feine Sachen und die Bibel sagt, sie hätte sie für sich selbst gemacht. Wenn Sie nichts für sich selbst tun, dann sollten Sie schleunigst Ihre eigenen Vorlieben entdecken und sich selbst das Privileg gönnen, Ihre eigenen Bedürfnisse genauso zu stillen wie die von anderen. Selbstverständlich sollten Sie kein Geld für sich selbst ausgeben, das Sie gar nicht haben oder vernarrt in sich selber werden. Aber sich selbst sehr wenig - oder überhaupt keine - Aufmerksamkeit zu schenken, ist nicht gesund und gefällt auch Gott nicht.

Ich glaube, unsere Zuversicht nimmt zu, wenn wir äußerlich das Beste aus uns herausholen und uns gut um uns kümmern. Sie sind es wert, umsorgt zu werden, und das sollten Sie nie vergessen. Sie sind wertvoll und sollten deshalb in sich selbst investieren.

Vers 23

Der Ehemann dieser Frau ist berühmt, aber nur wegen seiner tollen Frau. Ist das nicht ein Riesenkompliment für sie? Stellen Sie sich vor, Ihr Ehemann geht zu einer Party und alle schwärmen um ihn herum und reden darüber, was für eine großartige Frau er hat. Oder er geht draußen spazieren und hört, wie sich zwei Männer auf der gegenüberliegenden Straßenseite unterhalten: »Schauen Sie mal, da ist Herr Sprüche-31, hat der eine super Frau! Es ist unglaublich, was die Frau alles so auf die

Reihe bekommt! Sie kümmert sich um alle anderen und vernachlässigt sich dabei selbst auch nicht.« - »Ja, Herr Sprüche-31 ist ein gesegneter Mann. Wem Gott so eine tolle Frau gibt, der muss unter Gottes Gunst stehen.«

Entscheiden Sie sich dafür, eine derartige Frau zu werden, so dass andere Ihren Mann für gesegnet halten, weil er Sie hat.

Vers 24

Hier nun finden wir unsere vielseitig begabte Frau beim Herstellen von Gewändern für den Marktplatz. Was für eine Frau! Sie trägt sogar zum Familieneinkommen bei, indem sie ihr häusliches Können auch zum Segen für andere einsetzt. Mir gefällt besonders, dass sie Schärpen macht, durch die andere dienstfähig werden. Die damalige Mode machte es erforderlich, dass man seine Gewänder hochziehen und festbinden musste, um ungehindert arbeiten zu können. Sie stellte Schärpen her, die eben diesen Zweck erfüllten. Außerdem war es etwas, das jeder benötigte. Sollten Sie gewerblich tätig werden wollen, untersuchen Sie den Markt ausreichend genug um zu wissen, dass Ihr Produkt auch von vielen Leuten benötigt wird.

Vers 25

Sprüche 31,25 sagt uns, ihre Kraft und Hoheit seien ihr Gewand, und ihre Stellung sei stark und sicher. Das hat zweifellos ihre Zuversicht gestärkt. Sie hatte keine Angst davor, ihre Stellung zu verlieren oder dass etwas Schlimmes geschehen könnte.

Sie schaute der Zukunft direkt ins Auge, denn sie wusste, dass sie und ihre Familie vorbereitet waren. Mangelnde Vorbereitung ist ein Hauptgrund für mangelnde Zuversicht. (Ich werde diesem Thema später im Buch ein ganzes Kapitel widmen.) Vorbereitet zu sein erfordert, im Voraus zu arbeiten, anstatt Dinge bis zur letzten Minute aufzuschieben. Matthäus 25 berichtet uns von zehn Jungfrauen, fünf von ihnen waren weise und fünf töricht.

Die Weisen nahmen zusätzliches Öl mit sich, als sie auf die Ankunft des Bräutigams warteten, die Törichten hingegen taten nichts zu ihrer Vorbereitung. Der Bräutigam brauchte seine Zeit und, wie es zu erwarten war, ging den Törichten das Öl aus. Als er dann endlich eintraf, wollten sie sich Öl von den Weisen borgen, aber leider bekamen sie zu hören, dass das Öl nicht für alle reichen würde und sie ihre Chance verpasst hatten, den Bräutigam zu treffen.

Genau dasselbe passiert vielen Menschen im Leben. Sie schieben die Dinge vor sich her und verpassen somit günstige Gelegenheiten, aus denen ungemein viel Segen für sie hätte entstehen können.

Das Wissen, auf alles gefasst zu sein, wird Ihre Zuversicht ungemein fördern. Sollten Sie zu den Menschen gehören, die alles gerne auf die lange Bank schieben, zögern Sie nicht länger, sondern fangen damit an, sich heute vorzubereiten!

Vers 26

Unserer Frau aus Sprüche 31 weiß, wie wichtig Worte sind. Sie öffnet ihren Mund mit redegewandter und göttlicher Weisheit, freundliche Weisung ist auf ihrer Zunge. Anderen Menschen freundlich zuzureden ist eine ganz vortreffliche Eigenschaft und bringt eine Gott gefällige Frau zur Geltung. Wir benötigen alle freundlichen Zuspruch, und ich glaube, wir ernten, was wir säen. Wenn Sie Freundlichkeit bedürfen, dann erweisen Sie sie anderen Menschen. Bedenken Sie, was Sie sagen wollen, bevor Sie zu reden beginnen, und dann ist auch die Wahrscheinlichkeit größer, dass Sie mit Weisheit sprechen und nicht aus Emotionen heraus. In Sprüche 18,20-21 steht, dass man sich mit den Auswirkungen seiner Worte wird abfinden müssen, und dass Tod und Leben in der Gewalt der Zunge liegen. Weiterhin steht dort, dass wir die Frucht unserer Worte werden essen müssen, seien sie zum Leben oder Tod.

Wir haben nicht nur die Fähigkeit, *anderen* Menschen Leben oder Tod zuzusprechen, wir können dasselbe auch mit uns selbst tun. Wir können Worte sprechen, die in uns oder anderen Zuversicht bauen, oder wir können Worte sprechen, die Zuversicht zerstören. Ich möchte Sie ermutigen, ab heute Ihre Zuversicht durch Ihre Worte zu stärken. Achten Sie besonders auf Ihre Selbstgespräche, womit ich die stillen, inneren Dialoge meine, die Sie mit sich selbst führen. Tatsächlich reden Sie nämlich mehr mit sich selbst als mit anderen Menschen. Gehen Sie auf Nummer sicher, dass Sie mit dem von Ihnen Gesagten auch wirklich leben möchten.

Vers 27

Unsere Bekannte aus Sprüche ist eine verantwortungsbewusste Frau. Sie verfolgt die Vorgänge in ihrem Haushalt aufmerksam, lässt keine Faulheit aufkommen und verschwendet auch keine Zeit mit Tratsch oder suhlt sich im Selbstmitleid. Sie ist nicht unzufrieden. Sie schätzt das Leben und feiert es bestimmt jeden Tag aufs vollste. Faulheit, Verschwendung, Selbstmitleid, Tratsch und Unzufriedenheit berauben Sie des großartigen Lebens, für das Jesus gestorben ist. Lassen Sie sich nicht von diesen Dingen beherrschen. Wenn Sie sich eine positive Gesinnung bewahren, werden Sie mehr Zuversicht erlangen.

Verse 28-29

Sie erfreut sich des Lobes ihrer Kinder und ihres Mannes. Sie treten auf und preisen sie glücklich. Ihr Mann sagt, viele Töchter hätten sich als rechtschaffen und erhaben erwiesen, sie aber überträfe sie alle. Anders ausgedrückt meint er, sie sei die beste Frau, die man sich wünschen kann. Er applaudiert ihr und feiert ihre Charakterstärke und Güte.

Einmal hatte ich während einer unserer Konferenzen Geburtstag, und mein Mann Dave stand in dem gefüllten Versammlungsraum auf und las Sprüche 31. Dann erhoben sich meine Kinder einer nach dem anderen und sagten mir freundliche und erbauliche Dinge. Es gibt kein schöneres Gefühl, als Jahre mit dem Aufziehen seiner Kinder verbracht zu haben und dann von ihnen zu hören, dass sie einen ehren, lieben und sich eine bessere Mutter gar nicht hätten vorstellen können - oder vom Ehemann zu hören, man sei die beste Ehefrau auf der Welt. Solche Aussagen waren wirklich Vitaminbomben für meine Zuversicht.

Verse 30-31
Anmut, Charme und Schönheit können trügerisch sein, weil sie nicht währen, eine Frau aber, die den Herrn in Ehrerbietung und Anbetung fürchtet, die soll man rühmen. Sie wird die Frucht ihrer Hände essen und ihre Werke werden sie preisen.

Zu tun, was man für richtig hält, schafft immer Zuversicht. Wenn Sie Gott im Mittelpunkt Ihres Lebens behalten, können Sie gar nicht verkehrt gehen. Folgen Sie dem Beispiel der Frau aus Sprüche 31. Sie gewährt uns einen enormen Einblick, wie wir die bestmöglichsten und zuversichtlichsten Hausfrauen, Ehefrauen und Mütter sein können.

Kapitel 6

Selbstzweifel überwinden

Ziehen Sie einmal einen Mantel oder eine Jacke an und lassen sich von jemandem die Hände fesseln. Dann versuchen Sie, die Jacke auszuziehen. Unmöglich, oder? Genau das gleiche passiert, wenn Sie nur schwer an sich selbst glauben können, wenn Sie sich von Furcht und Selbstzweifeln in Stricke legen lassen. Dann bleibt Erfolg wahrlich im Bereich des Unmöglichen! Selbstzweifel und Zuversicht sind keine guten Partner; sie bekämpfen sich. Zuversicht zerschlägt Selbstzweifel, aber genauso zerschlägt Selbstzweifel auch Zuversicht.

Selbstzweifel sind quälend. Wer sich ständig anzweifelt, ist unbeständig in all seinem Tun, Fühlen und Entscheiden. Eine solche Frau ist meistens verwirrt und hat damit zu kämpfen, Entscheidungen zu treffen und dann auch bei ihnen zu bleiben, weil sie andauernd ihre Meinung ändert - für den Fall, dass sie sich ja irren könnte. Eine zuversichtliche Frau hat keine Angst sich zu irren! Sie weiß, dass sie sich von einem Fehler wieder erholen kann und lässt sich deshalb auch nicht von der Angst einsperren, einen begehen zu können. Sie lässt sich nicht von Selbstzweifeln binden.

In der Bibel lehrt uns Jakobus (1,5-8), dass Gott die Gebete eines wankelmütigen Menschen nicht erhören kann. Gott antwortet auf unseren Glauben, nicht auf unsere Furcht. Selbstzweifel ist Furcht: Furcht davor, Sie könnten etwas falsch machen oder einen Fehler begehen. Oft gehen Selbstzweifel sogar über die bloße Furcht vor Fehlern hinaus und man entwickelt eine völlig falsche Selbstwahrnehmung. Tief verwurzelt sitzt in den Betroffenen Scham; sie können sich einfach nicht selbst annehmen oder auf ihre Entscheidungsfähigkeit vertrauen.

Nun denken Sie vielleicht: »Ach, Joyce, ich kann meine Gefühle einfach nicht ändern. Ich wäre gerne zuversichtlich, aber ich fühle mich halt nicht so.« Was ich als nächstes sagen werde, kann eines der wichtigsten Dinge sein, die Sie je in Ihrem Leben gehört haben: Sie müssen sich nicht zuversichtlich fühlen, um zuversichtlich zu sein! Für ein siegreiches Leben müssen wir alle lernen, über unsere Gefühle hinaus zu gehen. Ich habe gelernt, dass ich ungute Gefühle haben und mich in meinem Handeln trotzdem für das Richtige entscheiden kann. Auch habe ich gelernt, dass ich mir nicht zuversichtlich vorkommen muss, um mich zuversichtlich zu geben.

Wenn ich eine Entscheidung treffe, die ich zu dem gegebenen Zeitpunkt für richtig halte, muss ich später meine Meinung nicht ändern, nur, weil sich das Gefühl einschleicht, ich hätte eventuell einen Fehler begangen. Wenn Gott mir zeigt, dass ich einen Fehler gemacht habe, dann sollte ich tatsächlich meine Entscheidung ändern, aber ich muss mich nicht vor jedem daher kommenden Gedanken oder Gefühl beugen. Wenn Satan Krieg gegen meine Gedanken führt, kann ich meinen Mund auftun und laut aussprechen, was Gottes Wort über mich sagt. Dasselbe können Sie tun: »Denn in ihm lebe und webe und bin ich« (Apostelgeschichte 17,28; Änderung des Pronomens vom Autor).

Wir müssen Gottes Wort mehr Glauben schenken als unseren Gefühlen.

Es ist nichts Verkehrtes daran, gute Dinge über sich selbst auszusprechen. Wir sollten sagen: »Gottes Weisheit ist in mir und ich treffe gute Entscheidungen.« Wir müssen Gottes Wort mehr Glauben schenken als unseren Gefühlen. Wir haben in diesem Buch bereits deutlich gemacht, wie sehr Gefühle schwanken können. Sie ändern sich ständig und können uns im Leben nicht als Entscheidungsgrundlage dienen. Gefühle sind nicht in dem Sinne schlecht, aber sie können (und tun es auch) Leute in die Irre leiten. Gefühle können uns zwar manchmal die Wahrheit vermitteln, aber sie können uns auch falsche Informationen glauben lassen. Deshalb müssen wir auf einer tieferen Ebene leben als auf der von Gefühlen. Gottes Wort weist uns an, nach Frieden zu streben (Psalm 34,14; 2. Timotheus 2,22; Hebräer 12,14; 1. Petrus 3,11).

Es hat Zeiten in meinem Leben gegeben, da hatte ich Frieden in meinem Herzen über einen Weg, den ich einschlagen wollte, mein Kopf jedoch stritt mit mir. Jakobus 1,22 lehrt ganz deutlich, dass unser Verstand uns irreführen und verraten kann. Wenn wir unsere Meinung über eine vergangene Entscheidung ändern, dann sollte es deshalb sein, weil wir unseren Frieden über die vorgesehene Richtung verloren oder weil wir Weisheit und Einsicht gewonnen haben, die wir vorher nicht hatten.

Machen Sie keinen Rückzieher

Selbstzweifel lassen uns furchtsam zurückweichen. Gottes Wort sagt in Hebräer, dass der Gerechte aus Glauben leben wird und Gottes Seele kein Wohlgefallen an ihm hat, wenn er aus Furcht zurückweicht (Hebräer 10,38). Gott ist deshalb nicht böse auf uns; vielmehr stimmt es ihn traurig, dass wir so weit ab von der Kühnheit leben, die er durch Jesus Christus für uns möglich gemacht hat.

Glaube heißt, auf Gott und sein Wort zu vertrauen. Vielleicht haben Sie eine gute Beziehung zu Gott und vertrauen ihm ohne Probleme, aber wenn es darum geht, darauf zu vertrauen, dass Sie das Richtige tun werden, weichen Sie zurück - Sie bleiben im Bann der Furcht und machen einen Rückzieher.

Gott hat mir einmal gesagt, mein mangelndes Selbstvertrauen sei Ausdruck eines mangelnden Gottvertrauens. Er sagte, er lebe in mir und würde mich lenken, führen und steuern, weil ich ihn darum gebeten hätte. Ich solle Gottes Verheißungen glauben, nicht meinen Gefühlen oder Gedanken. Natürlich kann jeder einmal Gott verfehlen und sich irren. Wir mögen uns auf dem rechten Weg glauben und dann entdecken, dass wir in die falsche Richtung gehen, aber so etwas ist nicht das Ende der Welt und kein Grund für übermäßige Sorgen. Wenn unser Herz aufrichtig ist und wir ehrlich nach Gottes Willen trachten, dann wird Gott uns von unseren Fehlern zurück auf den richtigen Weg bringen. Oft tut er das, ohne dass wir es überhaupt merken.

Ich ermutige Sie, an Gottes beständige Führung in Ihrem Leben zu glauben - es sei denn, er macht Ihnen das Gegenteil deutlich -, anstatt ständig anzunehmen, Sie lägen falsch und sich mit Selbstzweifeln zu quälen. Genau wie Gott es in seinem Wort verheißen hat (Johannes 16,13), vertrauen Sie ihm, dass sein Geist Sie in alle Wahrheit führen wird. Wenn wir auf dem falschen Gleis sind, wird Gott uns wieder zum richtigen Gleis zurück helfen.

Als Jim Burke der Leiter eines neuen Produktionszweigs bei Johnson & Johnson wurde, war eines seiner ersten Projekte die Entwicklung einer Brustcreme für Kinder. Das Produkt war ein völliger Misserfolg, und Burke dachte, er würde gefeuert werden. Als er zum Vorsitzenden gerufen wurde, erwartete ihn dort jedoch ein überraschender Empfang.

»Sind Sie derjenige, der uns soviel Geld gekostet hat?«, fragte Robert Wood Johnson. »Nun, ich möchte Ihnen gratulieren. Wenn Sie Fehler machen, heißt das, Sie gehen Risiken ein, und ohne Risiken einzugehen werden wir nicht wachsen.«

Einige Jahre später, als Burke selbst der Vorsitzende von Johnson & Johnson wurde, gab er diese Botschaft auch weiter[30].

Haben Sie keine Angst davor, Fehler zu begehen. Sie werden nie Erfolg haben, ohne Fehler zu machen, und wahrscheinlich sogar viele Fehler. Ich glaube, Leute geben ihren Fehlern mehr Auswirkungskraft als notwendig. Wir sollten sie zugeben, Buße tun und Gott um Vergebung bitten. Wir sollten auch aus unseren Fehlern lernen, weil sie dadurch unser Leben bereichern können. Anstatt sich aufgrund von Fehlern schuldig und schlecht zu fühlen, lernen Sie doch lieber durch sie. Und denken Sie immer daran: Nur, weil Sie einen Fehler machen, sind Sie selbst noch lange kein Fehler.

Trennen Sie Ihr »Sein« von Ihrem »Tun«. Als Menschen machen wir nun einmal Fehler, aber wir sind immer noch Gottes Kinder und er hat einen guten Plan für unser Leben. Er ist langmütig, reich an Erbarmen und voll von liebender Freundlichkeit.

Dave und ich haben vier erwachsene Kinder, und ich kann Ihnen versichern: Über die Jahre haben sie viele Fehler gemacht, aber sie sind immer noch meine Kinder und ich liebe sie genauso, als hätten sie nie irgendwelche Fehler begangen. Einige Eltern behüten ihren Kinder so sehr, dass sie ihnen nie erlauben, ihre eigenen Entscheidungen zu treffen oder Fehler zu machen. Das ist der größte Fehler von allen. Zum Wachstum ist es notwendig, dass wir uns heraus trauen und Dinge ausprobieren. Dadurch lernen wir, was funktioniert und was nicht funktioniert. Aus eigener Erfahrung zu lernen ist weitaus effektiver als aus einem Lehrbuch.

Die Sünde des Selbstzweifels beseitigen

Selbstzweifel ist schlicht und ergreifend die Angst davor, falsch zu liegen. Der Geist, den Sie empfangen haben, ist nicht der Geist der Knechtschaft, um Sie wieder in Furcht zu binden (Römer 8,15). Gott möchte nicht, dass Sie in Furcht leben und an sich selbst oder an ihm zweifeln.

Wenn man darüber nachdenkt, ist Zweifel eigentlich Sünde, steht in Römer 14,23 doch, dass »alles, was nicht aus Glauben ist, ... Sünde« ist. Wenn wir uns von Zweifeln, Hoffnungslosigkeit und Furcht überwältigen lassen, dann wird eine Mauer vor die Segnungen Gottes gezogen. Lassen Sie die Entstehung dieser Mauer in Ihrem Leben nicht einmal im Anfangsstadium zu.

Zweifel ist die Furcht, dass Negatives geschehen wird; Glauben erwartet hingegen gute Dinge. Es erfordert tatsächlich weniger emotionale Kraft, im Glauben zu wandeln, als in Zweifeln und Furcht.

Glaubensvolle und positive Menschen sind erheblich gesünder als solche, die von Furcht, Zweifel und Negativem erfüllt sind.

Positiv gestimmte Menschen altern langsamer als negativ gestimmte und haben sogar eine längere Lebenserwartung[31].

Sie mögen Ihre negative Gesinnung aufgrund verschiedener Lebensenttäuschungen entwickelt haben, von Gott geschaffen wurden Sie allerdings nicht, um negativ, furchtsam und zweifelnd zu sein.

Wie ich schon erwähnt habe, bin ich in einem äußerst problemreichen Zuhause aufgewachsen. Mein Vater war Alkoholiker mit einem aufbrausenden Temperament. Es war fast unmöglich, ihm irgendetwas recht zu machen. Meine Mutter misshandelte er körperlich und mich misshandelte er sexuell, geistig, emotional und ebenfalls körperlich. In den ersten 18 Lebensjahren habe ich viele Enttäuschungen und seelische Verwüstungen durchlitten. Ich erwartete immer das Schlimmste und dachte, dadurch würde ich mich vor Enttäuschung schützen, wenn es denn eintrat. Ich kann ehrlich sagen, dass damals nichts in meinem Leben so kam, wie ich es gerne gehabt hätte.

Mit 18 zog ich aus, fing an zu arbeiten und versuchte, mich um mein eigenes Dasein zu kümmern. Dadurch, dass ich mich physisch von meinen Problemen entfernt hatte, dachte ich, ich hätte sie hinter mich gebracht. Ich verkannte, dass ich sie in meiner Seele mit mir trug. Meine Seele und meine Gefühle waren lädiert und bedurften der Heilung. Mein Wille war von Rebellion und Halsstarrigkeit geprägt, weil ich mir fest vornahm, mich nie wieder von jemandem verletzen zu lassen. Mein Geist war verwundet. Ich war eine gebrochene Persönlichkeit mit einer ausgeprägten negativen Geisteshaltung. Ich glaubte an Gott und bat ihm um Hilfe, aber ich wusste nichts über die Gesetzmäßigkeiten des Glaubens. In einer negativen Geisteshaltung zu beten, bringt keine Erhörung. Zu beten und in Furcht zu leben, auch nicht. Ich hatte viel zu lernen, aber über die Jahre hinweg hat sich Gott als treu, geduldig und liebend erwiesen. Er hat mich verändert, geheilt und mir die Möglichkeit gegeben, anderen Personen zu helfen, die ebenfalls innerlich verletzt sind. Er hat mich aus der Asche gehoben und mir ein lebenswertes Leben geschenkt.

Ich bin frei von Furcht, einer negativen Haltung und Selbstzweifel. Das heißt nicht, dass ich nie mit diesen Dingen in Berührung komme, aber ich habe gelernt, dazu »NEIN« zu sagen, genauso einfach wie ich »JA« sagen kann. Wenn Furcht an Ihre Tür klopft, antworten Sie mit Glauben. Wenn Selbstzweifel anklopft, antworten Sie mit Zuversicht! Wenn negative Gedanken oder Gespräche in mir hochkommen, erinnert mich der Heilige Geist (und manchmal auch mein Mann), dass meine negative Haltung nichts und niemandem helfen wird, und dann treffe ich den Entschluss, mich zu ändern.

Die Kraft der Entscheidung

Gott hat jeden von uns mit einem freien Willen ausgestattet. Dadurch haben wir die Fähigkeit, unabhängig von äußeren Einflüssen unsere eigenen Entscheidungen zu treffen. Satan bemüht sich, uns in ein bestimmtes Handeln hinein zu zwingen, indem er Druck von außen auf uns ausübt. Gott hingegen möchte uns durch seinen Heiligen Geist von innen her leiten, im Herzen, wo er wohnt. Jesus ist nicht fordernd oder rau, hart, angreifend oder Druck ausübend. Er ist demütig, sanft, mild und bescheiden (Matthäus 11,29-30). Wir sind in der Tat komplexe Wesen. Unser Verstand kann etwas denken, während unsere Gefühle etwas anderes wollen, und unser Wille scheint sich auch öfter zu verselbstständigen. Wenn die Willenskraft eines Menschen erst einmal durch Gottes Wort erneuert worden ist und er zwischen Gut und Böse unterscheiden kann, wird er zu einer großen Gefahr für Satan und sein dunkles Königreich. Eine von Gott erneuerte Person kann sich über alle von Satan geplanten negativen Dinge hinwegsetzen, indem sie einfach ihre Willenskraft einsetzt und mit Gott und seinem Wort übereinstimmt.

Ich habe entdeckt, dass Zweifel Gedanken sind, die von Satan in mich eingepflanzt werden. Er benutzt sie, um mir meine Lebensfreude zu rauben und mich vom Vorankommen in dem guten Plan, den Gott für mich hat, aufzuhalten. Ich habe ebenfalls entdeckt, dass, egal wie zweifelnd mir zumute ist, ich mich entschließen kann, im Glauben voran zu gehen. Ich bestehe nicht nur aus meinen Gefühlen, sondern ich bin mehr als sie, und bei Ihnen ist das genauso. Egal, wie wir uns fühlen, wir können uns immer noch für das Richtige entscheiden. Entgegen den eigenen Gefühlen zu handeln, ist nicht immer einfach, weil Gefühle oft sehr stark sein können. Allerdings ist es viel besser, sich gegen sie zu stellen, bis Sie Freiheit erlangen, als durch sie weiterhin Ihr Leben bestimmen und sich gebunden halten zu lassen.

Wenn die Willenskraft eines Menschen erst einmal durch Gottes Wort erneuert worden ist und er zwischen Gut und Böse unterscheiden kann, wird er zu einer großen Gefahr für Satan und sein dunkles Königreich.

In Josua 24,15 sehen wir, wie Josua eine Entscheidung trifft. Er sagt: »Erwählt euch heute, wem ihr dienen wollt. Ich aber und mein Haus, wir wollen dem Herrn dienen!« Josua hatte einen Entschluss gefasst, den keiner ändern konnte. Er richtete sich in seiner Entscheidung nicht nach anderen und ließ sich nicht von Menschenfurcht bestimmen. Wenn Sie eine Entscheidung treffen, dann werden Sie nicht unschlüssig, nur weil andere nicht dasselbe tun wie Sie. Ziehen Sie nicht den voreiligen Schluss, Sie lägen falsch und müssten etwas ändern. Vielleicht tun Sie beide das Richtige. Gott führt unterschiedliche Menschen zu unterschiedlichen Aufgaben, aus Gründen, die nur er kennt.

Übung macht den Meister

Ich ermutige Sie, sich darin zu üben, positiv zu sein. Sie müssen lediglich eine schlechte Gewohnheit brechen und sich eine neue aneignen. Früher war ich einmal so negativ, dass zwei positive Gedanken hintereinander bei mir gleich einen Gehirnkrampf auslösten. Heute jedoch bin ich sehr positiv und mag es eigentlich nicht mehr, mit negativen Menschen zusammen zu sein.

Um sich etwas zur Gewohnheit zu machen, braucht man immer Disziplin. Vielleicht hilft es Ihnen, in Ihrem Haus oder Auto einige Gedankenstützen anzubringen: kleine Zettel mit der Aufschrift »Sei positiv«. Bitten Sie eine guten Freundin oder Ihren Mann, Sie zu erinnern, wenn Sie ins Negative gleiten.

Üben Sie, sich etwas zuzutrauen und sich nicht anzuzweifeln. Natürlich könnten Sie falsch liegen, aber Sie könnten genauso gut richtig liegen, warum also nicht die Sache zuerst positiv angehen? Wenn Sie sich für eine Beförderung bei der Arbeit bewerben, denken Sie nicht: »Ich werde sie wahrscheinlich nicht bekommen.« Beten Sie und bitten Sie Gott, Ihnen bei Ihrem Vorgesetzten Gunst zu schenken, und dann sagen Sie: »Ich glaube, ich werde die Stelle bekommen!« Sie mögen sagen: »Was ist, wenn ich sie nicht bekomme?« Doch was passiert, wenn Sie es nicht versuchen? Genau, absolut gar nichts. Und wenn Sie es versuchen und dabei nicht das herauskommt, was Sie sich erhofft haben, dann sagen Sie sich einfach: »Wenn die Stelle richtig für mich wäre, würde Gott sie mir geben, und da er es nicht getan hat, muss er etwas Besseres für mich geplant haben.« Sie können sich darin üben, inmitten einer scheinbar negativen Lage positiv gestimmt zu sein. Lassen Sie den Teufel nicht gewinnen! Von Anfang an hat er Zweifel, Furcht und Negatives gesät, und es wird höchste Zeit, dass wir uns nicht länger von ihm als Gefäße benutzen lassen.

Erwarten Sie Gunst

Gott möchte Ihnen Gunst schenken - freundliche Zuneigung, die Sie nicht verdienen. In der Bibel wird Gottes Gunst gegenüber vielen Leuten erwähnt, und es gibt keinen Grund zur Annahme, dass Sie nicht auch ein Kandidat sein können. Erlernen Sie den Glauben an Gottes Gunst. Bekennen Sie mehrmals täglich, dass Sie Gunst bei Gott und Menschen haben. Es ist erstaunlich, wie viele großartige Dinge passieren, wenn Sie Gottes Wort anstatt Ihre Gefühle aussprechen.

Übernatürliche Gunst kann sich in unterschiedlichen Bereichen zeigen. Vielleicht bekommen Sie eine Arbeitsstelle, für die Sie eigentlich gar nicht qualifiziert sind. Eventuell haben Menschen Sie ohne ersichtlichen Grund gern. Sie bekommen den besten Platz im Restaurant mit dem besten Kellner. Leute schenken Ihnen einfach etwas. Gunst bedeutet, dass jemand für Sie anhält und Sie im Verkehr in die Reihe lässt, während andere an Ihnen vorbeisausen, so, als seien Sie gar nicht da.

Ein Leben unter Gottes Gunst ist ein richtiges Abenteuer. Als Josef von seinen Brüdern grausam misshandelt wurde und sie ihn in die Sklaverei verkauften, gab Gott ihm überall Gunst. Er hatte Gunst bei Potifar und wurde über dessen Haus gesetzt. Er hatte Gunst beim Gefängniswärter während seiner Inhaftierung für eine Tat, die er nicht begannen hatte. Er hatte solche Gunst beim Pharao, dass er neben dem Pharao zum zweitmächtigsten Mann erhoben wurde. Ja, Gottes Gunst macht das Leben spannend. In der Bibel gibt es so viele Männer und Frauen, die wir bewundern und die unter Gottes Gunst standen. Man denke an Ester, Daniel und Abraham, um nur einige wenige zu nennen. Widerstehen Sie dem Zweifel, der Ihnen weismachen möchte, dass Ihnen und Ihrer Familie nichts Gutes widerfahren wird. Erwarten Sie Gutes, und tun Sie es energisch! Erbitten Sie von Gott übernatürliche, göttliche Gunst und erwarten Sie, dass Sie sich täglich in Ihrem Leben offenbart.

[Ach, was würde aus mir werden], wenn ich mir nicht sicher wäre, das Gute des Herrn zu schauen im Land der Lebendigen!

Harre und hoffe auf den Herrn und erwarte ihn! Sei mutig und guten Mutes, und dein Herz sei stark und ausdauernd. Ja, harre und hoffe auf den Herrn und erwarte ihn! (Psalm 27,13-14)

Nehmen Sie Gottes Wort mit Zuversicht in Anspruch

»Sei stark (zuversichtlich) und guten Mutes ...« – Josua 1,6

»Er macht meine Füße den Hirschen gleich [fest und geschickt] und stellt mich sicher und zuversichtlich hin auf meine Höhen.« – 2. Samuel 22,34

»Und du wirst sicher sein und Vertrauen fassen, weil es Hoffnung gibt; ja, du wirst Ausschau halten, in Sicherheit dich niederlegen.« – Hiob 11,18

»In Frieden werde ich mich niederlegen und schlafen, denn du allein, Herr, lässt mich in Sicherheit und zuversichtlichem Vertrauen wohnen.« – Psalm 4,9

[Durch Gottes Hilfe] werde ich sein Wort rühmen; auf Gott stütze und verlasse ich mich, ich vertraue auf ihn mit Zuversicht; ich werde mich nicht fürchten. Was kann der Mensch, der Fleisch ist, mir tun?« – Psalm 56,5

Es fängt bei Ihnen an

Wenn Sie sich fest dazu entschlossen haben, in den Genuss des besten Lebens kommen zu wollen, das Gott für Sie hat, dann müssen Sie eines verstehen: Es fängt bei Ihnen an. Sie müssen das glauben, was Gottes Wort über Sie zu sagen hat, mehr als alles, was andere meinen oder Ihre eigenen Gefühle oder Gedanken Ihnen mitteilen.

Vielleicht sind Sie von klein auf mit negativen Botschaften bombardiert worden. Vielleicht haben Ihre Mutter oder Ihr Vater aufgrund von eigenen Problemen ihren Frust an Ihnen ausgelassen. Vielleicht hatte ein Lehrer Spaß daran, Sie vor der Klasse bloß zu stellen. Möglicherweise haben Ihre Eltern Sie zu sehr mit einem Geschwisterkind verglichen und Ihnen den Eindruck vermittelt, Sie wären unzureichend. Es kann sein, dass Sie den einen oder anderen Beziehungsbruch erfahren haben und davon überzeugt sind, es sei Ihre Schuld gewesen. Was auch immer der Grund Ihrer Selbstzweifel und negativen Einstellung gegenüber sich selbst ist - wenn Sie sich wirklich Gottes Bestes in Ihrem Leben wünschen, dann muss sich etwas ändern.

Sehen Sie sich selbst so, wie Gott Sie sieht, nicht so, wie die Welt Sie wahrnimmt und schon gar nicht, wie Sie sich selber sehen. Studieren Sie Gottes Wort. Dann merken Sie, dass Sie wertvoll sind, ja, im Leib Ihrer Mutter von Gottes eigener Hand erschaffen wurden. Sie sind kein Zufall. Selbst, wenn Ihre Eltern Ihnen gesagt haben, Sie seien ungewollt gewesen, kann ich Ihnen versichern, dass Gott Sie gewollt hat; andernfalls würde es Sie nicht hier auf dieser Erde geben. Sie sind kostbar, Sie haben Wert, Sie sind begabt, Sie haben Talente und eine Bestimmung auf Erden. Gott sagt, dass er Sie bei Ihrem Namen gerufen hat und dass Sie ihm gehören:

> *»Fürchte dich nicht, denn ich habe dich erlöst [dich mit einem Preis freigekauft, anstatt dich gefangen zu lassen]! Ich habe dich bei deinem Namen gerufen, du bist mein.«* (Jesaja 43,1b)

> *»Weil du kostbar bist in meinen Augen und geehrt bist und ich dich lieb habe, so gebe ich Menschen hin an deiner Stelle und Völkerschaften anstelle deines Lebens. Fürchte dich nicht, denn ich bin mit dir!«* (Jesaja 43,4-5a)

Nehmen Sie sich eine Minute Zeit und schauen Sie in Ihr Herz. Was sehen Sie dort? Wie ist Ihr Selbstwertgefühl? Wenn Ihre Antwort nicht mit Gottes Wort übereinstimmt, möchte ich Sie auffordern, ab heute Ihre Sicht über sich selbst zu ändern. Ich habe viele Bücher geschrieben, die Ihnen dabei helfen können, und natürlich ist Gottes Wort selbst das beste Nachschlagewerk, das es gibt.

Wir müssen Gott nicht nur um seine Verheißungen bitten, sondern sie auch empfangen. In Johannes 16,24 steht, wir bitten und empfangen, damit unsere Freude vollkommen sei. Wenn Sie sich nicht würdig vorkommen, werden Sie wahrscheinlich nicht bitten, und selbst wenn Sie es tun, dann werden Sie nicht im Glauben empfangen. Ihr Selbstzweifel steht immer zwischen Ihnen und dem Besten, das Gott für Sie hat. Es ist Ihre Entscheidung. Lassen Sie sich nicht länger von Gefühlen bestimmen. Machen Sie einen Glaubensschritt und erhöhen Sie heute Ihre Lebensqualität. Glauben Sie daran, dass Sie gute Entscheidungen treffen, dass Sie jemand Wertvolles mit einer großartigen Zukunft sind und Ihnen heute Gutes widerfahren wird!

Kapitel 7

Die Kraft der Vorbereitung

Vorbereitet zu sein schenkt uns Zuversicht . Vielen Frauen mangelt es an Zuversicht, weil sie sich einfach nicht angemessen auf ihre Vorhaben vorbereiten. Dafür kann es eine Vielzahl von Gründen geben: Sie wissen nicht um die Wichtigkeit der Vorbereitung, sie sind arbeitsscheu oder sie sind so sehr mit anderen Dingen beschäftigt, die ihnen zum Erreichen ihrer Ziele wenig nutzen, dass sie für die wirklich hilfreichen Dinge keine Zeit haben. Stellen Sie sich einen Arzt vor, der sich bemüht zuversichtlich zu sein, obgleich er nie eine Ausbildung oder Vorbereitung hatte. Jeder, der einen Sport ernst nimmt, übt und bereitet sich vor. Selbst als Bibellehrerin gehe ich nie hinter die Kanzel, ohne gut vorbereitet zu sein. Ich studiere, bete und gehe meine Notizen immer wieder durch. Beim Predigen schaue ich meine Notizen dann häufig gar nicht mehr an, weil ich sie bereits so in mich aufgesaugt habe, dass sie ganz natürlich aus mir heraus fließen. Das Wissen, mich so gut wie möglich vorbereitet zu haben, lässt mich mit Zuversicht predigen.

Kennen Sie einen Experten, egal auf welchem Gebiet, der nicht übt und sich vorbereitet? Ich nicht. Ein Konzertpianist übt, ein weltklasse Turner übt, ein Tänzer übt. All das Üben, all die Vorbereitung bauen in der Person Zuversicht auf.

Mose war dazu berufen, die Isareliten aus der Knechtschaft in Ägypten zu befreien, wo sie Gefangene waren. Er wollte sich sofort an die Aufgabe machen, tötete dabei jedoch einen Ägypter und musste für viele Jahre aus Ägypten fliehen. Moses Handeln ohne Gottes Zustimmung zeigte deutlich, dass er noch nicht bereit war. Er hatte Eifer, aber keine Erkenntnis. Er war voller Gefühle, aber nicht vorbereitet. Gott führte ihn in die Wildnis, wo er 40 Jahre lang blieb und von Gott für die bevorstehende Aufgabe vorbereitet wurde.

Wenn Gott uns eine Aufgabe zu erfüllen gibt, denken wir häufig, sie wäre einfach zu meistern. Die meisten Dinge sind jedoch viel schwerer als man erwartet und brauchen länger, als man für möglich gehalten hätte, aber sie zahlen sich auch mehr aus, als man sich je hätte vorstellen können.

Als Gott mich in den vollzeitlichen Dienst rief, dachte ich, es würde sofort losgehen. Mir war nicht bewusst, dass ich eine Menge zu lernen hatte, ehe ich für den von Gott vorgesehenen Dienst bereit sein sollte. Ich verbrachte jede freie Stunde damit, Gottes Wort zu studieren und Bücher zu lesen, die mich biblische Grundsätze und Prinzipien lehrten. Ich gab mich meiner Berufung hin. Immer häufiger lehnte ich Einladungen von Freunden ab, die mir nichts weiter als eine Zeitverschwendung schienen. Viele meiner Freunde verstanden meinen Eifer nicht. Sie sagten mir sogar, ich gehe zu weit und sollte einen Gang herunterschalten, zurück zu einem normalen Verhalten. Sie fanden es merkwürdig, dass ich nicht mehr den ganzen Tag lang mit ihnen von einem Flohmarkt zum anderen rennen wollte, von Einrichtungspartys zu Make-up-Partys zu Kerzenpartys und so weiter. Mir geht es überhaupt nicht darum, diese Aktivitäten als verkehrt darzustellen. Gott wollte einfach, dass ich mich absonderte und mich auf meinen Bibellehrdienst vorbereitete. Ohne Vorbereitung würde ich nie erfolgreich sein und Gott ehren, und Vorbereitung erfordert nun einmal Zeit und Hingabe. Für mich bedeutete dies wirklich kein Opfer, denn Gott gab mir ein unglaublich starkes Lernbedürfnis. Emotional schwierig war es dagegen, so missverstanden zu werden. Ich versuchte, Gott nachzufolgen und verärgerte dadurch meine Freunde, die mich ablehnten. Später erkannte ich, dass selbst das zu meiner Vorbereitung gehörte.

Fünf Jahre lang hielt ich Bibelstunden mit 25 bis 30 Teilnehmern ab. Ich war dem Dienst treu, auch wenn ich keinerlei finanzielle Mittel dafür bekam. Für Dave und mich war es eine Zeit großer Bedürftigkeit in Bezug auf unsere Finanzen, aber Gott hat uns immer versorgt. Oft kam die Hilfe im letzten Moment und auf unerwartete Weise, doch seine Versorgung kam.

Als Teil meiner Vorbereitung ließ Gott mich meine Arbeitsstelle kündigen, damit ich mehr Zeit zum Vorbereiten hatte. Damals hatten wir drei Kinder, ich arbeitete vollzeitig und war in der Gemeinde ebenfalls ziemlich aktiv. Wäre ich nicht bereit gewesen, meinen Verdienst aufzugeben und Gott zu vertrauen, dass er sich um unsere Bedürfnisse kümmern würde, hätte ich unmöglich ausreichend Vorbereitungszeit gefunden. Gott auf diese Weise zu vertrauen, war ein Test für mich, bereitete mich aber auch auf meinen heutigen Dienst vor, in dem wir Gott buchstäblich für alles vertrauen müssen. Vertrauen fällt uns nicht einfach in den Schoß, sondern wächst mit jedem Glaubensschritt und jedem Erleben von Gottes Treue.

Vertrauen fällt uns nicht einfach in den Schoß, sondern wächst mit jedem Glaubensschritt und jedem Erleben von Gottes Treue.

Als nächstes arbeitete ich fünf Jahre lang unter der Führung einer anderen Person in einer Gemeinde. Dabei lernte ich viel. Es waren gute, wenn auch harte Jahre. Unter der Autorität eines anderen zu sein erlaubte mir nicht, die Dinge zu tun, die ich tun wollte. Daraus entstand Frust, der jedoch definitiv Teil von Gottes Gesamtplan für mein Leben und meinen Dienst war. Ich pflege zu sagen, dass Leute lernen müssen, unter Autorität zu sein, bevor sie selbst Autorität ausüben können. Als willensstarke, cholerische Persönlichkeit fiel es mir schwer, mich mit einer positiven Haltung einer Autorität zu fügen, mit der ich nicht immer übereinstimmte, aber ich hatte die Lektion nötig und sie gehörte zu meiner Vorbereitung.

Die dritte Phase unseres Dienstes begann 1985, als Gott uns sagte, wir sollten unseren Dienst gen Norden, Süden, Osten und Westen ausdehnen. Wir fingen mit kleinen Veranstaltungen an, dort, wo immer wir hinfahren konnten, und mit »klein« meine ich wirklich klein. Sehr selten hatten wir 100 Leute in einer Veranstaltung. Während ich dies schreibe, habe ich das Wort Gottes inzwischen 30 Jahre lang gelehrt. Ich habe die Schule des Heiligen Geistes besucht. Ich bin auf meinen jetzigen Dienst vorbereitet worden, nicht auf dem herkömmlichen Weg, nichtsdestoweniger wurde ich von Gott vorbereitet. Heute reisen wir national und international. Wir haben Büros in 13 Ländern und erreichen durchs Fernsehen ungefähr zwei Drittel der Weltbevölkerung an fünf Tagen die Woche. Ja, wir haben große Fortschritte gemacht, aber jeder Fortschritt hat lange gedauert und viele Jahre der Vorbereitung gebraucht.

Über die Jahre hinweg bin ich immer wieder kritisiert worden, weil ich keine formelle Bibelschulausbildung habe. Leute haben mich gefragt: »Wer sind Sie denn, dass Sie Gottes Wort lehren? Was sind Ihre Qualifikationen?« Ich bin qualifiziert, weil Gott mich gesalbt hat, den Armen und Bedürftigen die Gute Nachricht zu predigen (Jesaja 61,1). Wir müssen uns nur einmal die von Jesus erwählten Jünger anschauen und dann merken wir, dass Gott sich nicht immer - nicht einmal meistens - Menschen mit den nötigen Qualifikationen aussucht. Die Bibel sagt, Gott erwähle absichtlich das Schwache und Törichte der Welt, um die Weisen zu Schanden zu machen (1. Korinther 1,26-29).

Ich kann mit Sicherheit sagen, dass Gott Sie auf die Art und Weise vorbereiten wird, die er für richtig hält. Es mag eine formelle Ausbildung sein oder auch nicht - wenn Sie geschult werden möchten, wird Gott alles in Ihrem Leben für Ihr Training benutzen. Traurigerweise haben viele Leute eine große Berufung auf ihrem Leben, aber zu wenig Geduld, um durch die Vorbereitung zu gehen, die für die Aufgabe notwendig ist.

Josef war ein junger Mann mit einem Traum. Er träumte davon, Autorität zu haben und ein großer Mann zu sein. Jedoch war er jung und impulsiv und bedurfte des Trainings und der Vorbereitung. Josefs Brüder hassten ihn, weil ihn sein Vater begünstigte, und so verkauften sie ihn in die Sklaverei. Gott benutzte diese Situation, um Josef zu testen und zu trainieren. 13 Jahre verbrachte er sogar im Gefängnis, für eine Tat, die er nicht begangen hatte, doch haben diese 13 Jahre Josef ohne Zweifel auf seine von Gott gegebene Rolle in der Geschichte vorbereitet, was auch immer genau während der Zeit passierte. Gottes Gunst lag auf Josef, so dass er Macht bekam und nur noch den Pharao über sich hatte. In seiner Position versorgte er während einer siebenjährigen Hungersnot Massen von Menschen, seinen Vater und seine Brüder mit eingeschlossen. Aus Ihrem Leiden können für andere Freuden werden. Ihr Durcheinander kann zu Ihrem Dienst werden, solange Sie sich eine positive Haltung bewahren und sich dafür entscheiden, durch alles, was Sie ertragen müssen, auf die Zukunft vorbereitet zu werden.

Ester brauchte ein Vorbereitungsjahr, ehe sie vor den König treten durfte. Zwölf Monate lang wurde sie einem Reinigungsprozess unterworfen, aber noch mehr als ihre äußere Schönheit zeigte sich ihre innere Schönheit, und Gott gebrauchte sie, um ihr Volk vor Hamans bösem Plan zu retten.

Petrus' Vorbereitungsprozess beinhaltete einige überaus demütigende Erfahrungen. Er war ein kraftvoller Mann, aber auch stolz. Der Herr musste ihn demütigen, bevor er ihn einsetzen konnte. Die meisten starken Leiter haben ein ausgeprägtes Talent, aber sind auch ganz von sich eingenommen (d. h.: stolz) und müssen lernen, wie man sich auf Gott verlässt. Sie müssen ihr Selbstvertrauen gegen Gottvertrauen eintauschen. Erinnern Sie sich daran, dass Jesus gesagt hat: »Ohne mich könnt ihr nichts tun« (Johannes 15,5). Wenn er »nichts« sagt, dann meint er auch nichts! Wir sind alle wie ein Grashalm: heute hier und morgen fort. Wir sollten es nicht wagen, höher von uns zu denken, als es sich gebührt. Wir sollten nicht zu niedrig von uns denken, aber eben auch nicht zu hoch. Wir müssen uns schlicht und ergreifend »in Christus« sehen. Ohne ihn sind wir nichts, und doch vermögen wir mit ihm alles zu tun.

Versuchen Sie nicht, es aus dem Ärmel zu schütteln

Haben Sie sich je bei der Arbeit oder in der Gemeinde in einer Situation befunden, in der Sie sich nicht ausreichend vorbereitet waren, in der jedoch etwas von Ihnen erwartet wurde? Ihr Herz fängt an zu pochen, die Schmetterlinge im Bauch flattern hin und her und Sie denken bei sich: »Ich werde das einfach aus dem Ärmel schütteln müssen.« Sie sind zwar nicht vorbereitet, hoffen aber, dass Sie es trotzdem hinbekommen und keiner etwas merkt. Aber selbst wenn Sie es schaffen, die Leute zu täuschen, kennen Sie die Wahrheit und fühlen sich dabei nicht gut. Tief im Inneren wissen Sie: Sie haben nicht Ihr Bestes gegeben. Sie mögen erleichtert sein, dass Sie es halbwegs geschafft haben, dennoch haben Sie es mit Angst und nicht mit Zuversicht getan.

Selbst Jesus wurde durch sein Leiden trainiert und vorbereitet. Durch seine Vorbereitungszeit wurde er für seinen Dienst als Hohepriester ausgerüstet.

> *Obwohl er Sohn war, lernte er an dem, was er litt, den [aktiven, besonderen] Gehorsam; und dadurch, dass [seine vollendete Erfahrung] ihn vollkommen [zurüstete], ist er allen, die ihn beachten und ihm gehorchen, zum Urheber und zur Quelle des Heils geworden.* (Hebräer 5,8-9)

Wenn Jesus Vorbereitung benötigte, um für seine Aufgabe zugerüstet zu werden, benötigen wir zweifellos dasselbe.

Welche Vorbereitung brauchen Sie genau?

Wie ich schon erwähnt habe, hängt die Art Ihrer Vorbereitung sowohl von Ihrer Berufung ab, als auch davon, in welcher Lebensphase Sie sich gerade befinden. Für viele Menschen ist eine schulische Ausbildung der erste Schritt in ihrer Vorbereitung, für andere ist das jedoch nicht möglich. Eine verheiratete Frau mit drei kleinen Kindern und einer Teilzeitbeschäftigung wird wohl kaum zwei Jahre auf die Bibelschule gehen oder einen Abschluss in Betriebswirtschaft machen können. Wenn Sie sich wirklich eine schulische Ausbildung wünschen und das nicht vollzeitlich hinbekommen, wäre die Abendschule oder ein Internetkurs vielleicht das Richtige für Sie. Folgen Sie Ihrem Herzen und Gott wird Sie zur rechten Zeit zum rechten Ziel führen.

Wenn Sie etwas auf dem Herzen haben, das Sie Ihrer Meinung nach tun sollten, momentan dazu jedoch nicht die nötigen Fähigkeiten besitzen, lassen Sie sich davon nicht entmutigen. Bestimmte Dinge mögen wir jahrelang in unserem Herzen tragen, bevor sie Wirklichkeit werden. Brüten Sie über Ihrem Herzenstraum wie die Henne auf einem Ei. Beten Sie und bereiten Sie sich nach Ihrem besten Vermögen vor, bis die Zeit reif ist.

Unsere jüngste Tochter Sandra stand 14 Jahre lang mit uns im vollzeitlichen Dienst, bevor sie Zwillinge bekam. In diesem neuen Lebensabschnitt konnte sie nur schwer wie zuvor im Dienst dabei sein. Sie versuchte es als Teilzeitarbeit, aber auch das funktionierte nicht. Sie war körperlich und seelisch gestresst und nicht glücklich. Schließlich merkte sie, dass sie ihre Arbeit für ihren momentanen Lebensabschnitt aufgeben musste, aber auch in dieser neuen Phase glaubt sie fest daran, dass sie für die Zukunft vorbereitet wird. Sie sieht sich sogar noch als Teil des Dienstes an, weil sie überall eine Stütze und ein Segen für Menschen zu sein versucht. Es ist zwar nicht genauso wie früher, aber es ist immer noch gut! Sie müssen verstehen, dass Gott von Ihnen nicht unbedingt eine formelle oder herkömmliche Ausbildung verlangt. Außerdem sollten Sie wissen, dass Gott nicht jeden in den vollzeitlichen christlichen Dienst ruft. Er mag Sie in die Wirtschaft, Politik oder einen anderen Bereich rufen. Ganz gleich: Wenn Sie Zuversicht bei Ihrer Tätigkeit haben möchten, brauchen Sie Vorbereitung.

Selbst Leute mit einer schulischen Ausbildung benötigen praktische Erfahrung. Kopfwissen zu haben und es praktisch anzuwenden wissen, können zwei verschiedene Paar Schuhe sein.

Die Bibel sagt, Jesus habe durch sein Leiden »Erfahrung« gesammelt (Hebräer 5,8; 9). Gott sucht nach Menschen mit Lebenserfahrung, also bitten Sie ihn, dass er Ihr Training und Ihre Vorbereitung heute beginnt und Sie die Möglichkeit haben, alles zu lernen, was Sie für Ihre Zukunft brauchen. Ich kann es nicht ausstehen, wenn junge Leute vom College kommen und sich für »Alleswisser« halten. Wir müssen immer in der Lebensschule bleiben. Dann können wir jeden Tag etwas lernen.

Ich hatte zum Beispiel nicht die Möglichkeit, nach der Highschool aufs College zu gehen. Wegen der Misshandlung zu Hause musste ich ausziehen und mir meinen Lebensunterhalt verdienen, um dem Missbrauch zu entfliehen. Doch Gott lehrte mich, egal, wo ich war. In den Lebensmittelgeschäften und Einkaufszentren lernte ich einige großartige Lektionen über Integrität, Leistung und Ehrlichkeit. Bei einer Arbeitsstelle lernte ich, wie wichtig es ist, Leute freundlich zu behandeln, auch dann, wenn man selbst unfreundlich behandelt wird. Manchmal sind die bitteren Erfahrungen, die wir ertragen müssen, unsere besten Lehrer im Leben.

Ich wäre gerne zum College gegangen. Meine Lehrer erkannten meine Schreibbegabung und ermutigten mich sehr, mich um ein Journalistik-Stipendium zu bemühen, aber damals wollte ich nur von Zuhause weg und eine Stellung erlangen, in der ich nicht länger misshandelt wurde. Was College-Abschlüsse betrifft, bin ich froh sagen zu können, dass Gott mir mehr gegeben hat, als ich mir selbst je hätte erarbeiten können. Ich habe zwei Ehrendoktortitel von der Oral Roberts University und der Grand Canyon University in Phoenix. Außerdem haben mir meine 75 Bücher und das darin enthaltende Wissen mehrere Abschlüsse eingebracht, einschließlich eines Bachelors und Masters in Theologie und einer Philosophie-Doktorwürde in Theologie, alle von der Life Christian University in Tampa, Florida.

Gott verheißt in Jesaja 61,7, uns einen doppelten Lohn für unsere vergangene Schande und Not zu geben, und ich bin ein lebendiges Beispiel für die Wahrheit seines Wortes.

Einige Leute lernen praktisch; sie sind einfach keine Bücherwürmer und lernen viel schneller, wenn sie mit den Händen dabei sein können. Egal, wie wir lernen, Gott wird uns auf seine Weise vorbereiten.

Stecken Sie Gott nicht in eine Schublade, indem Sie denken, jeder müsse das Gleiche tun. Nicht jeder im vollzeitlichen Dienst hat eine christliche Universität oder Bibelschule besucht. Nicht jeder Präsident oder Geschäftsführer einer großen Organisation war auf der Hochschule. Gott rüstet einige zu, die ein starkes natürliches Talent und einen gesunden Menschenverstand haben. Der »Zar« von Microsoft, Bill Gates, hat sein Studium bei Harvard bereits im ersten Semester abgebrochen. Anstatt aufs College zu gehen, gründete Truett Cathy ein Hähnchenrestaurant, das sich auf biblische Wirtschaftsprinzipien gründete, und heute ist Chick-fil-A das zweitgrößte Fastfood-Hähnchen-Restaurant in den USA. Unser jüngster Sohn ist nicht zum College gewesen, ist aber der Geschäftsführer unseres amerikanischen Zweiges und macht das ganz hervorragend. Gott hat ihm einfach Gaben in den Schoss gelegt, wozu noch ein gesunder Menschenverstand kommt. Er schaut sich eine Situation an und weiß instinktiv, was er zu tun hat. Ein Teil seines Trainings bekam er dadurch, dass er jahrelang meinen Mann und mich beobachten konnte. Wir lernen im Leben doch erstaunlich vieles, was wir erst dann bemerken, wenn wir es praktisch anwenden müssen.

Unser ältester Sohn ist der Geschäftsführer all unserer internationalen Zweigstellen und Weltmissionen. Er war zwei Jahre lang auf einem College, wobei seine Fächer jedoch nichts mit seinen heutigen Tätigkeiten zu tun hatten. Er musste es auf die harte Tour lernen, indem er erst in jeder existierenden Abteilung von Joyce Meyer Ministries arbeitete, ehe er es bis nach oben schaffte.

Ich ermutige Sie, sich von allem im Leben auf Ihre Zukunft vorbereiten zu lassen. Verachten Sie nicht die Tage der kleinen Anfänge. Meistens können wir zum gegebenen Zeitpunkt gar nicht mit mehr umgehen, als mit jenen kleinen Anfängen. Gott wird uns mehr geben, wenn er sieht, dass wir bereit sind. Genießen Sie jede Station Ihrer Reise. Haben Sie es nicht so eilig. Rasen

Sie nicht derart durchs Leben, dass Sie die Lektionen verpassen, von denen Sie jeden Tag etwas lernen können.

Tun Sie Ihren Teil und Gott wird sich um den Rest kümmern

Wenn Sie tun, was Sie können, wird Gott das tun, was Sie nicht können. Geben Sie Ihr Bestes in der Vorbereitung für die anstehenden Aufgaben und dann wird Gott sich in Ihnen durch übernatürliche Fähigkeiten zeigen, die Sie erstaunen werden. Ich studiere gewissenhaft für meine Predigten, und häufig höre ich mich dann selbst Dinge sagen, von denen ich gar nicht wusste, dass ich sie weiß. Ich hatte meinen Teil gegeben, woraufhin Gott sich übernatürlich durch einige Punkte offenbarte, die meine Botschaft noch besser machten. Wäre ich faul gewesen und hätte Vorbereitung nicht für nötig gehalten, wären diese übernatürlichen Dinge nicht passiert.

Bei Ihrer Vorbereitung müssen Sie sich nicht über den Teil Sorgen machen, den Sie nicht können; tun Sie einfach das Ihnen Mögliche. Ihre glaubensvollen Taten sind Samen, die Sie säen. Säen Sie Ihre Saat des Glaubens und Gott wird genau zur rechten Zeit eine Ernte bringen.

Unsicherheit und ein Mangel an Zuversicht berauben Sie des wunderbaren Lebens, das Gott für Sie geplant hat.

Als Jesus gen Himmel fuhr, hat er Menschen Gaben gegeben (Epheser 4,8). Ich bin in Kommunikation begabt. Mein Lobpreisleiter ist musikalisch begabt. Meine beiden Söhne sind in Betriebswirtschaft begabt. Mein Mann hat die Gabe der Weisheit und des Finanzmanagements. Gott hat jeden Bereich abgedeckt und wir müssen uns keine Sorgen machen. Ich möchte noch einmal sagen: Wenn Sie tun, was Sie können, wird Gott das tun, was Sie nicht können.

Wenn Sie zuversichtlich hervortreten und Ihren Teil tun, wird Gott Ihnen Menschen zur Seite stellen, die die Ihnen fehlenden

Gaben und Fähigkeiten besitzen. Eine Person mit wenig Zuversicht hat es häufig jedoch schwer, Hilfe von anderen anzunehmen. Sie ist zu sehr mit gegenseitigem Vergleichen beschäftigt, als dass sie die von Gott geschickte Hilfe annehmen könnte. Unsicherheit und ein Mangel an Zuversicht berauben Sie des wunderbaren Lebens, das Gott für Sie geplant hat. Sie verursachen Neid und lassen uns über die ärgern, die wir eigentlich wertschätzen sollten.

Mein Mann hat nicht dieselben Fähigkeiten wie ich, aber seine Fähigkeiten sind gut. Er ist sicher und hat keinen Drang, mir den Rang streitig machen zu müssen. Wir sind ein gutes Team, eben weil wir unterschiedliche Begabungen haben. Wir ergänzen uns gegenseitig und bilden zusammen ein Ganzes. Viele Leute machen gar nichts, weil sie nicht alles machen können. Sie sind negative Menschen, die sich auf ihre Unfähigkeiten konzentrieren, anstatt ihre Fähigkeiten zu sehen und diese dann einzusetzen.

Sie müssen sich nicht darauf vorbereiten, die ganze Arbeit selber zu machen. Bereiten Sie sich einfach so vor, dass Sie das Bestmögliche aus sich herausholen. Und vergessen Sie nicht: Gott wird hinzutun, was Sie nicht tun können.

Seien Sie sich Ihrer Stärken und Schwächen bewusst

Wie aber lernen Sie Ihre Fähigkeiten und Unfähigkeiten kennen? Das ist wichtig zu wissen, wenn man gut vorbereitet sein möchte. Dadurch verschwenden Sie keine Zeit mit Dingen, die Sie sowieso nicht hinbekommen werden. Ich bin eine begabte Rednerin, aber keine Musikerin oder Sängerin. Es gab einmal eine Zeit, da meinte ich, Gitarre spielen lernen zu müssen. Ich erkannte schnell, dass ich absolut kein Talent auf dem Gebiet habe. Zum einen sind meine Finger kurz und können den Gitarrenhals nur schwer umgreifen. Ich mühte mich ab und bekam einige Töne aus dem Instrument heraus, hatte aber keinen Spaß an der

Sache. Warum? Weil Gitarrespielen nicht zu dem gehörte, was ich tun sollte. Hätte ich weiterhin darauf bestanden, unbedingt Gitarre spielen zu müssen, wäre ich mir wie eine Versagerin vorgekommen. Und wenn ich je vor anderen Leuten gespielt hätte, dann ganz ohne Zuversicht. Sie mögen es noch so energisch versuchen, aber Sie werden sich nie wirklich auf etwas vorbereiten und im Hinblick auf etwas zuversichtlich sein können, was Sie gar nicht tun sollen.

Gehen Sie sicher, dass Sie etwas nicht nur versuchen, weil Sie es unbedingt möchten oder Eindruck schinden wollen, sondern weil Sie es wirklich tun sollen. Es ist traurig, aber wahr: Einige Leute verbringen die meiste Zeit damit und geben all ihr Geld dafür aus, um Leute zu beeindrucken, die sie noch nicht einmal mögen.

Haben Sie keine Angst davor, Ihre Unfähigkeiten zuzugeben. Seien Sie sich Ihrer Schwächen bewusst und bitten Sie Gott, dass er Ihnen Menschen mit den ergänzenden Fähigkeiten zur Seite stellt. Ich kann nicht singen und keine Musikinstrumente spielen, aber Gott hat mich stets mit einem guten Lobpreisleiter für meinen Dienst versorgt. Ich habe keinen blassen Schimmer von der ganzen Technik, die zum Aufnehmen einer Fernsehsendung und einer weltweiten Ausstrahlung notwendig ist, doch bin ich von Leuten umgeben, die wissen, was ich nicht weiß. Ich scheue mich nicht zu sagen, dass ich etwas nicht gut kann und ich verschwende meine Zeit nicht damit, an meinen Schwächen herumzuwerkeln.

Weiterhin ist es sehr wichtig, dass Sie Ihre Stärken in und auswendig kennen. Machen Sie sich eine Liste von den Dingen, die Sie gut können und zählen Sie sie täglich auf, bis Sie Vertrauen in Ihre Fähigkeiten gewinnen. Sich anzuschauen, worin man gut ist, hat nichts mit Eitelkeit zu tun; es ist lediglich die Vorbereitung darauf, seine Aufgabe mit Zuversicht zu erfüllen. Ich bin nur deshalb gut in einer Sache, weil Gott mich darin begabt hat. Dessen bin ich mir bewusst und ich danke Gott ständig für die Fähigkeiten, mit denen er mich ausgestattet hat. Einige von Ihnen mögen noch nie darüber nachgedacht haben, worin

Sie gut sind. Falls das der Fall ist, sollten Sie schleunigst beginnen. Machen Sie eine Liste und lesen Sie sie mindestens dreimal am Tag, solange, bis Sie davon überzeugt sind.

Das hier ist meine Liste:

- Ich kann gut kommunizieren
- Ich arbeite hart
- Ich habe einen gesunden Menschenverstand
- Ich bin gut organisiert
- Ich bin entscheidungsfreudig
- Ich bin fest entschlossen
- Ich habe Disziplin
- Ich bin ein treuer Freund
- Ich habe ein gutes Kurzzeitgedächtnis
- Ich helfe Menschen gerne
- Ich gebe gerne

Ich habe diese Liste nicht gemacht, um anzugeben, sondern um Ihnen ein Beispiel zu geben und Sie zu ermutigen, kühn genug zu sein, auch eine zu machen. Beteuern Sie sich selbst gegenüber täglich Ihre guten Eigenschaften. Jesus ist gekommen, damit er sich um die Dinge kümmert, die Sie nicht tun können. So lassen Sie ihn seine Arbeit machen und danken Sie ihm dafür.

Wenn Sie eine gute Mutter und Hausfrau sind, dann sagen Sie das. Ich glaube, ich bin eine gute Ehefrau und Mutter: keine durchschnittliche, sondern eine gute. Ich habe lange dafür gebraucht, das sagen zu können. Viele Jahre lang hat der Teufel mich überzeugt, ich sei keine gute Ehefrau und Mutter, weil ich nicht zu allem fähig war, was andere Ehefrauen und Mütter konnten. Schlussendlich erkannte ich, dass Gott und nicht ich mich in den Dienst berufen hatte. Deswegen hat er meiner Familie auch die Gnade (eine besondere Fähigkeit) gegeben, meinen Dienst zu ermöglichen. Sicher mussten sie das eine oder andere aufgeben, aber sie gewannen auch Vorteile. Jedes Mal, wenn wir im Leben etwas erlangen, müssen wir dafür auch etwas aufgeben. Wenn Sie eine Konzertpianistin werden wollten, dann müssten Sie viele Stunden lang üben, während andere einer Unterhaltung nachgingen, und eines Tages hätten Sie dann das Privileg, diejenige zu sein, die sie unterhält. Man opfert etwas, und dann erntet man den gesäten Samen.

Meine ganze Familie hat Opfer gebracht, damit ich meinen Diensten nachgehen konnte, aber wir hatten auch das Privileg, Millionen von Menschen auf der ganzen Welt helfen zu können, und die Freude darüber macht jedes Opfer wieder gut.

Worin sind Sie gut? Wissen Sie es überhaupt? Haben Sie schon einmal ernsthaft darüber nachgedacht oder sind Sie so mit Ihren Schwächen beschäftigt, dass Sie Ihre Stärken überhaupt nicht wahrgenommen haben? Widerstehen Sie ab heute dem negativen Gedankenstrom, indem Sie kühn genug werden, um zu erkennen, dass Sie in Wirklichkeit großartig sind und wunderbare Fähigkeiten haben. Das gilt für jeden! Erinnern Sie sich: Gott macht keinen Müll. Nachdem Gott die ganze Welt samt Adam und Eva geschaffen hatte, schaute er sich alles an und sagte: »Es ist sehr gut!« In Psalm 139 beschreibt David, wie Gott uns im Mutterleib mit seiner eigenen Hand gewoben hat, wie er uns bis ins letzte Detail geformt hat. Dann sagt David: »Wunderbar sind deine Werke, und ich weiß es in meinem Herzen.« Er prahlt nicht über sich selbst, sondern über Gott, der ihn geschaffen hat.

So wichtig ist Gebet

Gebet ist wahrscheinlich der wichtigste Teil der Vorbereitung, trotzdem vernachlässigen oder vergessen viele Menschen heutzutage diesen lebenswichtigen Abschnitt des Prozesses. Ich empfehle, dass Sie nichts tun, ohne zuerst zu beten und Gott um Gelingen und sein Mitwirken zu bitten. Jesus sagte: »Ohne mich könnt ihr nichts tun«, und ich glaube ihm.

Die Bibel lehrt, wir sollen Gott auf all unseren Wegen erkennen, denn dann ebnet er selbst unsere Pfade und macht sie sicher (Sprüche 3,6). Das bloße Wissen um seine Existenz reicht nicht aus. Wir müssen ihn täglich um seine Führung und Kraft bitten. Denken Sie nur an ein Kleinkind, das unbedingt sein T-Shirt oder

Pullover alleine anziehen möchte. Es windet und verrenkt sich, es zerrt und stöhnt, während seine Mutter geduldig neben ihm wartet und sich wünscht, es würde um Hilfe bitten. Als Jesus in den Himmel fuhr und sich zur Rechten des Vaters setzte, sandte er den Heiligen Geistes als unseren Helfer im Leben. Er ist immer zum Mitwirken bereit, aber ihn um Hilfe bitten müssen wir schon. Es ist so, als wäre man gerade beim Essen kochen und dann kommt ein weltberühmter Feinschmecker-Koch herein und bietet seine Hilfe an. Der Heilige Geist bietet weltberühmte, übernatürliche Dienste an. Warum ihn also nicht darum bitten? Wenn Sie Gott zu Ihrem Lebensgefährten machen, wird er Sie befähigen, Dinge zu tun, die Sie immer wieder überraschen werden. Aber Sie müssen mit Gebet beginnen.

Ich bin nun fast Zeit meines Lebens Christ, und ich lerne immer noch, wie wichtig es ist, nicht zu versuchen, etwas ohne Gebet zu tun.

Ich bin nun fast Zeit meines Lebens Christ, und ich lerne immer noch, wie wichtig es ist, nicht zu versuchen, etwas ohne Gebet zu tun. Laut Bibel sollen wir ohne Unterlass beten. Das heißt nicht, wir sollten den ganzen Tag nichts anderes tun als beten. Die Aussage soll einfach vermitteln, dass Gebet eines der wichtigsten Dinge ist, die wir je tun können. Wir müssen uns durch den Tag hindurch beten. Gebet öffnet die Tür für Gottes Wirken sowohl in unseren Lebenssituationen, als auch im Leben unserer Familie und Freunde.

Ich hörte einmal von einem Gebiet in Afrika, in dem die ersten christlichen Bekehrten sehr eifrig im Beten waren. Jeder Gläubige hatte sogar seinen eigenen, abgesonderten Ort außerhalb des Dorfes, an dem er ohne Störung beten konnte. Die Dorfbewohner erreichten diese »Gebetsräume« über ihre eigenen, privaten Pfade, die durch den Busch führten. Wenn Gras einen dieser Pfade zu bedecken begann, war klar, dass der Inhaber dieses Pfades nicht viel betete.

Da diese Christen um das geistliche Wohlergehen ihrer Glaubensgeschwister bemüht waren, entstand eine originelle Sitte.

Wann immer jemand einen zugewachsenen Gebetspfad sah, ging er auf den Inhaber zu und warnte ihn in Liebe: »Freund, auf deinem Pfad gibt es Gras[32]!«

Gebet setzt enorme Kraft frei (Jakobus 5,16). Lassen Sie Ihr Gebetsleben nicht vom Wochen alten Unkraut der Unbeständigkeit und Vernachlässigung gekennzeichnet sein. Neue Zuversicht kann schnell wachsen, wenn die Kraft des Heiligen Geistes Gottes in Ihrem Leben am Wirken ist. Verbleiben Sie nicht in Schwäche, wenn Kraft »zum Beten nahe liegt«.

Bereiten Sie sich auf Beförderung vor

Über die Jahre mussten einige großartige Menschen aus unserem Dienst scheiden, und zwar nur, weil wir irgendwann über ihren Kopf gewachsen waren. Beruflich waren sie einmal wertvoll, haben sich dann aber nicht für eine gemeinsame Zukunft mit uns fortgebildet, obwohl wir es ihnen angeboten hatten. Vielleicht sollten einige von ihnen auch gar nicht bei uns bleiben. Gott hatte wahrscheinlich etwas anderes für sie geplant. Nicht alles währt ewig; einiges ist nur für einen gewissen Lebensabschnitt gedacht. Trotzdem glaube ich, dass etliche unserer ehemaligen Angestellten eine große Chance verpasst haben, weil sie zwar gerne befördert werden, sich aber nicht dafür vorbereiten wollten. Sie waren nicht dazu bereit, sich durch Fortbildung neue Fertigkeiten anzueignen und dadurch eine Steigerung zu erreichen.

Es scheint, als wollten Menschen heute mehr bekommen und weniger geben. Es gibt eine ganze Generation, die sofortige Befriedigung gewöhnt ist und höhere Erwartungen stellt als ihre oft mangelnde Arbeitsbereitschaft rechtfertigt. Sie wird die »Entitlement Generation« (die »Anspruchsgeneration«) genannt und besteht aus denen, die zwischen 1979 und 1994 geboren wurden, besonders aber jene, die jetzt in ihren 20ern sind[33].

Sie verdienen eine Beförderung und saftige Gehaltserhöhung nicht einfach dadurch, dass Sie ein weiteres Jahr im Büro gesessen haben. Sie müssen bereit sein, sich Ihrem Arbeitgeber wertvoller zu machen, und das können Sie nur, indem Sie mehr Verantwortung übernehmen oder Ihre Aufgaben besser meistern, als Sie es in der Vergangenheit getan haben. Wenn sich eine Firma nach Beförderungskandidaten umschaut, wissen einige Leute gar nicht, dass sie nicht ernsthaft in Betracht gezogen werden, weil sie sich nicht angemessen vorbereiten.

Es hat mich immer in Erstaunen versetzt, wie einige Menschen ihren Aufgaben intensiv nachgehen und ihr volles Lebenspotenzial erreichen wollen, während andere nichts tun als sich zu beschweren, dass ihnen keine Gelegenheiten in den Schoß fallen. Wenn Sie Ihren Arbeitsplatz behalten wollen, dann entschließen Sie sich, mit dem Wachstum der Firma mitzuhalten. Sitzen Sie nicht nur untätig herum, bis Ihnen die Firma über den Kopf wächst.

Wie ich schon gesagt habe: Lernen Sie Ihr Leben lang. Lesen Sie, hören Sie zu und lernen Sie. Gehen Sie zur Schule oder besuchen Sie Kurse, durch die Sie auf dem Laufenden bleiben, was die fortschreitende Technologie in Ihrem Berufsbereich angeht. Wenn Sie sich investieren, werden Sie auch einen Lohn ernten. Je mehr Sie über Ihren Aufgabenbereich wissen, desto mehr Zuversicht werden Sie auch haben; und je mehr Zuversicht Sie haben, desto mehr Zuversicht können andere auf Sie setzen. Vorbereitung ist der Schlüssel zum Erfolg. Wenn Sie sich jetzt vorbereiten, werden Sie später befördert werden.

Kapitel

8 Wenn die Welt nein sagt

Als kleiner Schuljunge lernte Henry Ward Beecher eine Lektion in Sachen Zuversicht, die er niemals vergessen sollte. Er sollte etwas vor der Klasse aufsagen und ehe er recht begonnen hatte, unterbrach ihn der Lehrer mit Nachdruck: »Nein!« Er begann noch einmal von vorne, aber wieder donnerte der Lehrer: »NEIN!« Gedemütigt nahm Henry Platz.

Der nächste Junge hatte gerade mit seinem Vortrag begonnen, da rief der Lehrer wieder: »Nein!« Dieser Schüler machte jedoch einfach weiter, bis er fertig war. Als er sich hinsetzte, meinte der Lehrer: »Sehr gut!«

Henry fand das unfair. »Aber ich hab es genauso aufgesagt wie er«, beschwerte er sich beim Lehrer. Der aber erwiderte: »Es reicht nicht aus, deinen Stoff zu kennen; du musst sicher sein. Als du dich von mir aufhalten ließest, zeigte das, dass du unsicher warst. Wenn die ganze Welt ›Nein!‹ sagt, musst du immer noch ›Ja!‹ sagen und es beweisen.«

Die Welt hat tausend Weisen, »Nein!« zu sagen:

»Nein! Sie können das nicht.«
»Nein! Sie liegen falsch.«
»Nein! Sie sind zu alt.«
»Nein! Sie sind zu jung.«
»Nein! Sie sind zu schwach.«
»Nein! Das wird nie funktionieren.«
»Nein! Sie haben nicht die nötige Bildung.«

»Nein! Sie kommen nicht aus dem richtigen Umfeld.«
»Nein! Sie haben nicht das Geld dafür.«
»Nein! Das ist unmöglich.«

Jedes »Nein!«, das Sie hören, kann Ihre Zuversicht untergraben, Stück für Stück, bis Sie gänzlich aufgeben.

Die Welt mag sogar sagen: »Nein! Sie können das nicht, Sie sind eine Frau.« Genau das musste ich mir anhören, als Gott mich in den Dienst berief. Dabei bin ich nicht die erste Frau, der gesagt wurde, sie solle Gottes Führung in ihrem Leben missachten und der Ratschläge gegeben wurden, die gegen ihre Hauptbestimmung und ihren Wunsch gingen, Gott zu dienen. Wie ich in einem früheren Kapitel bereits erwähnt habe, nahm der Krieg zwischen Frauen und Satan seinen Anfang im Garten Eden, und er hat seither nicht aufgehört. Satan hasst Frauen, weil Jesus durch eine Frau geboren wurde und es Jesus ist, der Satan besiegt hat. Denken Sie aber nicht, dass Sie unmöglich Erfolg haben können, nur weil Satan gegen Sie ist. Der Teufel mag gegen Sie sein, Gott jedoch ist für Sie, und mit ihm auf Ihrer Seite können Sie gar nicht verlieren. Sie müssen lediglich kühn genug sein, um »Ja!« zu sagen, wenn die Welt »Nein!« sagt.

Ich erinnere mich noch daran, wie schwer das Vorankommen für mich war, als ich Glaubensschritte unternahm und das tat, wofür Gott mich meiner Meinung nach berufen hatte. Der Großteil meiner Familie und fast alle meine Freunde wandten sich gegen mich. Damals verstand ich die Bibelstellen nicht recht, die Leute gegen mich einzusetzen versuchten, aber ich wusste, dass ich mich innerlich buchstäblich gezwungen fühlte, Gott zu dienen. Ich hatte solch einen Eifer und ein derart starkes Verlangen, dass ich dadurch weitermachen konnte, selbst, als die ganze Welt (mit wenigen Ausnahmen) gegen mich war. Gott sei Dank war mein Mann für mich. Seine Ermutigung in jenen Anfangstagen war sehr wertvoll.

Obwohl die meisten mir weiß machen wollten, ich würde es nicht schaffen, bin ich nun schon seit über dreißig Jahren dabei und habe auch nicht vor aufzuhören, bis Jesus mich von dieser

Welt hinweg ruft. Gott hat es getan - ungeachtet menschlicher Erwartungen. Menschen können Gott nicht aufhalten!

Hüten Sie sich vor Menschendienerei

Wer stets allen Leuten gefallen möchte, wird nie seine Bestimmung erfüllen. In Kalifornien hat es einmal eine Frau gegeben, die zwei so genannte »Watercooler« (Wasserspender) in ihrer Küche hatte, nicht, weil sie immer besonders viel Durst hatte oder sehr um ihre Gesundheit bemüht war, sondern weil sie keine der beiden Firmen, die das Gerät angeboten hatten, abzulehnen vermochte. Sie hatte Angst, der Vertreter könne etwas Schlechtes über sie sagen, wenn sie nein sagte[34].

Vielleicht kostet es Sie gar keine Überwindung, einem Vertreter, der bei Ihnen klingelt, »nein« zu sagen. Aber eventuell tun Sie sich schwer damit, Ihren Freunden »nein« zu sagen - oder Ihrer Familie oder Gemeinde -, selbst wenn das gegen Gottes Berufung geht, die Sie auf Ihrem Leben verspüren. Die Leute gönnen Ihnen Ihren Erfolg nicht immer, und selbst gut meinende Menschen werden Sie vom Weiterkommen abhalten. Sie müssen Ihr eigenes Herz kennen, müssen wissen, was Sie Ihrem Glauben nach tun sollen. Und dann müssen Sie es tun. Wenn Sie einen Fehler begehen, werden Sie es schon noch früh genug herausfinden. In dem Fall sollten Sie nicht zu stolz sein, um sagen zu können: »Ich habe mich geirrt.«

»Geh hinaus und find's heraus« lautet mein Motto. Ich finde es so schade, wenn Leute sich aus Angst zurückziehen und nie etwas ausprobieren, weil sie sich davor fürchten, einen Fehler zu machen. Ich kenne einen jungen Mann, der eine gute Arbeitsstelle aufgegeben hat, um in den Musikdienst zu gehen. Es war ein kühner Schritt, und er tat alles, um das Vorhaben gelingen zu lassen, aber es klappte einfach nicht (zumindest dieses Mal). Trotzdem bin ich stolz auf ihn, dass er mutig genug war, es zu versuchen. Immerhin wird er sich jetzt nicht sein ganzes Leben lang fragen, was möglich gewesen wäre, wenn er es nur versucht hätte. Ich denke, es ist besser, etwas zu versuchen und zu versagen, als es überhaupt nicht zu versuchen. Manchmal gibt es nur einen Weg herauszufinden, was wir mit unserem Leben machen sollen: verschiedene Dinge ausprobieren, bis etwas funktioniert und Zuspruch in unserem Herzen findet.

Menschen geben uns vielerlei Ratschläge, die meisten davon ungebeten. Hören Sie zu und »iss das Stroh und spuck die Stöckchen aus«, wie ein Prediger einmal sagte. Behalten Sie alles Hilfreiche und Gute, aber lassen Sie sich nicht von den Meinungen andere Menschen beherrschen. Wie Henry Bayard Swope so schön sagte: »Ich kann Ihnen kein Erfolgsrezept geben, aber ich kann Ihnen ein Rezept für Misserfolg geben: Versuchen Sie es jedem Recht zu machen.«

Der Apostel Paulus sagte sehr deutlich, dass er kein Apostel Jesu Christi gewesen wäre, wenn er Menschen zu gefallen versucht hätte (Galater 1,10). König Saul verlor sein Königreich, weil er sich von seiner Menschenfurcht Gott gegenüber zu Ungehorsam verleiten ließ (1. Samuel 13,8-14). Gott nahm das Königreich von Saul weg und gab es David, einem Mann nach seinem Herzen. David ließ sich nicht von Menschen beherrschen, wie Saul es getan hatte. Davids eigener Bruder Eliab zeigte ihm gegenüber Missbilligung, aber die Bibel sagt, dass David sich von Eliab abwandte und mit den ihm anvertrauten Aufgaben fortfuhr (1. Samuel 17,28-30). Wir sollten uns von Menschen abwenden, die uns entmutigen oder beschuldigen wollen, und uns nicht von ihren Kommentaren und Gedanken negativ beeinflussen lassen.

Gott gebraucht Männer und Frauen, die ihm gehorchen und gefallen wollen, nicht solche, die von Menschenfurcht bestimmt sind.

Gott gebraucht Männer und Frauen, die ihm gehorchen und gefallen wollen, nicht solche, die von Menschenfurcht bestimmt sind. Wir möchten alle bei Menschen gut ankommen and von ihnen angenommen werden, doch dürfen wir uns von diesem Wunsch nicht in Besitz nehmen lassen.

Ich behandle dieses Thema viel ausführlicher in meinem Buch *Süchtig nach Anerken-*

nung, das in 2006 auf Deutsch erschienen ist. Es ist ein umfassender Ratgeber, wie Leute ihr aus dem Gleichgewicht geratenes Bedürfnis überwinden können, Menschen gefallen zu wollen. Ich habe es deshalb geschrieben, weil ich jahrelang meine Vorstellung von einer perfekten Christin ausleben wollte: jedem zu gefallen und dadurch keinem zu gefallen, wodurch ich zu kämpfen und leiden hatte. Wenn Sie nicht auf Gott hören und Ihrem eigenen Herzen folgen, werden Sie stets ein unerfülltes und frustriertes Leben führen. Immer, wenn jemand sich von anderen Menschen beherrschen und sein Schicksal anordnen lässt, wird er schließlich verbittert und fühlt sich ausgenutzt. Bestimmt haben Sie den bekannten Vorsatz schon einmal gehört: »Bleib' dir selbst treu.« Ich kann nur wärmstens empfehlen, sich diesen Rat schleunigst zu Herzen nehmen, falls Sie es nicht sowieso schon tun.

Die Geschichte ist voll von Menschen, die Großes vollbracht haben und trotzdem die Kritik und Verurteilung anderer Menschen durchstehen mussten. Einigen der weltgrößten Erfinder wurde von ihren Familien und Freunden hart zugesetzt. Trotzdem drängten sie vorwärts, weil sie an das glaubten, was sie taten.

Benjamin Franklin wollte zu gerne Journalist für die Zeitung seines älteren Bruders sein, wo er als Lehrling in der Druckerei angestellt war, aber sein Bruder stellte sich gegen ihn. Ben schrieb trotzdem Artikel und benutzte dafür ein Pseudonym, Silence Dogood, und schrieb als fiktive Witwe mit dogmatischen Ansichten, besonders was die Behandlung von Frauen betraf. Jeden Brief schob er nachts unter der Tür der Druckerei hindurch, um nicht entdeckt zu werden. »Silence Dogood« wurde eine wahre Sensation. Nach 16 Briefen gab Ben endlich zu, dass er der Verfasser sei, und obwohl er dafür von jedem viel positive Rückmeldung bekam, wurde sein Bruder nur noch wütender und eifersüchtiger. Ben wurde sogar geschlagen und lief schließlich davon. Zu den vielen Erfindungen und Gesellschaftsverbesserungen, die Ben in seinem Leben gemacht hat, gehörte auch seine eigene Druckerei. Er übernahm eine Zeitung, die *Pennsylvania Gazette*, und machte sie unter seiner Schirmherrschaft zur erfolgreichsten Zeitung in den amerikanischen Kolonien[35].

Nachdem Alexander Graham Bell das Telefon erfunden hatte, war es schwer für ihn, die nötigen finanziellen Mittel zu bekommen, um das Telefon allgemein bekannt zu machen. Anfangs nahm keiner die Erfindung wirklich ernst. Selbst seine engsten Familienangehörigen und Sponsoren ermutigten ihn, sich lieber auf seine Verbesserungen des Telegrafen zu konzentrieren, als auf diesen »Sprachtelefon-Blödsinn«. Bankiers lachten ihn aus und die Western Union erteilte ihm zunächst eine Absage. Doch Alexander ließ sich so leicht nicht unterkriegen, weshalb wir heute das Telefon haben[36].

Ein ungarischer Arzt mit dem Namen Ignaz Semmelweis stellte fest, dass tödliche Entzündungen, die bei Geburten häufig vorkamen, in vielen Fällen vermieden werden konnten, indem sich die Helfer und Ärzte zwischen den Geburten gut die Hände wuschen. Obwohl dies die Sterberate von werdenden Müttern senkte, machte man sich in Wien nur über ihn lustig. Dennoch schrieb er seine Befunde auf, und heute schreibt man ihm den Verdienst zu, Geburten sicherer gemacht zu haben[37].

Margaret Knight arbeitete Mitte des 19. Jahrhunderts in einer Papiertütenfabrik, als sie ein neues Maschinenteil erfand, das Papiertüten automatisch faltete und klebte, wodurch man einen breiten Tütenboden haben konnte, statt der umschlagförmigen Tüten, die damals üblich waren. Als die Arbeiter dann die Maschine einrichteten, hörten sie nicht auf ihre Ratschläge, denn »was weiß eine Frau schon über Maschinen?« 1870 gründete sie dann die Eastern Paper Bag Company und meldete zu Lebzeiten 26 andere Erfindungen als Patent an[38].

Hedy Lamarr ist als berühmter Filmstar der 1930er und 1940er bekannt, aber sie war auch unglaublich kreativ und intelligent. Während des Zweiten Weltkrieges unterstützte sie die Kriegsbemühungen und zog sogar in Betracht, die Schauspielerei aufzugeben und dem Nationalen Erfinderkonzil beizutreten, doch ihr wurde gesagt, dass ihr hübsches Gesicht und ihre Rolle als Star dem Krieg mehr helfen würde, weil sie Leute ermutigen konnte, Kriegsanleihen zu kaufen. Hedy gab ihren Traum jedoch nie auf und trug zur Erfindung eines fernbedienten Radiokommunikationssystems bei, das während des Zweiten Weltkrieges patentiert wurde und seiner Zeit zwei Jahrzehnte voraus war. Zusätzlich zu ihrer Erfindung, die in zahlreichen technologischen Geräten heutzutage Anwendung findet, sammelte sie Millionen Dollar für die Kriegsunterstützung[39].

Ich habe die Geschichten dieser Männer und Frauen mit Erstaunen gelesen. Sie haben die Gesellschaft in fast jedem erdenklichen Bereich vorwärts gebracht, und trotzdem mussten sie starke Kritik, Verurteilung und Verfolgung in Kauf nehmen, um die Welt verbessern zu können. Das zeigt deutlich, dass Satan gegen Fortschritt jeglicher Art kämpft. Er benutzt alle möglichen Ängste, durch die er Leute aufzuhalten versucht. Die zuversichtliche Frau gibt jedoch so schnell nicht auf und sagt »Ja«, selbst wenn die Welt »Nein« schreit.

Warum darf man nicht anders sein?

Es scheint, als widersetze sich die Welt allem, was von der Norm abweicht - oder fürchte es sogar. Wenn Leute anders sind oder etwas anders zu tun versuchen, müssen sie sich auf Gegenwind gefasst machen.

Viele Menschen, die Großes im Leben erreicht haben, waren bereit, alleine dazustehen. Ohne Zuversicht ist das unmöglich.

Timotheus, Paulus' »geistlicher« Sohn im Dienst, war sehr jung und ängstlich, und machte sich Sorgen darüber, was die Leute wohl von seiner Jugendlichkeit hielten. Paulus sagte ihm, dass niemand seine Jugend verachten solle (1. Timotheus 4,12). Es ist wirklich unwichtig, wie alt oder wie jung jemand ist. Wenn Gott Menschen zu einer Aufgabe beruft und sie die Zuversicht haben, die Sache anzugehen, kann sie keiner aufhalten.

Der Herr redete vor kurzem zu meinem eigenen Herzen und sagte: »Triff nie eine Entscheidung, die auf deinem Alter basiert.« Mit zunehmendem Alter fragten Dave und ich uns, ob wir immer noch Neues ausprobieren sollten, weil wir ja nun älter werden. Gott machte sehr deutlich, dass das Alter nicht der entscheidende Faktor sein sollte. Mose war 80 Jahre alt, als er Ägypten verließ, um die Israeliten ins Verheißene Land zu führen. Im Alter von 85 Jahren bat Kaleb um einen Berg als seinen Landeserbteil:

> *Und nun siehe, der HERR hat mich am Leben erhalten, wie er geredet hat. Es sind (nun) 45 Jahre, seitdem der HERR dieses Wort zu Mose geredet hat, als Israel in der Wüste umherzog; und nun siehe, ich bin heute 85 Jahre alt.*
>
> *Ich bin heute noch so stark wie an dem Tag, als Mose mich aussandte. Wie meine Kraft damals, so ist meine Kraft jetzt, sowohl zum Kampf als auch um aus- und einzuziehen.*
>
> *Und nun gib mir dieses Gebirge, von dem der HERR an jenem Tag geredet hat! Denn du hast an jenem Tag gehört, dass die Enakiter dort sind und große, feste Städte. Vielleicht ist der HERR mit mir, dass ich sie vertreibe, wie der HERR geredet hat.* (Josua 14,10-12; Rev. Elberfelder)

Wie Sie auf Ihr Alter reagieren und selbst wie andere auf Ihr Alter reagieren, liegt ganz an Ihnen. Natürlich altern wir alle an Jahren, aber das ist etwas anderes als eine »Ich bin zu alt«-Gesinnung. Adlai Stevenson sagte: »Es kommt nicht auf die Jahre in Ihrem Leben an, sondern auf das Leben in Ihren Jahren.« Zuversichtliche Menschen denken nicht an ihr Alter; sie denken daran, was sie mit der ihnen noch verbleibenden Zeit erreichen können. Denken Sie immer daran: Leute mit Zuversicht sind positiv gestimmt und sehen, was sie haben, nicht, was sie verloren haben.

Sagen wir mal, Sie lesen dieses Buch als 65-Jährige und haben das Gefühl, dass Sie den Großteil Ihres Lebens durch Scheu und Zurückhaltung vergeudet haben, dann können Sie immer noch heute anfangen, etwas Außergewöhnliches und Großartiges mit Ihrem Leben zu machen.

Während ich dies schreibe, ist mein Mann, Dave, 65 und ich bin 62 Jahre alt. Wir tun heute genauso viel oder vielleicht sogar mehr denn je, aber wir mussten uns bewusst gegen eine »Rentnermentalität« entscheiden und nicht denken: »Wir werden langsam zu alt dafür.«

Wir sind entschlossen, uns von Gott - nicht von Menschen oder unserem Alter - in unseren Entscheidungen führen zu lassen. Ich werde mein Leben lang eine zuversichtliche Frau sein, und ich weiß, wenn ich im Himmel angekommen bin, werde ich dort vollkommene Zuversicht haben, denn in Gottes Gegenwart gibt es keine Furcht.

Ich kann sagen, dass ich eine Frau mit Zuversicht bin, weil ich mich dazu entschlossen habe, nicht, weil mir immer danach zumute ist!

Feiern Sie die Tatsache, dass Sie nicht genauso wie andere Menschen sind. Sie sind besonders! Sie sind einzigartig! Sie sind das Produkt von 23 Chromosomen Ihres Vaters und 23 Chromosomen Ihrer Mutter. Wissenschaftler sagen, die Chance, dass Ihre Eltern ein weiteres Kind haben, welches Ihnen genau gleicht, liegt bei eins zu 10 x 2.000.000.000. Die Kombination Ihrer Eigenschaften kann nicht dupliziert werden. Sie sollten Ihre Einzigartigkeit fördern und zu einer hohen Priorität machen.

Feiern Sie die Tatsache, dass Sie nicht genauso wie andere Menschen sind. Sie sind besonders! Sie sind einzigartig!

Wenn Sie etwas tun können, was kein anderer tun kann, steigert sich Ihr Wert dadurch nicht, noch nimmt Ihr Wert ab, wenn Sie mit Leuten zusammen sind, die Dinge tun können, welche Sie nicht können. Unser Wert liegt in Gott und nicht darin, ob wir uns von anderen unterscheiden oder ihnen gleichen.

Vor Tausenden von Jahren meinte der griechische Philosoph Aristoteles, dass jeder Mensch mit einer einzigartigen Zusammensetzung an Potenzialen gezeugt wurde, die sich danach sehnen, erfüllt zu werden; genauso wie die Eichel sich danach sehnt, die Eiche zu werden, die in ihr liegt. Ich glaube, viele tausend Menschen, die dieses Buch lesen, sehnen sich danach, ein tiefes inneres Verlangen stillen zu können. Geben Sie sich nicht mit »durchschnittlich« oder »ich schaff's gerade so« zufrieden. Sie mögen Ihre Grenzen haben, aber Sie können dennoch außergewöhnlich sein, wenn Sie sich dazu entscheiden.

Der berühmte Schauspieler Sidney Poitier erzählt von seinem Leben unter dem Kolonialsystem. Damals, so berichtet er, herrschte folgendes Prinzip: Je dunkler die Haut, desto weniger Möglichkeiten konnte man erwarten. Seine Eltern jedoch, und besonders seine Mutter, entwickelten in ihm einen ausgeprägten Stolz, wodurch er sich weigerte, anders als außergewöhnlich zu sein. Sie waren extrem arm, und Armut kann einem wirklich den Verstand rauben, wenn man es zulässt, doch Sydney hielt daran fest, dass er aus der Armut herauskommen könne, was dann auch geschah[40]. Hartnäckigkeit ist eine wunderbare Charaktereigenschaft. Der Adler ist hartnäckig. Wenn er sein Augenmerk erst einmal auf seine Beute gerichtet hat, stirbt er lieber, als dass er aufgibt.

Wahrhaft zuversichtliche Menschen werden vom Widerstand nicht erschlagen. Vielmehr fordert er sie heraus und sie zielen noch entschlossener auf den Erfolg ab, als sie es ohne Widerstand taten.

Die Welt sagte »Nein« zu Sidney, aber er sagte »Doch!« Was werden Sie sagen, wenn die Welt »Nein« sagt?

Kapitel 9

Sind Frauen wirklich das schwächere Geschlecht?

Eines der Vorurteile gegenüber Frauen ist, dass sie das schwächere Geschlecht sind, was nicht stimmt. Die Bibel sagt, sie seien körperlich schwächer (1. Petrus 3,7), aber nirgendwo steht, dass sie in anderen Bereichen schwächer sind. Frauen bekommen Babys, und glauben Sie mir, das kann man gar nicht, wenn man schwach ist.

Ich mag zwar die Hilfe meines Mannes brauchen, um den Deckel eines neuen Majonäseglases aufzubekommen, aber ich habe unglaubliches Durchhaltevermögen, wenn es heißt, an einer Sache bis zum Ende dran zu bleiben. Ich bin nicht schwach und ich bin auch kein Drückeberger. Weigern Sie sich als Frau, sich als das »schwächere Geschlecht« zu sehen.

Lassen Sie sich nicht von dieser falschen Gesinnung vereinnahmen. Sie können schaffen, was immer das Leben von Ihnen fordert.

Die Welt ist voll von allein erziehenden Müttern, deren Ehemänner sie im Stich gelassen haben und die Kinder finanziell nicht unterstützen wollen. Diese Frauen sind in meinen Augen Giganten. Sie arbeiten hart und versuchen, sowohl die Vater- als auch die Mutterrolle im Leben ihrer Kinder zu erfüllen. Sie opfern ihre Zeit, ihr persönliches Vergnügen und alles nur Erdenkliche, weil sie ihre Kinder innig lieben. Sie sind ganz bestimmt nicht schwach.

Männer, die einfach davonlaufen, sollten wissen, dass Stärke nicht davonläuft; Stärke geht bei einem Problem Schritt für Schritt voran und übernimmt Verantwortung.

In den USA gibt es heute mehr als 10 Millionen allein erziehende Mütter mit Kindern unter 18 Jahren. 1970 lag die Zahl bei 3 Millionen, sie hat sich also drastisch erhöht. Es wird geschätzt, dass 34 Prozent aller Familien mit allein erziehenden Müttern unter der Armutsgrenze leben (d. h., weniger als 15.670 US-Dollar im Jahr verdienen)[41]. Ihre größten Sorgen sind viel existentieller als in Familien mit zwei Elternteilen. Sie machen sich Sorgen um eine bezahlbare, gute Betreuung für ihre Kinder, darum, dass das Auto läuft und sie ein sicheres, erschwingliches Haus oder eine Wohnung haben.

Manche Männer denken, dass eine Mutter als Hausfrau den ganzen Tag nichts zu tun hat. Er mag Dinge sagen wie: »Ich habe den ganzen Tag gearbeitet, und was hast du gemacht?« Durch solche Kommentare kann sich eine Frau abgewertet vorkommen, aber sie werden definitiv von unwissenden Männern gemacht. Eine Familie groß zu ziehen, sich um einen Mann zu kümmern und den Haushalt kreativ zu meistern, ist eine Ganztagsbeschäftigung mit unbezahlten Überstunden. Ich applaudiere allen Müttern, die zu Hause bleiben, besonders solchen, die ihre Aufgabe mit Freude tun. Sie sind meine Helden!

Ins Bett gehen

Mama und Papa sahen fern, als Mama sagte: »Ich bin müde und es wird langsam spät. Ich glaub', ich geh ins Bett.« Sie ging in die Küche, um Pausenbrote für den nächsten Tag vorzubereiten, spülte die Schüsseln vom Nachtisch ab, nahm Fleisch aus dem Gefrierfach für das Abendessen am nächsten Tag, sah nach, ob auch noch genug Müsli in den Behältern war, füllte die Zuckerdose nach, legte Löffel und Schälchen auf den Tisch und bereitete die Kaffeemaschine für den nächsten Morgen vor. Dann steckte sie einige nasse Kleidungsstücke in den Trockner, tat eine Ladung Kleidung in die Waschmaschine, bügelte ein Hemd und nähte einen losen Knopf an. Sie sammelte die Spielsteine ein, die auf dem Tisch liegen gelassen wurden und legte das Telefonbuch zurück in die Schublade.

Sie goss die Pflanzen, leerte einen Papierkorb aus und hängte ein Handtuch zum Trocknen auf. Sie gähnte und streckte sich und machte sich in Richtung Schlafzimmer auf. Sie hielt kurz am Schreibtisch an und schrieb eine Notiz für den Lehrer, zählte etwas Bargeld für den Schulausflug ab und zog ein Lehrbuch hervor, das unter dem Stuhl gelegen hatte. Sie unterschrieb eine Geburtstagskarte für eine Freundin, adressierte und frankierte den Umschlag und bereitete noch eine schnelle Einkaufsliste vor. Beides legte sie neben ihre Handtasche.

Dann trug Mama etwas Feuchtigkeitscreme auf ihr Gesicht auf, putzte ihre Zähne, reinigte sie mit Zahnseide und schnitt ihre Nägel. Ihr Männe rief: »Ich dachte, du wolltest ins Bett gehen.« - »Bin schon auf dem Weg«, sagte sie. Sie goss etwas Wasser in die Hundeschüssel und brachte die Katze nach draußen, woraufhin sie kontrollierte, ob die Tür verschlossen war. Sie warf einen kurzen Blick in jedes Zimmer der Kinder und löschte die Bettlampen, hängte ein T-Shirt auf, warf einige schmutzige Socken in den Wäschekorb und unterhielt sich kurz mit einem der Kinder, das noch seine Hausaufgaben machte. In ihrem eigenen Zimmer angelangt, stellte sie den Wecker, legte sich Kleidung für den nächsten Tag zurecht und rückte den Schuhständer gerade. Sie fügte ihrer Aufgabenliste für den nächsten Tag noch drei Dinge hinzu.

Ungefähr zum selben Zeitpunkt schaltete Männe den Fernseher aus und sagte ins Leere hinein: »Ich geh dann mal ins Bett.« Und das tat er auch[42].

Männer haben viele wunderbare Stärken und wie wir bereits in diesem Buch angemerkt haben, gibt es männliche Fähigkeiten, die wir nicht besitzen. Aber eins sind wir wahrhaftig nicht: »das schwächere Geschlecht«.

Die Geschichte ist nicht fair

Niemand wird den Einfluss der Frau im Haushalt und in der Kindererziehung unterschätzen wollen. Nicht »fair« dagegen war die Geschichte darin, als sie die herausragenden Leistungen von Frauen in Bereichen übergangen hat, in denen man normalerweise die Männer als vorherrschend ansieht: Regierung, Politik, Wirtschaft, Religion und Wissenschaft. Männer haben in diesen Fachgebieten Anerkennung bekommen, dabei aber nicht die Frauen erwähnt, die in den Bereichen ebenfalls Erfolg hatten. Sie scheinen verblüfft zu sein, dass eine Frau außerhalb des Hauses etwas zu leisten imstande ist. Das gehört alles zu den Missverständnissen, die klar gestellt werden müssen. In der Geschichte haben Frauen immer wieder Großes vollbracht.

Wir wollen uns einmal zehn Frauen anschauen, die alle menschlichen Erwartungen gesprengt haben. Einige von ihnen sind allgemein bekannt, andere dagegen nicht, aber sie alle haben in ihrer Umgebung einen unglaublichen Beitrag geleistet.

Elizabeth I

Falsches Geschlecht, große Herrscherin - so könnte man das Leben der Queen Elizabeth I von England zusammenfassen. Ihr berühmt-berüchtigter Vater, König Heinrich der Achte, einer der größten Schurken der Geschichte, heiratete achtmal, um einen Jungen zu zeugen, und zeugte aus Versehen eine Große, die nie zu seinem Plan gehört hatte. Elizabeth kam an die Macht, als ihre Schwester Queen Mary, auch »blutige Mary« genannt, weil sie die Protestanten verfolgte, im Jahr 1558 starb. Elizabeths Regierungsepoche (bis 1603) ist als das »Goldene Zeitalter« in der Geschichte bekannt.

Elizabeth hielt ihre Regentschaft aufrecht, indem sie vorgab, an katholischen Heiratssuchenden interessiert zu sein und verhinderte damit, dass der König Spaniens in England einmarschierte. 1588 erkannte König Philip II schließlich, dass er es mit einer Protestantin zu tun hatte und sandte die große Spanische Armada aus, um England ein für alle mal zu bezwingen. Als die Armada näher kam - Augenblicke vor dem großen Befreiungsschlag Englands - sagte Elizabeth zu ihren Truppen in Tillbury: »Ich weiß, dass ich nur den Körper einer schwachen und kläglichen Frau habe, aber ich habe das Herz und den Mumm eines Königs, und dazu noch eines Königs von England, und halte es für einen üblen Spott, dass Parma oder Spanien oder sonst irgendein Prinz Europas es wagen sollte, die Grenzen meines Gebietes zu verletzen.« Zum Ende ihrer Regentschaft sagte sie ihrem Volk: »Obwohl Gott mich hoch erhöht hat, halte ich dies für die Ehre meiner Krone: dass ich mit eurer Liebe regiert habe[43].«

Mir gefällt die Tatsache, dass Queen Elizabeth nicht ihren Köper angesehen hat, von dem sie sagte, er sei schwach und zerbrechlich, sondern auf ihr Herz geblickt hat. Sie ist ihrem Herzen gefolgt und hat ihren Defiziten keine Achtung geschenkt. Gott wird immer die Leute stärken, die ihren Schwächen ins Auge sehen und sagen können: »Ihre werdet mich nicht aufhalten.«

Eleanor Roosevelt

In eine Familie hinein geboren, die politisch aktiv aber in Bezug auf Frauen nicht immer sehr fortschrittlich war, wurde Eleanor Roosevelt (1884-1962) in einem exklusiven Internat unterrichtet, bevor sie 1905 ihren entfernten Cousin Franklin Roosevelt heiratete. In den darauf folgenden Jahren mauserte sie sich zur führenden weiblichen Politikerin ihrer Zeit, obwohl sie nur in ihrer Familie Erfahrung gesammelt hatte. Sie hatte ein Talent in Geschäftsführung, das man einfach

Man kann sich dann nämlich sagen: »Diesen Schrecken habe ich überstanden, dann kann ich auch mit der nächsten Sache umgehen, die auf mich zukommt ...« Man muss tun, was man sich eigentlich nicht zutraut.

nicht bestreiten konnte. Sie bekam fünf Kinder mit Franklin und wurde sofort politisch aktiv, als Roosevelt als Abgeordneter ins New Yorker Unterhaus gewählt wurde. Sie arbeitete für den New Yorker Staatsbund für Wählerinnen und den Frauengewerkschaftsbund, um gesetzliche Mindestgehälter durchzusetzen. Als ihr Mann 1921 an Polio erkrankte, organisierte sie die Zusammenarbeit von Frauen der Demokratischen Partei, um Franklin 1928 zum Gouverneursamt zu verhelfen, und sechs Jahre später auch zum Präsidentenamt. Nach dem Tod ihres Mannes 1945 berief Präsident Truman sie als Abgesandte für die Vereinten Nationen, wo sie die Universelle Menschenrechtserklärung bedeutend mitgestaltete. Eleanor Roosevelt sagte: »Jedes Mal, wenn man der Furcht wirklich ins Auge blickt, gewinnt man an Stärke, Mut und Zuversicht. Man kann sich dann nämlich sagen: ›Diesen Schrecken habe ich überstanden, dann kann ich auch mit der nächsten Sache umgehen, die auf mich zukommt ...‹ Man muss tun, was man sich eigentlich nicht zutraut.« Sie lernte, dass »keiner einen minderwertig fühlen lassen kann, wenn man es nicht selber zulässt[44].«

Eleanor Roosevelt wusste nur zu gut, dass sie zu handeln hatte, auch wenn sie sich fürchtete. »Furcht und los« sollte unsere Devise sein, nicht »furchtlos«. So oft wollen wir die Furcht einfach beiseite tun und sie von uns fern halten, dabei kann Furcht Glauben und Entschlossenheit nicht aufhalten. Wenn Furcht an Ihre Tür klopft, dann antworten Sie mit Glauben. Vielleicht wird Ihr Name dann eines Tages ebenfalls in den Geschichtsbüchern stehen.

Elizabeth Fry

Elizabeth Fry (1780-1845) war eine Predigerin bei den Quäkern und setzte sich für Reformationen im europäischen Justizwesen ein. Als Mutter von zehn Kindern wurde Frau Fry eingeladen, Sozialarbeit in Englands Newgate-Gefängnis zu machen. Sie war mit den Verhältnissen in Gefängnissen nicht vertraut und schrieb, dass sie »halbnackte Frauen« vorfand, die »miteinander kämpften ... mit rauer Gewalt .... Ich fühlte mich in eine Höhle wilder Tiere versetzt.« Frau Fry tat nichts Weltbewegendes, um ihre Reformen ins Leben zu rufen, sondern las den Insassen ihre Bibel vor: »Da saßen sie in respektvoller Stille, alle Augen auf ... die liebenswürdige Dame gerichtet ... niemals zuvor und niemals danach habe ich jemanden lesen gehört, wie Elizabeth es konnte.«

Von solch einfachen Anfängen entwickelte Fry Neuerungen wie die Trennung von Frauen und Männern in Gefängnissen, dass die gewalttätigeren Straffälligen von den weniger gewalttätigen ferngehalten werden und dass man Insassen für nützliche Arbeit einsetzt. Ihr Einfluss reichte bis nach Frankreich und in die britischen Kolonien[45].

Ich bewundere Elizabeth Fry dafür, dass, obwohl sie nichts Weltbewegendes zur Reformation von Gefängnissen tun konnte, sie das unternahm, was ihr möglich war. Der Großteil der Welt unternimmt nie etwas gegen die Gräuel in der Gesellschaft, weil er glaubt, es wäre die Mühen ohnehin nicht wert, und hätte keine Auswirkungen. Elizabeth widerlegt diese Theorie. Wenn Sie das tun, was Sie tun können, wird Gott das tun, was Sie nicht können. Dann öffnen sich Türen, ebnen sich Wege und fließen kreative Ideen. Sie werden auch andere inspirieren, ihr Möglichstes zu tun, und obwohl jeder Einzelne nur wenig vermag, kann man zusammen einen großen Einfluss haben.

Mary McLeod Bethune

Mary McLeod Bethune (1875-1955) war eine der bemerkenswertesten schwarzen Frauen der damaligen Zeit. Sie erlangte einen Abschluss am Moody Bible Institute und eröffnete eine Schule für schwarze Mädchen in Daytona Beach, Florida. Die Schule wechselte später zur Gemeinschaftserziehung für Mädchen und Jungen und Bethune setzte sich immer mehr in der Regierung ein. Von 1935 bis 1944 war sie unter Präsident Franklin Roosevelt eine besondere Beraterin für Minderheitsangelegenheiten. Sie war die erste schwarze Frau, die eine Regierungsbehörde leitete und setzte sich für die Integration von Schwarzen beim Militär ein. Außerdem diente sie bei der Gründungskonferenz der Vereinten Nationen als Beraterin für interrassische Angelegenheiten. Bethune gründete den Nationalen Rat für Schwarze Frauen und war Direktorin der »Negro Affairs« für das Nationale Jugendamt. Sie war das fünfzehnte von insgesamt siebzehn Kindern eines Sklavenpaares und gewann unter Roosevelt uneingeschränkten Zugang zum Weißen Haus[46].

Beachten Sie bitte, dass Mary Bethune die erste Frau war, die eine Regierungsbehörde leitete. Ich bewundere Menschen, die etwas als erste tun, einfach, weil man mehr Widerstand auszuhalten hat als diejenigen, die danach kommen. Sie sind Pioniere: Sie ebnen den Weg und zahlen den Preis für künftige Generationen.

Margaret Thatcher

Margaret Thatcher (geb. 1925) war die erste Frau, die Premierministerin von Großbritannien wurde. Dieses Amt bekleidete sie von 1979 bis 1990, als sie freiwillig abtrat. Kein anderer Premierminister des 20. Jahrhunderts wurde zuvor dreimal wiedergewählt. Thatcher erklomm die politische Leiter ohne große Ermutigung. Sie war die Tochter des Besitzers eines Lebensmittelgeschäfts, der außerdem als methodistischer Laienprediger tätig war. Sie bekam Auszeichnungen in Oxford und machte Abschlüsse in Chemie und Jura. Als sie in der Politik der Torys aktiv wurde, diente sie als Ministerin für Bildung und Wissenschaft. Ihre Leitungsphilosophie beschrieb sie so: »Ohne wirtschaftliche Freiheit kann es keine Freiheit geben ... Mit dem Auslöschen der freien Marktwirtschaft löscht man auch die Freiheit aus.« Auch sagte sie: »Wenn Sie in der Politik wollen, dass etwas gesagt wird, fragen Sie einen Mann. Wenn Sie wollen, dass etwas getan wird, fragen Sie eine Frau[47].«

Mich nerven Menschen, die stolz auf all ihr Wissen und ihre Abschlüsse sind und trotzdem nie etwas Nennenswertes tun. Solche Menschen gehen mir besonders auf die Nerven, wenn sie weniger Gebildete kritisieren, die jedoch große Dinge erreichen.

Eine zuversichtliche Frau mag eine tiefgründige Denkerin sein, aber sie ist auch eine Aktivistin. Sie handelt zum rechten Zeitpunkt. Seien Sie nicht die Art von Frau, die etwas zu Tode denkt. Es gibt eine Zeit zum Denken und eine Zeit zum Handeln, also lernen Sie die beiden zu unterscheiden. Margarat Thatcher hatte einen hellen Kopf und war hoch gebildet, aber sie war auch eine Macherin.

Mary Fairfax Somerville

Mary Fairfax Somerville (1780-1872) absolvierte nicht mehr als ein Jahr an einem Fraueninternat und wird als die größte Wissenschaftlerin ihrer Zeit angesehen. Doch sie musste sich ihre wissenschaftlichen Kenntnisse mit viel Mühe aneignen. Sie war die einzige Tochter eines schottischen Admirals und begann ihr Mathematikstudium mit Euklids *Elementen* und einem Text über Algebra, die sie vom Hauslehrer ihres Bruders bekommen hatte. Von diesen nicht viel versprechenden Anfängen arbeitete sie sich hoch zu den *Prinzipien* von Newton und studierte hernach Botanik, Astronomie, höhere Mathematik und Physik. Für den Großteil des 19. Jahrhunderts wurde ihr Lehrbuch *Mechanism* das Standardwerk in Astronomie, und *Physical Geography* brachte ihr in ganz Europa Anerkennung. Sie wurde zum Ehrenmitglied der Royal Astronomical Society (»Königliche Astronomiegesellschaft«) ernannt[48].

Mary bewies, dass es immer einen Weg für entschlossene Frauen gibt. Sie gab im Angesicht von Schwierigkeiten und scheinbar unüberwindbaren Nachteilen nicht auf. Geben auch Sie Ihre Träume nicht auf. Bleiben Sie dran!

Theodora

Theodora, die Kaiserin des Byzantinischen Reiches (502-548), heiratete Justinian, der von 527 bis 565 regierte. Es war jedoch seine Frau - übrigens eine ehemalige Schauspielerin -, die sich um wichtige Gesetzgebungen kümmerte und die Herrschaft ihres Mannes dadurch rettete, dass sie eine Revolte 532 abwandte. Justinian war schon zur Flucht bereit, da überzeugte Theodora ihn, die Hauptstadt zu verteidigen. Zum Schluss gewann er weitere 30 Jahre Regentschaft, in denen Theodoras Name bei fast allen wichtigen Gesetzen erwähnt wurde, einschließlich dem Verbot weißer Sklaverei und Änderungen im Scheidungsrecht, um Scheidungen humaner für Frauen zu machen. In religiösen Angelegenheiten unterstützte sie stark die Art des christlichen Glaubens, die die Göttlichkeit Christi aufrechterhielt. Nach ihrem Tod 548 erließ ihr Mann praktisch kein wichtiges Gesetz mehr[49].

Ich frage mich, wie viele Männer es wohl gibt, die für die Errungenschaften der großen Frauen hinter ihnen die Anerkennung bekommen haben?

Es heißt, hinter jedem großen Mann stehe eine große Frau. Ich frage mich, wie viele Männer es wohl gibt, die für die Errungenschaften der großen Frauen hinter ihnen die Anerkennung bekommen haben? Wie viele große Erfinder und Urheber waren in Wirklichkeit Frauen, die ihre Patente und Ideen unter den Namen ihrer Männer einreichen mussten? Die Geschichte ist mit Frauen nicht fair umgegangen. Wäre das geschehen, würden unsere Geschichtsbücher voll von großen Frauen sein, die Bemerkenswertes geleistet haben.

Harriet Beecher Stowe

Harriet Beecher Stowe (1811-1896) schrieb den wohl meist verkauften amerikanischen Roman des 19. Jahrhunderts, ein wahrhaft christliches Werk mit dem Titel *Onkel Toms Hütte.*

Als eine Tochter des berühmten Predigers Lyman Beecher entwickelte sie schon früh ein Interesse an Theologie und an der Arbeit für die Verbesserung der Gesellschaft. Der große Beecher-Clan zog nach Cincinnati, wo Lyman die Leitung des Lane Theological Seminary übernahm. Dort bekam Harriet Beecher Kontakt zu entflohenen Sklaven und hörte von Freunden sowie bei persönlichen Reisen, wie es einem Schwarzen in den Südstaaten erging. Als ihr Mann, Calvin Stowe, zum Professor am Bowdoin College in Maine berufen wurde, ermutigte sie eine Schwägerin, doch ein Buch über das Übel der Sklaverei zu schreiben. Der daraus entstandene Klassiker verkaufte sich 300.000 Mal im ersten Jahr, eine damals noch nie da gewesene Verkaufszahl. Später wurde aus dem Buch von G.L. Aiken ein Theaterstück gemacht, das in verschiedenen Teilen Amerikas lange gespielt wurde, sowohl vor als auch nach dem Bürgerkrieg[50].

Während einer Zeit in der Geschichte Amerikas, in der politische und kulturelle Veränderungen im Großen und Ganzen noch zur Männerwelt gehörten, hinterließ Harriet ihre eigenen Spuren als eine der bekanntesten Autorinnen des 19. und 20. Jahrhunderts. Sie stellte sich gegen das damalige irregeführte und falsch informierte Gedankengut über Kultur und Rasse und arbeitete hart dafür, dass Menschen überall - unabhängig von ihrer Hautfarbe - Freiheit erhalten sollten. Ihr wurde sogar noch Größeres angerechnet. Als Präsident Abraham Lincoln sie während des Bürgerkrieges in 1862 traf, soll er angeblich gesagt haben: »Sie also sind die kleine Frau, die jenes Buch geschrieben hat, das diesen großen Krieg angezettelt hat.«

Dorothea Lynde Dix

Dorothea Lynde Dix (1802-1887) rief die größte Reform für psychisch Kranke ins Leben, die es im 19. Jahrhundert gab, sowohl in Amerika als auch in Europa. Ihr Vater war Prediger und alkoholabhängig, und ihrer Mutter ging es nervlich auch nicht gerade gut. Ermutigt von ihrem Verlobten, Edward Bangs, gab sie schon früh Schulunterricht.

Obwohl sie sich entschied, ihn nicht zu heiraten, ja, ihr Leben lang alleinstehend blieb, ermutigte Edward sie weiterhin in ihrem Unterrichten und ihrer Sozialarbeit. Ihre erste Erfahrung mit der Gesundheitsreform entstand durch die Möglichkeit, eine Sonntagsschulklasse in einem Gefängnis in Cambridge, Massachusetts, zu unterrichten. Dort erlebte sie, wie psychisch kranke Menschen in unbeheizten Zellen gehalten wurden, weil »die Geisteskranken weder Hitze noch Kälte verspüren können«. Ihre Reformen machten zunächst in Massachusetts Schlagzeilen, wo ihr von ihrem Freund Bangs und dem Gouverneur, der sie persönlich kannte, geholfen wurde. Von dort aus reiste sie dann durch die östlichen Staaten Amerikas und präsentierte den Gesetzesgebern gut recherchierte Daten, woraufhin dann meistens eine Reform zustande kam. Ein Ergebnis ihrer Recherche, das das Gesundheitswesen in Amerika und Europa beeinflusste, war die Sicht, dass man psychische Erkrankungen erheblich lindern kann, indem man einfach die Lebensbedingungen der Kranken verbessert. Einer Informationsquelle zufolge spielte Dix eine erhebliche Rolle in der Gründung von 32 Anstalten für psychisch Kranke, 15 Sonderschulen, eine Blindenschule und zahlreiche Ausbildungszentren für Krankenschwestern[51].

Alles, was man braucht, um eine entsetzliche Ungerechtigkeit umzustürzen, ist jemand, der sich ihr entgegenstellt. Ferner muss diese Person Durchhaltevermögen haben und sich nicht leicht durch Widerstand besiegen lassen. Dorothea hatte die erforderlichen Charaktereigenschaften. Es ist absolut unglaublich, was eine Frau erreichen kann, wenn sie nur mit Zuversicht an der Sache bleibt, anstatt sich furchtsam zurückzuziehen und anzunehmen, sie sei der Aufgabe nicht gewachsen.

Rosa Parks

Rosa Parks (1913-2005) war die unbekannte Näherin, die die moderne Zivilrechtsbewegung in Amerika auslöste. Am 1. Dezember 1955 weigerte sie sich in Montgomery, Alabama, in den hinteren Teil eines Linienbusses zu wechseln, als ein weißer Mann einstieg und auf einem der vorderen Sitze Platz nehmen wollte. Nicht so bekannt ist die Tatsache, dass dieser Widerstandsakt lange im Voraus von einer Frau geplant wurde, die mit Recht als Urheberin der Zivilrechtsbewegung in die Geschichte einging. In Tuskegee als Rosa Louise McCauley geboren, besuchte Rosa als Elfjährige die Montgomery Wirtschaftsschule für Mädchen, eine Privatschule, die von Frauen aus den Nordstaaten gegründet worden war. Die Schule unterstützte die Philosophie von Rosas Mutter, die glaubte: »Man sollte die Gelegenheiten ausnutzen, egal wie gering sie sind.«

Rosa erzählte außerdem in späteren Interviews, dass ihre lebenslange Vertrautheit mit Furcht sie entschlossen machte und ihr während des Busboykotts, der auf ihre Festnahme und Verurteilung folgte, Mut gab, beim Gericht Einspruch einzulegen. Schon vor dem Busvorkommnis hatte sie an zahlreichen Fällen mit der NAACP zusammen gearbeitet. Als Folge von Parks' Verhaftung boykottierten Schwarze 382 Tage lang das Bussystem, bis man eine Übereinstimmung erreicht hatte. Der Oberste Gerichtshof der Vereinigten Staaten bestimmte außerdem, dass Rassentrennung in Bussen verfassungswidrig sei. Parks war die erste Frau, die den Martin Luther King Gewaltlosigkeits-Friedenspreis erhielt[52].

Rosas Leben zeigt uns, dass andere Leute, die denselben Wunsch hegen, folgen werden, wenn eine Person mutig genug ist, aufzustehen und ein Problem anzugehen. Rose wollte einfach nicht in Furcht leben. Sie war entschlossen, das zu bekommen, was ihr rechtmäßig zustand, und ihre Entschlossenheit löste eine Regierungsreform für alle aus.

In Anbetracht der Zeugnisse, die wir gerade gelesen haben, würde ich sagen, dass die Frau definitiv nicht »das schwächere

Geschlecht« ist. Der Beitrag von Frauen in der Welt ist außerordentlich und kann nicht länger beiseite geschoben werden.

Der Unterschied zwischen Männern und Frauen - Schwäche ist nicht das Thema

Gott hat Männer und Frauen unterschiedlich gemacht - in vielerlei Hinsicht -, wobei die Muskelmasse nur einer dieser Unterschiede ist. Obwohl Männer physisch meist stärker sind als Frauen, macht das die Frauen noch lange nicht zum »schwächeren Geschlecht«. Man darf das nicht auf die Intelligenz oder Gefühle beziehen, und wir sollten uns gegen solche Ansätze wehren!

Ob Sie nun verheiratet oder alleinstehend sind, Sie werden Männern immer wieder begegnen und mit Ihnen auskommen müssen. Ich glaube, für unseren Zuversichtsgrad als Frau ist es wichtig, uns selbst und die Unterschiede zwischen uns und dem Mann zu verstehen. Wir sollten dabei nicht vergessen, dass die Unterschiede uns weder besser noch schlechter machen, sondern einfach anders. Wenn wir die Unterschiede erst einmal akzeptiert haben, können wir die guten Seiten beider Geschlechter verstehen und schätzen.

Beginnen wir mit den physischen Unterschieden. Der Herzschlag der Frau ist schneller. Die Gehirnmasse des Mannes ist größer, das Frauengehirn beinhaltet aber mehr Neuronen. Bei identischen Aufgaben leuchten bei der Hirnforschung im Männer- und Frauengehirn jeweils unterschiedliche Gehirnteile auf. Selbst die sichtbare Alterungsrate ist bei Männern und Frauen unterschiedlich[53].

In seinem Erfolgsbuch *Love and Respect* weist Dr. Emerson Eggerichs darauf hin, dass der offensichtliche Unterschied zwischen Männern und Frauen schon durch einen Blick in den Kleiderschrank offenbar wird. Eggerichs schreibt über ein Paar, das sich für den Tag anzieht:

Sie sagt: »Ich habe nichts anzuziehen.« (Sie meint damit, sie hat nichts Neues.)

Er sagt: »Ich habe nichts anzuziehen.« (Er meint damit, er hat nichts Sauberes[54].)

Einige Frauen sehen sich gegenüber Männern in einem derartigen Konkurrenzkampf, dass sie vergessen, wie man eine Frau ist. Vor kurzem machte mir ein Prediger, für den ich außerordentliche Hochachtung hege, ein wunderbares Kompliment. Er sagte: »Joyce, du bist eine Frau im Dienst, die ihr Frau sein nicht verlernt hat. Du versuchst nicht, dich wie ein Mann zu benehmen oder wie einer zu predigen.« Er meinte weiterhin, dass er fand, ich sei zwar stark, aber weiblich, was er bewunderte. Er erzählte mir, er habe in seinen Jahren im Dienst und in der Gemeindeleitung viele Frauen im vollzeitlichen Dienst versagen sehen, weil sie versuchten, sich wie Männer zu benehmen, wodurch sie sich unbeliebt machten und Ablehnung erfuhren.

Wir haben bestimmt alle schon einmal den Spruch gehört: »Es ist eine Männerwelt, und wenn man irgendetwas in dieser Welt möchte, muss man darum kämpfen.« Ich entscheide mich zu glauben, dass dies auch meine Welt ist und ich nicht kämpfen muss - ich vertraue auf Gottes Hilfe, um mein Potenzial erfüllen zu können. Ich muss mich nicht im Konkurrenzkampf gegen einen Mann und seine Stellung messen, denn ich habe meine eigene Stellung, in der ich mich wohl fühle. Mir gefällt mein Frau sein; ich möchte gar kein Mann sein. Allerdings gibt es schon den einen oder anderen Morgen, da wünschte ich mir, ich könnte mir einfach meine Haare kämmen und mich rasieren und müsste nicht mein Hautpflegeprogramm durchziehen, mein Make-up auftragen, Locken in meine Haare drehen, meine Augenbrauen bürsten und drei Ausstattungen anprobieren, bevor ich mich nach draußen traue.

Ich muss mich nicht im Konkurrenzkampf gegen einen Mann und seine Stellung messen, denn ich habe meine eigene Stellung, in der ich mich wohl fühle.

Die Bibel sagt, dass Leute aus Mangel an Erkenntnis umkommen (Hosea 4,6). Ehen, Freundschaften und Geschäftsbeziehungen, so glaube ich, zerbrechen, weil Männer und Frauen die Unterschiede nicht verstehen, die uns einzigartig machen. In unserem Stolz halten wir uns selbst für glänzende Beispiele dafür, was richtig ist, und wir erwarten von allen anderen, sich so wie wir zu verhalten und unseren Geschmack zu teilen. Das ist jedoch eine Wunschvorstellung, nicht die Realität.

Ein Mann sagte einmal: »Ich werde Frauen jedenfalls nie verstehen. Ich werde nie verstehen, warum sie kochend heißes Wachs nehmen, es sich auf ihre Oberlippe gießen und die Haare samt Wurzel herausreißen, und trotzdem Angst vor Spinnen haben können.«

Wir wollen uns noch einige weitere Bereiche anschauen, in denen sich Männer und Frauen unterscheiden:

Frauen geben ungefragt Ratschläge und Richtungsweisungen, wobei Männer die Ratschläge meist nicht gut annehmen. Die Frau hält sich selbst einfach für hilfsbereit, der Mann versteht das jedoch als mangelndes Vertrauen in seine Fähigkeit, richtige Entscheidungen treffen zu können.

Wenn eine Frau mit einem Mann nicht übereinstimmt, kommt das bei ihm als Missfallen an, wodurch sein Verteidigungsmechanismus aktiviert wird. Männer wünschen sich nur dann Rat, wenn sie selbst bereits alles ausprobiert haben. Durch zu eiligen oder zu häufigen Rat verliert er sein Kraftgefühl. Dadurch kann er faul oder unsicher werden.

Männer werden dadurch motiviert und bekräftigt, wenn sie spüren, dass man sie benötigt. Frauen werden motiviert, wenn sie spüren, dass man sich um sie sorgt.

Männer sind visuell ausgerichtete Geschöpfe. Wenn sich in ihrem Kopf ein Bild erst einmal festgesetzt hat, werden sie es nur schwer wieder los. Frauen erinnern dagegen eher Emotionen und wie sie sich wegen etwas fühlten.

Männer verziehen sich gerne in ihre Höhle, um dort darüber zu grübeln, was sie beschwert, während Frauen darüber reden wollen, was sie beschwert.

Einer Umfrage zufolge sagten mehr als 80 Prozent der Männer - also vier von fünf -, dass sie sich in einer Auseinandersetzung nicht respektiert fühlen. Frauen fühlen sich dagegen in solch einer Situation ungeliebt[55].

Da die Stimmbänder einer Frau kürzer sind als die eines Mannes, kann sie buchstäblich mit weniger Mühe sprechen als er. Kürzere Stimmbänder machen die Stimme einer Frau nicht nur höher, sondern brauchen bei Reizung auch weniger Luft, wodurch sie mit weniger Kraftverbrauch mehr reden kann[56].

Kommunikations-Experten sagen, eine Frau gebrauche im Durchschnitt 25.000 Worte am Tag, während der Durchschnitt beim Mann bei etwas über 10.000 liegt. Ein Geschäftsführer sagte einmal: »Das Problem ist, wenn ich nach Hause kommen, habe ich bereits meine 10.000 Worte gesagt und meine Frau hat noch nicht einmal angefangen.«

Männer finden nicht, dass sie unbedingt über alles reden müssten, während Frauen meistens über alles und noch darüber hinaus reden. Das habe ich in meiner eigenen Ehe beobachtet, wenn ich mich nicht gut fühle oder einen Virus habe. Natürlich sage ich es sofort meinem Mann, Dave, wenn ich mich nicht gut fühle, und da hat es mich manchmal überrascht - während ich einen detaillierten Bericht über alle meine Symptome abgab -, dass er denselben Virus schon vor einer Woche hatte und kein einziges Wort darüber verloren hatte.

Wenn ein Mann und eine Frau eine Auseinandersetzung hatten und der Mann sich wieder versöhnen will, wartet die Frau darauf, dass der Mann anfängt, darüber zu reden, was ihn so aufgebracht hatte. Dabei braucht er gar nicht über seine aufgebrachten Gefühle sprechen, da er nun ja nicht mehr aufgebracht ist. Er möchte es einfach vergessen und weiter machen, sie möchte dagegen darüber sprechen und eine Liste aufstellen, wie sie in Zukunft solch eine Situation vermeiden können.

Bevor ich eines Besseren belehrt wurde, wollte ich immer auf den Grund des Problems oder Streits kommen, und Dave sagte einfach: »Das gehört einfach zum Leben dazu.«

Männer sind einfach ... Frauen sind nicht einfach und nehmen immer an, Männer seien genauso kompliziert und knifflig gestrickt wie sie selbst. Aber Männer denken nun einmal nicht ständig so tiefgründig wie Frauen. Sie sind einfach das, was sie zu sein scheinen.

Ich erinnere mich noch, wie ich einmal über Dave frustriert war und ihm sagte, wir sollten tiefgründigere Gespräche haben. Ich gab zu verstehen, dass ich es satt hatte, mich ohne Tiefe und Bedeutsamkeit mit ihm zu unterhalten. Er blickte ziemlich verwirrt drein und fragte, was um alles in der Welt ich meine. Dann sagte er: »Tiefer geht's bei mir nicht.«

Während ich schon immer gründlich denken wollte und total gerne über alle Möglichkeiten einer Situation rede und rede und rede, sieht Dave die Sache immer ganz einfach und sagt nur: »Wir werden schon sehen, was passiert.«

Frauen wollen geliebt, respektiert, geschätzt, gelobt, gehört werden; man soll ihnen vertrauen und sie manchmal auch einfach in den Arm nehmen. Männer wollen Tickets fürs Fußballspiel.

Frauen wollen Zuneigung, Männer wollen Sex.

Die meisten Frauen weinen durchschnittlich fünfmal im Monat. Ich habe meinen Mann in 40 Jahren nicht fünfmal weinen sehen. Frauen sind einfach emotionaler als Männer. Männer sind sehr logisch.

Verständnis ändert alles. So ist mein Mann zum Beispiel sehr beschützend mir gegenüber und sagt mir ständig, wie ich Dinge zu tun habe, damit ich mich nicht verletze. Bevor ich verstand, warum er mir zu allem Anweisungen gab - angefangen damit, wie man aus der Badewanne steigt bis hin dazu, wie man die Treppe heruntersteigt -, nahm ich an, er hielte mich für dumm. Ich sagte oft: »Du brauchst mir das nicht zu sagen, ich bin doch nicht blöd.« Dann sah er verletzt aus und meinte: »Ich wollte ja nur helfen.«

Jetzt, da ich es verstehe, fühle ich mich durch sein Handeln umsorgt. Die Bibel ermutigt uns, Verständnis zu suchen. Lesen Sie ein paar gute Bücher über die Unterschiede zwischen Mann und Frau, sowie eins über verschiedene Charaktertypen. Sie werden dadurch Einsicht und Verständnis gewinnen, durch die Sie Tausende von Auseinandersetzungen und Missverständnisse vermeiden können.

Kapitel 10

Schritte zur Unabhängigkeit

Mehrere Studien haben ergeben, dass Frauen eher zur Abhängigkeit von anderen neigen als Männer und schwerer ihre Unabhängigkeit etablieren. Frauen sind deswegen nicht von Natur aus schwächer und abhängiger, sondern ihre Erziehung ist nicht so ausgeglichen gewesen, wie sie hätte sein sollen.

Heranwachsende Mädchen verbringen meist mehr Zeit mit ihren Müttern als mit ihren Vätern. Ein Junge merkt, dass er anders als seine Mutter ist und grenzt sich deswegen ein Stück weit von ihr ab. Seine Männlichkeit definiert er durch Trennung. Das heißt nicht, dass er von seiner Mutter weggeht, sie nicht länger braucht oder von ihr nicht abhängig ist, aber allgemein sucht er seine eigene Identität und Individualität. Ein Mädchen hat dieses Bedürfnis nicht und bleibt deswegen eng mit ihrer Mutter verbunden.

Einigen Müttern fällt es enorm schwer, ihre Söhne die eigene Identität finden zu lassen. Sie spüren, wie die Söhne sich von ihnen zurückziehen und das macht ihnen Angst. Wenn es einer Mutter gelingt, diese gesunde Trennung in ihrem Sohn zu verhindern, kann es - und tut es meist auch - später in seinem Leben starke Probleme verursachen.

Diese Fakten beeinflussen die Art, wie wir als Erwachsene Probleme bewältigen. Männern fällt Unabhängigkeit leicht; sie sind aber nicht die Besten, was Beziehungen angeht. Frauen sind meist besser in Beziehungen, tun sich aber mit Unabhängigkeit schwer.

Sechsmal so viele Frauen wie Männer leiden an Depressionen und 70 Prozent aller Psychopharmaka werden von Frauen eingenommen.

Maggie Scarf begründet das folgendermaßen:

»Frauen sind statistisch gesehen depressiver, weil ihnen beigebracht wurde, abhängiger zu sein und mehr nach Zuneigung zu trachten, wodurch sie nur selten ein unabhängiges Selbstbild entwickeln. Die höchste Priorität einer Frau liegt in der Zustimmung anderer: anderen gegenüber attraktiv zu sein, umsorgt zu werden und sich um andere zu sorgen. Frauen bekommen es richtig eingeflösst, nicht zu denken: »Was möchte ich?«, sondern: »Was möchten die anderen?« Dadurch können sie in der Gefahr stehen, sich in ihren Mitmenschen zu verlieren und nicht zu erkennen, dass auch sie Individuen mit Rechten und Bedürfnissen sind und sie sich unabhängig machen sollten[57].«

Erst einmal möchte ich jedoch deutlich machen, was ich mit Unabhängigkeit meine. Wir sollten nie unabhängig von Gott sein. Wie ich mehrfach gesagt habe, können wir ohne ihn nichts richtig tun, weshalb wir jederzeit und in allem von ihm abhängig sein sollten.

Denn aus ihm und durch ihn und zu ihm hin sind alle Dinge. [Denn alle Dinge haben ihren Ursprung in ihm und kommen von ihm; alles lebt durch ihn, dreht sich um ihn, wird in ihm vollendet und findet sein Ziel in ihm.] Ihm sei die Herrlichkeit in Ewigkeit! Amen (so sei es). (Römer 11,36)

Ich habe über diese Bibelstelle lange nachgedacht und ich denke, sie zeigt deutlich, was ich sagen möchte. Gott ist alles und ohne ihn sind wir nichts.

Gott und Menschen zu benötigen, ist kein Zeichen von Schwäche. Wir können gleichzeitig abhängig und unabhängig sein. Bruce Wilkinson sagte einmal: »Gottes Kraft unter uns, in uns, durch uns fließend - das macht aus Abhängigkeit unvergessliche Erlebnisse des ›ganz‹ seins.« Wir können uns ›ganz‹ fühlen, wenn wir unsere Abhängigkeit gegenüber dem himmlischen Vater anerkennen.

Ich glaube, Frauen haben das Bedürfnis, sich sicher und umsorgt zu fühlen und ich glaube nicht, dass daran etwas verkehrt ist. Mein Mann kümmert sich sehr gut um mich und ich mag das. Er ist beschützend und sorgt immer für meine Sicherheit. Der Unterschied zwischen mir und einer Frau, deren Leben in diesem Bereich vielleicht nicht ausgewogen ist, besteht darin, dass ich zwar Daves Aufmerksamkeit genieße, aber auch weiß: Ich kann mich um mich selbst kümmern, wenn ich muss. Obwohl ich von ihm zu Recht abhängig bin, nimmt meine Abhängigkeit nicht das Ausmaß einer Behinderung an.

Wir sollten nach einer ausgeglichenen Unabhängigkeit trachten, worunter ich verstehe, Gott und Menschen vertrauen zu können und von ihnen abhängig zu sein, aber gleichzeitig an meiner individuellen Identität zu arbeiten. Die Bibel lehrt, dass wir der Struktur dieser Welt nicht gleichförmig sein sollen (Römer 12,2). Jeder hat eine andere Vorstellung davon, was wir sein sollten. Um eine ausgeglichene Unabhängigkeit zu gewinnen, gibt es ein paar Dinge zu tun:

1. Reißen Sie sich von den Erwartungen anderer Menschen los

Lassen Sie Ihre Werte und Verhaltensweisen nicht von Ihren Mitmenschen bestimmen. Scheinbar hegt jeder etwas unterschiedliche Erwartungen, aber sie haben alle eines gemeinsam: Sie wollen, dass wir sie glücklich machen und ihnen ihre Wünsche erfüllen.

Oft sind die Erwartungen, die Leute an uns haben und die wir annehmen, unrealistisch. Wenn Sie Zuversicht ha-

Es wurde statistisch belegt, dass 10 Prozent der Leute Sie nie mögen werden, also hören Sie damit auf, für jeden perfekt sein zu wollen, und feiern Sie lieber Ihr individuelles Selbst.

ben wollen, dann sollten Sie nicht länger versuchen, eine »Superfrau« zu sein. Erkennen Sie Ihre Begrenztheit. Sie können die Leute nicht immer glücklich machen.

Es wurde statistisch belegt, dass 10 Prozent der Leute Sie nie mögen werden, also hören Sie damit auf, für jeden perfekt sein zu wollen, und feiern Sie lieber Ihr individuelles Selbst. Jemand, der unabhängig zu leben weiß, lässt sich die eigene Stimmung nicht von der Stimmung anderer Menschen vermiesen. Es gibt eine Geschichte über einen Quäker, der unabhängig zu leben wusste - als jene wertvolle Person, die Gott geschaffen hat. Als er eines Abends zusammen mit einem Freund die Straße entlangging, hielt er an einem Zeitungsstand an, um sich die Abendzeitung zu kaufen. Der Verkäufer war mürrisch, grob und unfreundlich. Der Quäker aber behandelte ihn respektvoll und ging überhaupt sehr zuvorkommend mit ihm um. Er bezahlte seine Zeitung und ging mit seinem Freund weiter die Straße entlang. Da fragte ihn der Freund: »Wie konntest du so freundlich zu ihm sein? Der ist doch schrecklich mit dir umgesprungen.« Der Quäker antwortete: »Ach, der ist immer so. Warum sollte ich mir mein Verhalten von ihm diktieren lassen?«

Das gehört auch zu den erstaunlichen Merkmalen Jesu. Er war immer gleich. Er veränderte Menschen, ließ sich selbst aber nicht von ihnen verändern.

Wenn ein unglücklicher Mensch Sie einfach nicht unglücklich machen kann, beginnt er Sie zu respektieren und zu bewundern. Er merkt, dass etwas an Ihrem Christentum dran ist und mag hören wollen, was Sie zu sagen haben.

Selbst Leute, die versuchen, Sie zu beherrschen, werden Sie verachten, wenn Sie das zulassen. Seien Sie doch eine eigenständige Person. Tun Sie, was Gott von Ihnen erwartet und leben Sie nicht unter der Tyrannei der Erwartungen anderer Menschen.

2. Lernen Sie mit Kritik umzugehen

Ganz gleich, was Sie im Leben tun, irgendjemand wird Sie kritisieren. Sie müssen mit Kritik umgehen lernen und sich nicht davon belasten lassen. Kritik ist für fast alle sehr schwierig zu handhaben. Eine kritische Bemerkung kann schon ausreichen, um das Selbstbild einer Person zu schädigen. Jeder große Mann, jede große Frau hat lernen müssen, mit Kritik umzugehen. Margaret Thatcher sagte einmal, wenn ihre Kritiker sie an der Themse entlang spazieren sähen, würden sie sagen, sie täte es, weil sie nicht schwimmen kann. Der Schauspieler Dustin Hoffman hielt eine positive Bewertung von seinen Kritikern einfach für eine »aufgeschobene Hinrichtung«. Wir müssen unsere eigenen Herzen kennen und uns nicht von anderen richten lassen. Wie viele andere große Leute musste auch der Apostel Paulus viel Kritik ertragen. Er erlebte das Gleiche wie wir, nämlich, dass Menschen launisch sind. Sie lieben einen, wenn man alles so macht, wie sie es wollen, greifen jedoch schnell zur Kritik, wenn eine Sache mal nicht richtig läuft. Paulus sagte, dass ihn das Urteil anderer nicht im Geringsten kümmere. Ja, er erlaubte sich noch nicht einmal die Urteilsgewalt über sich selbst. Er wusste: Er ist in Gottes Hand und wird am Ende vor Gott stehen und für sich und sein Leben Rechenschaft ablegen müssen. Nicht vor einem Menschen wird er stehen und gerichtet werden (1. Korinther 4,3-4).

Manchmal werden gerade jene Menschen am meisten kritisiert, die etwas Konstruktives mit ihrem Leben anstellen wollen. Es erstaunt mich, wie Leute, die nichts tun, die kritisieren, die etwas tun. Ich mache bestimmt nicht immer alles richtig, aber zumindest versuche ich die Welt zu verändern und verletzten Menschen zu helfen. Ich glaube, das gefällt Gott! Nachdem ich viele Jahre lang unter der Kritik von Menschen litt und versuchte, ihre Zustimmung zu bekommen, habe ich mich schließlich entschieden, dass es genügt, wenn Gott mit mir zufrieden ist.

Jedes Mal, wenn Sie jemand kritisiert, sagen Sie sich selbst doch etwas Positives. Stehen Sie nicht einfach da und lassen sich von anderen alles über den Kopf schütten. Machen Sie sich unabhängig! Bewahren Sie sich Ihre Haltung über sich selbst und werden Sie nicht von Kritik besiegt. Sehen Sie Kritik am besten so, wie Winston Churchill es tat. Während seines letzten Regierungsjahres wohnte er einer offiziellen Zeremonie bei. Ein paar Reihen hinter ihm flüsterten zwei Herren miteinander: »Das ist Winston Churchill.« - »Man sagt, er verkalkt langsam.« - »Man sagt auch, er solle abtreten und das Land von dynamischeren und fähigeren Männern führen lassen.«

Als die Zeremonie vorbei war, wandte sich Churchill an die beiden Männer und sagte: »Meine Herren, man sagt auch, er sei taub![58].«

3. Hauen Sie mal richtig auf die Tonne

Ich denke, es wäre gut, wenn Sie ab und zu (oder vielleicht öfter) etwas tun, was andere Leute (und vielleicht sogar Sie selbst) für völlig verrückt halten. Sprengen Sie die Erwartungen der Leute. Dadurch bleibt Ihr Leben interessant und es hält andere Leute davon ab, Sie in eine hübsche kleine Schublade zu stecken, die sie selbst gebastelt haben.

Eine großartige 76-Jährige sagte einmal, es sei ihr Ziel, jede Woche etwas Verrücktes zu tun. Leute langweilen sich, weil ihr Leben vorhersagbar wird. Eine amerikanische Statistik fand kürzlich heraus, dass 55 Prozent aller Angestellten bei der Arbeit »nicht wirklich dabei« sind[59]. Mit anderen Worten, sie erscheinen zwar am Arbeitsplatz, haben aber kein echtes Interesse daran, überhaupt da zu sein.

Wir wurden von Gott nicht dazu geschaffen, das Gleiche einfach immer und immer wieder zu tun, bis es alle Bedeutung verloren hat. Gott ist kreativ. Wenn Sie das nicht glauben, dann schauen Sie sich doch einmal um. All die Tiere, Insekten, Pflanzen, Vögel, Bäume und dergleichen hauen einen doch völlig vom Hocker. Sonne, Mond und Sterne, Planeten, Raum und Anziehungskraft - die alle von Gott geschaffen wurden - sind gar nicht richtig zu begreifen. Wir könnten uns buchstäblich ewig über die unendliche Vielfalt unterhalten, die Gott geschaffen hat. Für den Fall, dass Sie es noch nicht bemerkt haben: Gott ist ziemlich verrückt und bringt unser Leben des Öfteren mal durcheinander. Er ist immer für eine Überraschung gut und trotzdem völlig verlässlich. Da können wir eine Menge von Gott lernen!

Ich möchte nicht, dass Leute denken, sie würden mich durch und durch kennen, und obwohl ich auf jeden Fall verlässlich und treu sein will, möchte ich nicht immer vorhersagbar sein. Manchmal komme ich mir selbst langweilig vor und dann muss ich beten und Gott um kreative Ideen bitten, um mein Leben ein bisschen aufzurütteln und mich auf Draht zu halten.

Einmal richtig auf die Tonne zu hauen, kann Verschiedenes für verschiedene Leute bedeuten. Für den einen mag es bedeuten, den Mount Everest zu ersteigen und für den anderen, seinen Kleidungsstil zu ändern. Mir hat schon immer ein bestimmter Kleidungsstil gefallen: viel Glanz und ziemlich extravagant. Meine Kinder haben sich bemüht, mich der ändernden Mode anzupassen, aber lange Zeit habe ich mich dem fest widersetzt. Sie sagten immer wieder: »Komm, Mama, nun sei mal ein bisschen moderner.« Zunächst sagte ich ihnen: »Ich kann mich so nicht anziehen, immerhin bin ich 62.« Dann sagte mir Gott, ich solle keine Entscheidung aufgrund meines Alters treffen und da dachte ich mir, tue ich doch einfach etwas Verrücktes, etwas völlig Unerwartetes: Ich ändere meinen Kleidungsstil. Meine Kinder schafften es, mich zu überzeugen, dass ich, nur weil ich in den 60ern war, mich nicht auch so anziehen müsse. Sie wollten, dass ich mir Jeans und Stiefel anziehe und einen Gürtel um meine Hüfte hängen ließ. Eines Tages entschied ich mich, sie zu schockieren, und so änderte ich meine Garderobe. Ich segnete viele Menschen mit meinen extravaganten Sachen und holte mir etwas Moderneres. Ich habe mich entschieden, mich ab jetzt der Mode gemäß zu kleiden, egal wie alt ich bin.

Mein jüngster Sohn, Danny, war sogar richtig begeistert, als wir eine gemeinsame Konferenz mit der sehr populären christlichen Band Delirious veranstalteten und ich mich nach viel Zuspruch entschied, an dem Abend ein nettes Jeans-Outfit zu tragen. Um ehrlich zu sein, fand an dem Abend der größte Altarruf statt, den ich je in den Vereinigten Staaten hatte. Seitdem erinnert mich mein Sohn daran, dass Jeans den Fluss von Gottes Kraft nicht aufhalten.

Verfallen Sie nicht immer in den gleichen Trott, der nur in ein bodenloses Grab führt. Halten Sie sich das Leben frisch und aufregend, indem Sie auch einmal etwas Verrücktes ausprobieren – nicht etwas Dummes, aber etwas kreativ Verrücktes, das ungewöhnlich für Sie ist.

4. Bilden Sie sich Ihre eigene Meinung

Meinungen sind äußerst interessant, weil sie so verschieden sind. Sie haben ein Recht auf Ihre Meinung, doch deswegen brauchen Sie diese nicht immer gleich allen mitzuteilen. Meistens wollen die Leute unsere Meinung gar nicht hören, und selbst wenn sie danach fragen, möchten sie gerne Übereinstimmung finden. Weisheit ist, zu wissen, wann man zu schweigen und wann man zu reden hat.

Obwohl wir weise im Umgang mit unseren Meinungsäußerungen sein sollten, sollten wir der Versuchung widerstehen, die öffentliche Meinung anzunehmen, einfach, weil sie populär ist. Sie sollten wissen, was Sie glauben und warum Sie es glauben!

Unser jüngster Sohn, Danny, sagte seinem Vater und mir eines Tages über seinen Glauben: »Ich weiß nicht, ob ich glaube, was ich glaube, weil ich es glaube oder weil ihr es glaubt.« Ein Kind, das in einer christlichen Familie aufwächst, die dazu noch im vollzeitlichen Dienst steht, kann leicht in den Glauben eingepfropft werden, ohne sich dabei sicher zu sein, ob das aus dem eigenen Willen heraus geschieht oder weil alle anderen es so wollen. Glücklicherweise haben Dave und ich erkannt, dass diese Phase in Dannys Leben nicht nur normal, sondern sogar gesund war. Ich möchte nicht, dass meine Kinder einfach meinen Glauben haben; sie sollen ihren eigenen Glauben haben. Er machte eine Zeit des inneren Suchens durch, zog sich etwas zurück und erlangte schließlich eine Stellung, in der er wusste, was er glaubte und begriff, warum er es glaubte.

Eltern sollten keine Angst davor haben, ihre Kinder alleine erforschen und entdecken zu lassen, was sie glauben. Sich von den Eltern zu trennen und seine eigene Identität aufzubauen, gehört zur Erlangung der Selbständigkeit dazu.

Alle unsere Kinder arbeiten mit uns, was sich nicht gerade nach Trennung anhört. Aber in Wirklichkeit sind sie alle eigenständige Individuen. Eine gesunde Trennung von den Eltern ist nicht schlecht, sondern gut.

Viel zu viele Kinder verbringen ihr ganzes Leben im Schatten ihrer Eltern, was kein gesunder Platz ist. Die Schauspielerin Marlo Thomas war darüber besorgt, mit ihrem Vater, dem Schauspieler Danny Thomas, verglichen zu werden. Könnte sie je so witzig oder gut wie er sein? Aber ihr Vater gab ihr gleich eine Starthilfe. Er sagte ihr, sie sei ein Vollblutpferd, und Vollblutpferde geben nie Acht auf andere Pferde, sondern laufen einfach das Rennen. Kurz vor ihrem ersten Bühnenauftritt in *Summer Stock* bekam sie ein Packet von ihrem Vater. Es enthielt Scheuklappen für Pferde und eine Notiz, auf der stand: »Lauf' dein eigenes Rennen, Kleines!«

5. Seien Sie kein falscher Fünfziger

Leuten gefallen zu wollen ist nicht unbedingt unnormal, doch oftmals *können* wir gar nicht so sein, wie Leute uns gerne hätten. Allerdings treffen dann viele Menschen die falsche Entscheidung, nämlich etwas vorzutäuschen. Wie jemand mir einmal sagte: »I'll just fake it until I make it« - »Ich werd' so tun, als ob ..., bis ich es kann.«. In dem Fall sind Sie sich selbst aber nicht treu, und das sollten Sie unbedingt vermeiden. Jesus hat die Heuchler, Täuscher und Schwindler nicht gerade geschätzt. Selbst wenn Ihr jetziger Zustand nicht dem entspricht, was Sie sein sollten - seien Sie zumindest echt.

Geben Sie nicht Ihr ganzes Leben lang vor, Sie würden Dinge

mögen , die Sie eigentlich gar nicht ausstehen können. Seien Sie nicht ständig mit Leuten zusammen, deren Gesellschaft Ihnen überhaupt nicht gefällt, und tun so, als ob es der Fall sei. Eines Tages rief ich einmal einen Pastor an und bat ihn um Rat, ob ich eine Angestellte gehen lassen sollte. Ich wollte das Richtige tun, aber obwohl ich es mehrere Jahre lang versucht hatte, konnte ich einfach nicht mit ihr zusammen sein und dabei Freude haben. Ich glaube nicht, dass mit einem von uns etwas nicht stimmte; wir waren einfach nicht für einander geschaffen. Wir waren beide ausgeprägte Persönlichkeiten und obwohl ich der »Boss« war und sie sich meinen Wünschen fügen musste, konnte ich immer ihren inneren Kampf spüren, wenn ihr nicht gefiel, was ich tat – und das war meistens der Fall. Dann sagte der befreundete Pastor etwas, das ich als echte Befreiung erlebt habe. Er sagte: »Joyce, ich habe endlich den Entschluss gefasst, dass ich zu alt und schon zu lange dabei bin, um den Rest meines Lebens mit Menschen zusammenzuarbeiten, die ich nicht mag, aber so tun muss, als täte ich es.«

Einige Menschen mögen solches Gedankengut für sehr »unchristlich« halten, dabei ist das gar nicht der Fall. Jesus hat gesagt, wir sollen jeden lieben, aber er hat nicht gesagt, wir müssten es lieben, mit jedem zusammen zu sein. Es gibt Menschen, denen wir begegnen, mit denen wir einfach nicht zusammen passen. Unsere Persönlichkeiten mischen sich nicht gut und funktionieren einfach nicht gut miteinander. Wir können um Gottes Kraft bitten und uns angemessen verhalten, wenn wir zusammen sein müssen, aber eine tägliche, enge Arbeitsbeziehung aufzubauen, ist nicht sehr ratsam. Ich änderte einige Dinge, wovon wir beide profitierten. Sie durfte in einem anderen Bereich tätig sein, der ihr viel mehr Spaß machte, und ich musste nicht länger tun, als sei ich mit einer Situation glücklich, mit der ich in Wirklichkeit gar nicht glücklich war.

Traurigerweise ist die Welt voller falscher Fünfziger. Leute tun, als seien sie glücklich, obwohl es ihnen mies geht; versuchen Arbeiten zu tun, obwohl sie ihnen über den Kopf gewachsen sind, einfach, weil sie sich dazu verpflichtet fühlen, um bewundert zu werden oder einen bestimmten Ruf bei Menschen aufrecht zu erhalten. Die Leute tragen verschiedenste Masken und sind sogar ziemlich geübt darin, sie je nach Anforderung auszuwechseln. Ich glaube, sich selbst nicht treu zu sein, raubt unsere Freude mehr als vieles andere. Ralph Waldo Emerson wies darauf hin: »Man selbst zu sein, und das in einer Welt, die ständig etwas anderes aus einem machen möchte, ist die größte Leistung, die es gibt.« Denken Sie immer daran: Um sich Unabhängigkeit zu schaffen, dürfen Sie kein falscher Fünfziger sein. Seien Sie sich selbst treu!

Ich glaube, sich selbst nicht treu zu sein, raubt unsere Freude mehr als vieles andere.

6. Wenn nötig, sagen Sie »Nein!«

Wer ständig ja zu jedem sagt, kann sich auf etwas gefasst machen. Wenn Leute Sie um einen Gefallen bitten, werden sie ganz bestimmt nicht mit einem »Nein« zufrieden sein. Aber früher oder später müssen Sie sich entscheiden, ob Sie Ihr Leben lang andere zufrieden stellen wollen und dabei Ihre eigene Zufriedenheit aufopfern möchten.

Natürlich sollte es Zeiten geben, in denen wir anderen einen Gefallen tun, einfach, um sie glücklich zu machen, selbst wenn wir das, was sie wollen eigentlich nicht so gerne tun. *Ständig* so zu leben, ist jedoch nicht gesund - emotional nicht und auch sonst nicht.

Die Country-Sängerin Wynonna Judd weiß, was passieren kann, wenn man überhaupt nicht an sich selbst denkt. Im Alter von 17 Jahren nahm sie Christus an, doch schufen die stürmischen Jahre des Ruhmes und Reichtums eine tiefe Unsicherheit in ihr. Sie hatte das Gefühl, dass sie sich um jeden kümmern müsse. Während zwei Schwangerschaften arbeitete sie die ganze Zeit weiter, um das Einkommen der 30 Crew-Familien zu sichern. Sie aß, um die innere Leere zu füllen und gab enorme

Geldsummen für ihre Familie und Freunde aus, einschließlich der Obdachlosen, die sie häufig nach Hause brachte.

Das Bedürfnis, allen gefallen zu wollen, wurde ihr schließlich zum Fallstrick, denn im Jahr 2004 war das Resultat sichtbar: Wynonna hatte Übergewicht, kein Geld, war von Schuldgefühlen geplagt und drauf und dran, ihre über zwei Quadratkilometer große Farm zu verlieren. Inzwischen hat sie 9 Kilogramm abgenommen, ihre übermäßigen Ausgaben zurückgeschraubt und gelernt, »nein« zu sagen. Sie ist dabei, ihr Leben ins Lot zu bringen[60].

Eine zuversichtliche Frau kann »nein« sagen, wenn es die Situation erfordert. Sie kann mit dem Missfallen der Leute leben und versteht, dass die enttäuschte Person über ihre Enttäuschung hinwegkommen wird, wenn sie wirklich an einer Beziehung interessiert ist und möchte, dass man in seinen Entscheidungen frei ist.

Manchmal müssen Sie zu anderen »nein« sagen, um zu sich selbst »ja« sagen zu können, ansonsten werden Sie zum Schluss verbittert und voller Hader sein, weil Sie das Gefühl haben, in dem Versuch, andere glücklich zu machen, sich selbst verloren zu haben.

Besonders Frauen möchten anderen gefallen, allen voran ihrer Familie. Da müssen sie sich umso energischer gegen eine mangelnde Balance in diesem Bereich stellen. Sie sind wertvoll und sollten Dinge tun, die Sie auch tun wollen, nebst den Dingen, die Sie für andere tun.

Und wenn Sie dann in einer Situation wirklich denken, dass Sie besser nein sagen sollten, dann müssen Sie dafür keine Gründe nennen. So oft fordern Menschen von uns, unsere Entscheidungen vor ihnen zu rechtfertigen, was wir wirklich nicht zu tun brauchen. Ich versuche, vom Geist Gottes geleitet zu werden - oder man könnte auch sagen, ich lasse mich von meinem Herzen leiten -, und manchmal weiß ich selber nicht genau, warum ich empfinde, dass etwas für mich nicht dran ist. Aber wenn ich so empfinde, habe ich gelernt, nicht gegen mein eigenes Gewissen zu gehen, nur, damit jemand zufrieden mit mir ist. Ich sage oft: »Ich habe einfach keinen Frieden bei der Sache«, oder: »Das scheint nicht das Richtige zu sein.« Selbst ein schlichtes »kein Interesse« reicht eigentlich aus.

Es ist nicht verkehrt, einen Grund zu nennen, wenn man einen hat, aber ich denke, wir übertreiben es manchmal etwas mit unseren Selbsterklärungen. Wenn sich jemand beleidigt fühlt und Sie gar nicht verstehen möchte, ist es egal, wie viele Gründe Sie anführen. Folgen Sie Ihrem Herzen und bewahren Sie Ihren Frieden. Wenn nötig, sagen Sie »nein«, und wenn Sie es sollten, sagen Sie »ja«.

7. Seien Sie mit Menschen zusammen, die Ihnen genug Raum geben, Sie selbst zu sein

Einige Leute versuchen beständig uns in vorgegebene Muster zu zwängen, aber es gibt auch jene ungewöhnlichen Menschen, die Individualität und Unangepasstheit sogar fördern. Wir sollten mit Menschen zusammen sein, die uns annehmen und bestätigen. Eines von vielen Dingen, die ich über die Jahre an meinem Mann schätzen gelernt habe, ist, dass er mir Raum gibt und meine Individualität sogar unterstützt. Zum Beispiel bin ich gerne allein. Wenn ich den Punkt erreiche, wo ich weiß, dass ich einige Stunden oder sogar Tage für mich alleine brauche, kann ich das Dave einfach sagen. Es verunsichert ihn nicht. Er fühlt sich nicht von mir abgelehnt, sondern versteht, dass ich einfach so gestrickt bin.

Neulich hatte ich eine Frau in der Seelsorge, die sagte, ihr Mann mache sie richtig wahnsinnig, weil er sie nicht mal eine Stunde lang allein ließ. Er wollte ständig mit ihr zusammen sein, wobei sie Zeit für sich brauchte. Ihre Erklärungsversuche stießen ihn nur vor den Kopf; er fühlte sich durch ihr Bedürfnis abgelehnt. Zur Aufrechterhaltung gesunder Beziehungen müssen wir Leuten Raum und Freiheit lassen.

Dave und ich arbeiten zusammen, wir reisen in unserem Dienst zusammen - wir verbringen mehr Zeit miteinander als die meisten Ehepaare, und wir genießen das. Aber wir müssen auch manchmal von einander Abstand haben. Dave spielt Golf oder geht einfach einige Stunden lang Golfbälle schlagen. Auch geht er gerne zu Baseball- oder Footballspielen, wodurch er sich den nötigen Raum verschafft. Manchmal sage ich abends zu Dave: »Hast du Lust, nach draußen zu gehen und einige Golfbälle zu schlagen? Ich muss mal einen Abend lang allein sein«, und dann sagt er: »Klar, bis später dann.« Ein paar Mal pro Jahr versuche ich einige Tage hintereinander für mich zu sein, um reflektieren zu können, zu lesen, zu beten und einfach Ruhe zu bekommen, und Dave begegnet diesem Bedürfnis immer mit Verständnis. Es ist wunderbar, mit jemandem verheiratet zu sein, der innerlich sicher genug ist, um Sie Sie selbst sein zu lassen; der Ihnen hilft, Ihre Einzigartigkeit und individuelle Bedürftigkeit zu feiern und niemals das Gefühl vermittelt, dass etwas mit Ihnen nicht stimmt, weil Sie sich etwas leicht Ungewöhnliches wünschen.

Wenn Sie es satt haben, immer auf dem ausgefahrenen Gleis zu leben, das alle anderen benutzen, dann gehen Sie doch einmal quer Feld ein. Einige Menschen hätten Angst, sie würden sich verlaufen, eine Frau mit Zuversicht dagegen erwartet eine neue Erfahrung, die wunderbar verrückt sein könnte.

Wenn wir in unserer eigenen Individualität und Unabhängigkeit ermutigt werden möchten, müssen wir anderen Menschen natürlich auch die gleiche Freiheit und Achtung schenken. »Leben und leben lassen« sollte unser Motto sein. Früher war ich ziemlich engstirnig, und ich erinnere mich noch besonders an eine Frau - eine ziemlich einzigartige Nonkonformistin -, von der ich nicht viel hielt und die ich ablehnte. Sie hatte einen ungewöhnlichen Kleidungsstil - eine Mixtur aus vielem -, lange, bevor dies in Mode kam. Zwar war sie nicht rebellisch gegen Autorität, aber sie war immer für eine Überraschung gut und wollte definitiv ihr eigenes Leben führen. Sie tat immer etwas Unerwartetes. Sie war ein bisschen wie der Wind: Man wusste nie recht, was man von ihr zu erwarten hatte. Das störte mich, weil ich damals viel gesetzlicher war. Alles musste auf eine bestimmte Weise getan werden, nämlich meistens auf meine.

Heute schaue ich zurück und denke, dass ich wahrscheinlich eine großartige Beziehung zu einer Frau verpasst habe, die mich mehr zur Freiheit hätte bewegen können. Doch wie viele Menschen hatte ich Angst davor, außerhalb der Norm zu sein.

Ich bin dankbar, dass Gott mir offenbart hat, dass er uns ein aufregendes Leben wünscht, voller Vielfalt und Kreativität. Gott hat uns als Individuen erschaffen, die alle zusammen für das gemeinsame Wohl arbeiten können.

> *Ihr aber seid [zusammen genommen] Christi Leib und [einzeln genommen] Glieder, jedes Teil für sich und unterschiedlich [jedes an einem anderen Platz und mit einer anderen Aufgabe].* (1. Korinther 12,27)

Seien Sie auf jeden Fall mit Menschen zusammen, die Sie in Ihrem Streben nach Individualität ermutigen. Finden Sie Freunde, die Ihre Grenzen achten und Ihnen Raum geben, Sie selbst zu sein, und auch den Raum, Fehler machen zu können.

8. Nehmen Sie sich ein Beispiel an Kindern

Jesus sagte, wenn wir Zugang zum Königreich Gottes haben wollen, sollen wir wie kleine Kinder werden. Ich glaube, eines der Dinge, die wir nach Jesu Willen von den Kindern lernen sollen, ist die Freiheit, die sie haben.

Sie sind einfach und ehrlich; sie lachen viel, vergeben und vertrauen. Kinder haben definitiv Zuversicht, zumindest bis die Welt sie lehrt, unsicher und ängstlich zu sein. Ich weiß noch, wie unser Sohn als Dreijähriger mit Dave und mir durchs Einkaufszentrum ging und zu den Leuten sagte: »Ich bin Danny Meyer, willst du nicht mit mir reden?« Er war derart zuversichtlich, dass er davon ausging, jeder wolle ihn gerne kennen lernen.

Unser Enkel Austin strotzte schon immer vor Kühnheit und Zuversicht. Ich muss daran denken, wie er bei einer Konferenz mit unseren Dienstpartnern dabei war, bei der auch Fotos von uns gemacht wurden und ich Bücher signierte. Er war damals ungefähr fünf Jahre alt und weil er es unbedingt wollte, ließen wir ihn auf der Bühne ein Lied singen, das er in der Schule gelernt hatte. Am nächsten Tag sollte ich nun mit unseren Partnern zusammen sein, Bücher signieren und einige Fotos mit ihnen machen lassen. Eine große Menschenmenge stand im Gebäude Schlange und Austin versteckte sich hinter einem Vorhang, wo unsere Tochter Laura, seine Mutter, ihn schließlich fand. Als sie ihn fragte, was er da mache, meinte er: »Ich muss ein bisschen Ruhe von all diesen Leuten haben.« Sie fragte: »Austin, warum, glaubst du, sind denn diese Leute hier?« Er sagte: »Na, um Fotos von mir zu machen, natürlich!« Seine einfache, kindliche Zuversicht ließen Austin automatisch glauben, all die Leute wären da gewesen, um ihn zu sehen.

Kinder scheinen aus allem ein Spiel machen zu können. Sie passen sich schnell an, lassen andere Kinder problemlos anders sein und erforschen immer etwas Neues. Sie staunen über alles!

Oswald Chambers schrieb in *Mein Äußerstes für sein Höchstes*: »Die Freiheit, die als Folge von Heiligung kommt, ist die Freiheit eines Kindes. Die Dinge, die das Leben festgenagelt hatten, sind nun verschwunden.« Wir sollten uns ganz bestimmt an Kindern ein Beispiel nehmen und Jesu Gebot gehorchen, ihnen ähnlich zu werden (Matthäus 18,3). Mit zunehmendem Alter müssen wir uns bewusst darum bemühen. Wir sollten alle erwachsen und verantwortungsbewusst werden, aber deswegen müssen wir nicht die Freude aus unserem Leben verbannen.

Lassen Sie sich von der Welt nicht Ihre Zuversicht rauben. Erinnern Sie sich daran, dass Sie nicht bloß durch Zufall von der Hand Gottes erschaffen wurden. Er hat einen besondern, einzigartigen, wunderbaren Plan für Sie. Stürzen Sie sich drauf! Ziehen Sie sich nicht zurück, passen Sie sich nicht an, leben Sie nicht in Furcht!

9. Nur nicht in Stillstand geraten

Haben Sie je eine abgestandene Pfütze gesehen? Keine Strömung, keine Frischwasserquelle - das Wasser liegt einfach da. Wenn sie eine Weile so bleibt und die Sonne sie nicht vorher austrocknet, können sich Bakterien darin festsetzen und das Wasser wird grün. Dann bleibt nur noch wenig Leben übrig.

Wir können in Stillstand geraten. Das kann ganz schleichend und derart langsam passieren, dass man es gar nicht bemerkt. Das Leben war einmal spannend, und dann finden wir uns plötzlich inmitten einer »Midlife Crisis« wieder, wie die Welt sie nennt. Ich denke, ein passendes Wort dafür ist »Stillstand«. Wir wagen nichts mehr, tun nichts Verrücktes mehr, sind nicht mehr kreativ. Wir haben Wurzeln geschlagen, haben uns dem gesellschaftlichen Muster angepasst und richten uns nach menschlichen Erwartungen. Wir werden zum Gähnen berechenbar!

Ich glaube, jeder gerät in Stillstand, wenn er sich nicht aktiv dagegen stellt. Zu leicht kann man sich mit jedermann in eine Richtung treiben lassen und jeden Tag dasselbe tun. Leute, die gegen den Strom zu schwimmen wagen, sind selten, weil es so einfach ist, sich der stromabwärts schwimmenden Masse anzuschließen. Eine der wertvollsten Lektionen, die ich gelernt habe, ist, dass ich vieles ganz bewusst machen muss. Ich darf nicht darauf warten, bis ich Lust dazu habe.

So kümmere ich mich zum Beispiel ganz bewusst um meine Verpflichtungen im Leben, weil ich weiß, dass sie wichtig sind. Ich halte richtig Ausschau nach Leuten, denen ich ein Segen sein kann, weil ich die lebenswichtige Lektion gelernt habe, die Jesus über den Wandel in der Liebe gab (Epheser 5,2; 2. Johannes 1,6). Ganz bewusst tue ich ab und zu etwas, das für mich ungewöhnlich ist, einfach, weil ich nicht in Stillstand geraten möchte. Ganz bewusst verbringe ich jeden Tag Zeit im Gebet und Gemeinschaft mit Gott, weil ich ihn ehren und ihm stets den rechten Platz in meinem Leben geben möchte, nämlich den ersten Platz.

Ich habe fast jede Nacht einen anderen Schlafanzug an. Einige Leute könnten jede Nacht dasselbe tragen ohne sich je daran zu stören, aber ich finde es langweilig, nachts immer denselben Schlafanzug anzuhaben. Was auch immer nötig ist, um Ihr Leben interessant zu machen, tun Sie es ganz bewusst. Schreiten Sie energisch zur Tat, und es wird Ihre Lebensqualität immens erhöhen. Drehen Sie nicht einfach nur Ihre Runden hier auf Erden, sondern haben Sie Spaß am Leben und machen Sie die Welt froh darüber, dass es Sie gibt.

10. Mit Gott ist alles möglich

Wir haben dieses Kapitel mit dem Gedanken begonnen, wie wichtig es ist, unsere Individualität zu bewahren. Vielleicht erinnern Sie sich noch, dass ich sagte, wir sollten uns eine ausgeglichene Unabhängigkeit zum Ziel setzen. Ich glaube, Balance ist immer der Schlüssel zum Erfolg. Laut Bibel wird der Teufel uns verschlingen, wenn wir nicht ausgeglichen sind (1. Petrus 5,8). Ohne Ausgeglichenheit hat man stets Zerstörung. Eine Turnerin kann ohne ein gutes Gleichgewichtsgefühl keine Turnübung erfolgreich absolvieren. Ein Wissenschaftler wird sein Experiment kaum durchführen können, wenn er die wissenschaftlichen Geräte nicht mit einem ausgeglichenen Feingefühl handhabt. Leute, die ihr Checkbuch nicht ausgleichen können, werden in erhebliche Finanzschwierigkeiten geraten. Balance, Ausgeglichenheit, Gleichgewicht - das sind wichtige Dinge!

Gott hat uns als Individuen geschaffen, die sich gegenseitig brauchen. Wir funktionieren am besten, wenn wir zusammenarbeiten. Eine Kombination von Gaben und Talenten erzielt die besten Resultate. Deshalb sollten wir zuallererst von Gott abhängig sein und dann von Menschen. Dabei muss unsere Abhängigkeit von Menschen ausgewogen bleiben.

Die Bibel sagt, dass Jesus sich seinen Jüngern nicht anvertraute, weil er wusste, wie Menschen beschaffen sind (Johannes 2,24). Das bedeutet einfach, dass, obwohl er eine Beziehung zu ihnen hatte, sein Leben mit ihnen teilte und in bestimmten Dingen von ihnen abhängig war, er seine Abhängigkeit nie das Ausmaß erreichen ließ, dass sie ihn durch ein enttäuschendes Verhalten hätten völlig zunichte machen können. Er wusste um die Beschaffenheit der Menschen, die eben genau dies war: menschlich! Es waren Menschen, gekennzeichnet von Fehlern und Unvollkommenheit.

Einmal machte ich mir Sorgen, was ich tun würde, wenn Dave stirbt. Wie könnte ich den Dienst alleine leiten? Nach mehreren Tagen dieses mentalen Angriffs sprach der Herr zu meinem Herzen und sagte: »Im Todesfall von Dave würdest du einfach genauso weitermachen wie bis jetzt, weil ich - und nicht Dave - dich erhalte.« Natürlich brauchte ich Dave und war in vielen Dingen von ihm abhängig, aber Gott wollte vom Anfang unseres Dienstes an klarstellen, dass ich mit oder ohne Dave oder sonst irgendjemanden das zu tun vermochte, worum Gott mich gebeten hatte, solange er mit mir war. Jeder sollte das glauben. Gott ist alles, was Sie brauchen. Vieles andere ist schön und beruhigend, doch Gott ist der Einzige, ohne den wir nie auskommen können. Die Bibel sagt, dass Josefs Brüder ihn hassten, Gott ihm dagegen überall Gunst gewährte (1. Mose 39,21). Es ist wirklich egal, wer gegen Sie ist, solange Gott mit Ihnen ist.

Als Petrus, Judas und die anderen Jesus enttäuschten, warf ihn das nicht völlig aus der Bahn, und zwar deshalb, weil seine Zuversicht am rechten Platz war. Er war gleichzeitig abhängig und auch unabhängig. Ich bin von einer Reihe Menschen im Dienst abhängig, um durch ihre Hilfe meine Berufung erfüllen zu können. Aber es gibt auch ständig Veränderungen. Leute gehen, von denen wir dachten, dass sie immer bei uns bleiben würden und Gott schickt uns neue Menschen mit erstaunlichen Gaben. Wir haben schnell gelernt, nicht zu viel Hoffnung auf eine Einzelperson zu legen und damit viele Sorgen und Bedenken zu vermeiden. Wir haben uns auf Gott ausgerichtet, der uns das Nötige gibt, nicht auf Menschen. Wir brauchen Menschen, aber wir wissen: Es ist Gott, der uns durch Menschen hilft. Wenn er sich entschließt, durch jemand Neues zu wirken, geht uns das eigentlich nichts an.

Als sich Mutter Teresa nach Indien aufmachte, um dort ihr

Missionswerk zu gründen, wurde ihr gesagt, dass sie das nicht tun könne, weil ihr das nötige Geld und die nötigen Leute fehlten. Sie meinte dazu - so wurde es mir erzählt -, dass sie drei Pennys und Gott hätte, und das sei genug.

Wir alle kennen ihre eindrucksvolle Arbeit zur Hilfe der Armen in Indien. Ihre Bereitschaft, nichts als Gott auf ihrer Seite zu haben, ihm allein zu vertrauen, machte es Gott möglich, durch sie auf bemerkenswerte Weise zu wirken.

Sie konnte gut mit anderen Menschen zusammenarbeiten, hatte aber gleichzeitig die Gewissheit, alles tun zu können, wozu Gott sie berufen hatte, sei es mit oder ohne Menschen.

Genau diese Haltung möchte ich mir bewahren. Ich schätze all die wundervollen Menschen, die Gott in mein Leben gestellt hat. Mein Mann und meine Kinder sind mehr als klasse. Unser Mitarbeiterstab im Dienst kann sich mit den Besten messen und die wunderbaren Partner im Dienst begeistern uns. Ich brauche sie alle, doch sollte Gott einen von ihnen aus irgendeinem Grund aus meinem Leben nehmen, dann möchte ich eine zuversichtliche Frau sein, die weiß, dass mit Gott allein alles möglich ist. Mein Vertrauen muss auf ihn gerichtet sein, mehr als auf alles oder jeden sonst.

TEIL II

Kühn und furchtlos leben

Kapitel 11

Das Wesen der Angst

Angst. Wir haben sie alle schon gehabt. Sie ist jenes unsichere Gefühl im Magen, jene Panik, die ohne Vorwarnung von einem Besitz ergreifen kann. Jeder hat zwangsläufig vor irgendetwas Angst. Immerhin sind wir Menschen. Um genau zu sein, haben gemäß einer neueren Studie 19,2 Millionen erwachsene Amerikaner (ab 18 Jahren) jedes Jahr Angst vor etwas ganz Bestimmtem. Das sind umgerechnet 8,7 Prozent der erwachsenen Bevölkerung. 15 Millionen Amerikaner haben eine Menschenphobie, wodurch sie im sozialen Umgang nur schwer zurechtkommen, weil sie unter Menschen so gehemmt sind[61].

Es gibt sogar eine beliebte Fernsehshow, in der die Kandidaten ihren Ängsten bis zum Extrem ausgesetzt werden: sich in ein Aquarium voller Krebse oder Schlangen legen, aus einem Hubschrauber springen und lebendige Spinnen oder Insekten essen. So etwas sehe ich nicht gerade als Spaß an, und die meisten Leute machen da wahrscheinlich auch nicht zum Spaß mit; ihnen geht es um die 50.000 US-Dollar, die man am Ende der Show gewinnen kann. Letztendlich wird einem Kandidaten jedoch eine Aufgabe gestellt, die ihm einfach zu viel Angst einjagt. Er kann seine Angst nicht besiegen, gibt auf und geht von dannen.

Das Leben führt uns oft ins Tal der Furcht, und häufig fühlen wir uns so wie der Kandidat in der Show: Wir wollen aufgeben und weglaufen. Wenn wir je Unsicherheit und Zweifel überwinden wollen, wenn wir je Frauen mit Zuversicht werden wollen, dann sollten wir uns unbedingt ein breitgefächertes und tiefes

Wenn wir je Unsicherheit und Zweifel überwinden wollen, wenn wir je Frauen mit Zuversicht werden wollen, dann sollten wir uns unbedingt ein breitgefächertes und tiefes Verständnis über das Entstehen und das Wesen der Angst aneignen.

Verständnis über das Entstehen und das Wesen der Angst aneignen. Dabei gilt es als Erstes zu wissen, dass Angst nicht von Gott kommt. Er hat uns keinen Geist der Furcht gegeben (2. Timotheus 1,7).

Angst bringt Qual und hindert das Vorankommen. Ihretwegen machen Leute, die eigentlich kühn und energisch sein sollten, einen Rückzieher. Sie verstecken sich, sind feige und zaghaft. Angst ist eine Diebin. Sie beraubt uns unserer Bestimmung. Wie ich in einem früheren Kapitel schon gesagt habe, gibt es nur eine akzeptable Haltung gegenüber der Angst, und die lautet: »ICH WERDE KEINE ANGST HABEN!« Wir müssen alle standhaft in unserem Beschluss sein, dass wir unser Leben nicht von Angst bestimmen lassen. Es geht um viel zu viel, als dass wir dieses Riesenproblem auf die leichte Schulter nehmen könnten.

Ich glaube, dass Angst der Hauptgeist ist, den der Teufel gegen die Menschen einsetzt. Denken Sie einmal an die Probleme, mit denen Sie sich momentan herumschlagen. Wie viele von ihnen haben etwas mit Angst zu tun? Ich wette, wenn Sie darüber nachdenken, werden Sie sagen, die meisten hätten etwas mit Angst zu tun. Unsere Sorgen entstehen aus einem Angstgefühl. Wir versuchen, Leute und Umstände zu kontrollieren, weil wir Angst haben. Wir *lassen* uns kontrollieren, weil wir Angst haben. Menschen, die Angst haben, sie könnten verarmen, werden habgierig und geizig. Jemand, der Angst hat, er könne keine Freunde finden, gibt sich als jemand anders aus. Wir gehen falsche und schädliche Beziehungen ein, weil wir Angst haben, einsam zu sein. Die Liste geht immer weiter. Doch ich glaube, wir können Angst überwinden, wenn wir uns die Zeit nehmen, der Sache auf den Grund zu kommen und ihre wahre Identität zu entlarven: nämlich als einen Geist, der in einem Christus geweihten Leben nichts zu suchen hat.

Ich habe einmal eine Geschichte über ein Dorf gehört, in dem die Eltern ihren Kindern immer erzählten: »Was ihr auch macht, geht bloß nicht in die Nähe der Bergspitze. Da lebt das Monster.« Alle vorangegangenen Generationen haben auf diese Warnung Acht gegeben und die Bergspitze gemieden.

Eines Tages aber beschloss eine Gruppe tapferer junger Männer in dem Dorf, das Monster ausfindig zu machen. Sie wollten sehen, womit genau sie es zu tun hatten und es dann besiegen. So packten sie ihren Proviant und machten sich auf den Weg zum Berg. Auf halber Höhe kamen ihnen plötzlich ein lautes Brüllen und ein schrecklicher Gestank entgegen. Die Hälfte der Männer lief schreiend den Berg wieder hinunter.

Die andere Hälfte setzte ihre Reise fort. Als sie höher auf den Berg kamen, erkannten sie, dass das Monster kleiner war, als sie gedacht hatten. Aber es brüllte immer noch und verbreitete solch einen Gestank, dass alle Männer den Berg hinunter und zurück zum Dorf liefen. Alle außer einem.

»Ich werde das Monster erwischen«, sagte sich der übrig gebliebene Mann und trat einen weiteren Schritt vor. In dem Moment schrumpfte das Monster auf die Größe eines Menschen zusammen.

Er trat einen weiteren Schritt auf das Monster zu, und wieder schrumpfte es. Es war immer noch zum Grauen hässlich und stank fürchterlich, aber der Mann war dem Monster jetzt so nahe, dass er es sogar aufheben und in seiner hohlen Hand halten konnte. Er blickte es an und fragte das Monster: »Also denn: Wer bist du?«

In einer mausartigen, hohen Stimme piepste das Monster: »Mein Name ist Angst[62]«.

Diese Geschichte vermittelt ein so treffendes Bild davon, wie Angst agiert. Zunächst scheint sie so riesig und schrecklich zu sein, bis man anfängt, sich mit ihr auseinander zu setzen, und je mehr man es tut, desto kleiner wird sie. Wenn Sie Gottes Plan zur Überwindung von Furcht folgen, werden Sie eines Tages feststellen, dass die Dinge, die Sie am meisten gefürchtet hatten, eigentlich überhaupt nicht der Rede wert waren. Was Sie einst angebrüllt hat, wird Sie dann nur anpiepsen und schlussendlich ganz verstummen.

Denken Sie immer daran, was Franklin Roosevelt einmal angemerkt hat: Nur eins müssen wir fürchten, und das ist die Furcht selbst. Denn wenn wir es ihr gestatten, wird sie uns kontrollieren. Wenn wir uns ihr aber entgegen stellen, werden wir über sie herrschen.

Ängste und Phobien

Aus fast allem können sich Ängste entwickeln. Hier ist eine kurze Liste von einigen der absonderlichsten Ängste, die Leute plagen:
Peladophobie: Angst vor Kahlköpfigkeit und kahlköpfigen Menschen
Aerophobie: Angst vor Zugluft
Porphyrophobie: Angst vor der Farbe Lila
Chaetophobie: Angst vor stark behaarten Menschen
Levophobie: Angst vor Objekten links vom Körper
Dextrophobie: Angst vor Objekten rechts vom Körper
Auroraphobie: Angst vor Nordlichtern
Calyrophobie: Angst vor unklaren Aussagen
Thalassophobie: Angst davor, sich hinzusetzen
Stabisbasiphobie: Angst vor dem Stehen und Gehen
Odontophobie: Angst vor Zähnen
Graphophobie: Angst davor, in der Öffentlichkeit zu schreiben
Phobophobie: Angst davor, Angst zu haben
(Aus *Nothing to Fear* von Fraser Kant, Doubleday & Company, 1977)

Es scheint eine unendliche Vielzahl an Phobien zu geben, an denen Leute leiden. Einige davon sind ziemlich absonderlich, werden aber von den Leidenden als sehr real und lähmend empfunden. Einige Menschen haben derart einzigartige Ängste, dass sie sogar davor Angst haben, sie jemandem mitzuteilen. Am besten kann man etwas überwinden, indem man es offen legt. Alles Versteckte hat Macht über uns; wenn es erst einmal ans Licht gekommen ist, kann man es angehen und überwinden.

Schrecken Sie nicht vor Konfrontation zurück

Im April 2005 hörten viele Menschen in Amerika und dem Rest der Welt die Geschichte der »Ausreißerbraut« Jennifer Wilbanks. Die 32-jährige Ortsansässige von Duluth, Georgia verschwand wenige Tage vor ihrer geplanten Hochzeit, zu der 600 Gäste geladen waren. Ihre Familie und ihr Verlobter waren sich sicher, sie sei entführt worden und baten innig um ihre sichere Rückgabe, wodurch die Sache in die nationalen Schlagzeilen kam.

Als sie dann heil und lebendig in der anderen Ecke des Landes wieder auftauchte, war man zunächst froh, dass man sie so schnell gefunden hatte. Aus der Freude wurde dann jedoch bald Verwirrung und Verärgerung, als die Wahrheit offenbar wurde: Wilbanks war gar nicht gekidnappt worden, sondern hatte aus Bammel vor der Hochzeit das Weite gesucht. Die Associated Press berichtete, die zukünftige Braut sei wegen »bestimmter Ängste«, die ihr Leben kontrollierten, weggelaufen[63].

Die meisten von uns würden wahrscheinlich sagen: »Da hätte sie aber mit ihrem Verlobten sprechen sollen, anstatt einfach wegzulaufen.« Oder zumindest hätte sie sich Rat von ihrem Pastor oder einem Familienmitglied holen sollen. Doch wie viele von uns setzen sich so schnell mit ihren Ängsten auseinander? Ist es nicht viel leichter, etwas einfach zu ignorieren und sich damit nicht zu beschäftigen? Sie mögen noch nie physisch weggerannt sein wie Wilbanks, aber bestimmt gibt es in Ihrer Gefühlswelt Dinge, vor denen Sie weglaufen. Sie schauen sich ständig über die Schulter und versuchen zu vermeiden, dass das von Ihnen Gefürchtete Sie einholt.

Konfrontation ist für viele Leute ganz schwierig. Aber sie ist unumgänglich, wenn wir nicht unter dem Joch anderer Menschen und Dinge leben wollen. Haben Sie als Kind je »Ticken« gespielt, Fangen, bei dem man stehen bleiben musste, wenn man angetickt wurde? Derjenige, der Sie jagte, hatte Sie letztendlich in seiner Gewalt, denn wenn er Sie antickte, mussten Sie wie eingefroren anhalten. Genauso funktioniert Angst. Das, wovon wir davonlaufen oder wovor wir uns verstecken, hat uns in der Gewalt.

Wie ich schon erwähnte, sollte man sich auch unbedingt bewusst machen, dass wir die Dinge, die wir in der Dunkelheit verstecken, ans Licht bringen müssen, wenn wir sie loswerden möchten. Gehen Sie einmal in einen völlig abgedunkelten Raum und schalten das Licht an. Was passiert? Die Dunkelheit wird verschluckt. Genau den Effekt haben Gott und sein Wort auf unser Leben. Wenn wir tun, wozu Gottes Wort uns anhält, werden die Ängste, die uns zu quälen versuchen, aufgesogen. Sie verschwinden und haben keine Macht mehr über Sie.

Gottes Wort ist da ziemlich eindeutig: Wir sollen keine Angst haben. In Jesaja 41,10 steht: »Fürchte dich nicht [es gibt nichts zu fürchten], denn ich bin mit dir; schaue dich nicht mit Schrecken um und habe keine Angst, denn ich bin dein Gott.« Beachten Sie, dass er nicht sagt, wir sollen nie Angst verspüren. Vielmehr sagt er, wir sollen uns von der Angst nicht beherrschen und unsere Bestimmung von ihr rauben lassen.

Das Angstmonster tut viel größer und stärker, als es in Wirklichkeit ist, weil seine Stärke eben im Irreführen der Menschen liegt. Wenn jemand erst einmal erkennt, dass er »Angst haben und es trotzdem tun« kann, ist er frei.

Satan lässt Menschen nur zu gerne vor unangenehmen Themen zurückscheuen und sie vermeiden, weiß er doch genau, dass er an Macht verliert, wenn es zur Konfrontation mit seinen Lügen kommt. Denken Sie nur an die ganzen Generationen von Menschen in der Geschichte, die ich Ihnen gerade erzählt habe. Ihr ganzes Leben verbrachten sie in Angst vor etwas, das in Wirklichkeit klein genug war, um es in einer Hand halten zu können. Bis jemand mutig genug war, ihm entgegenzutreten, jemand, für den Davonlaufen keine Option war, hielt dieses Zwergmonster die Menschen in Schach, wie eingefroren. Obwohl eine Lüge nicht wahr ist, wird sie für den, der sie glaubt, Realität. Glauben

Sie den Lügen nicht, mit denen Satan Sie übers Ohr hauen möchte.

Wie sehr wünschte ich mir doch einen Zauberstab, den ich wedeln oder ein Gebet, das ich sprechen und damit alle Ängste aus Ihrem Leben für immer verbannen könnte. Leider geht das nicht. Gebet gibt uns zwar die Kraft, uns gegen Furcht zu stellen, aber um Gottes Wunsch gemäß überwinden und siegen zu können, müssen wir auch etwas haben, das es zu überwinden und besiegen gilt! Man läuft ja nicht gleich fünf Kilometer, wenn man nicht einmal eineinhalb gelaufen ist. Genauso verhält es sich mit Gebet. Gott möchte, dass wir unsere Gebetsmuskeln spannen und uns gegen Furcht stellen. Er möchte von uns hören: »Nein! Angst wird nicht mein Leben bestimmen.« Wenn wir erst einmal gelernt haben, die kleinen Ängste im Gebet zu bekämpfen, wird Gott uns helfen, auch die großen Ängste anzugehen.

Lassen Sie sich nicht von Furcht lähmen. Hannah Hurnard, die Autorin von *Leichtfüßig wie die Hindin*, war früher von Furcht gelähmt. Dann hörte sie eine Predigt über Vogelscheuchen (Engl.: »Schreckenkrähen«), die sie herausforderte, ihre Furcht in Glauben zu verwandeln.

Der Prediger sagte: »Der kluge Vogel weiß: Eine Vogelscheuche ist einfach eine Werbung. Sie verkündet, dass es an dem Ort einige sehr saftige und schmackhafte Früchte zu picken gibt. Die besten Gärten haben alle Vogelscheuchen ... Wenn ich weise bin, werde auch ich die Vogelscheuchen wie Einladungen behandeln. Jeder Riese in meinem Weg, vor dem ich mir wie ein Grasshüpfer vorkomme, ist nichts als eine Vogelscheuche, die mich hin zu Gottes reichsten Segnungen lockt.« Seine Schlussfolgerung: »Glaube ist ein Vogel, der sich gerne auf Vogelscheuchen niederlässt. All unsere Ängste sind grundlos[64].«

Gottes Partner sein

Haben Sie sich je mit einer Freundin getroffen, um zusammen für Ihre Familien Essen zu kochen – oder auch für eine andere Familie, die das Mahl gebrauchen konnte? Vielleicht hat die Freundin das Hauptgericht gekocht und Sie haben sich um die Nebengerichte gekümmert. Wie auch immer Sie die Arbeit aufgeteilt haben, so hatte doch jede ihren eigenen Aufgabenbereich und zusammen haben Sie die Sache gemeistert.

> *Wenn wir unsern Teil tun, beten und durch Glaubensschritte unsere geistlichen Muskeln spannen, wird Gott auch seinen Teil tun und das scheinbar Unmögliche möglich machen.*

Im Leben müssen wir Gott als unseren Partner erkennen, der seinen Teil tut, wobei wir unseren Teil tun müssen. Wenn wir unseren Teil tun, beten und durch Glaubensschritte unsere geistlichen Muskeln spannen, wird Gott auch immer seinen Teil tun und das scheinbar Unmögliche möglich machen. Vielleicht leben Sie schon so lange mit so viel Furcht, dass es Ihnen in diesem Moment völlig unmöglich erscheint, je davon frei werden zu können. Ich verspreche Ihnen: Wann immer Sie sich mit Ihrer Angst auseinander setzen, wird sie Stück für Stück kleiner, und schlussendlich wird sie ganz ihre Macht über Sie verlieren.

Ich habe einen richtiggehenden Hass auf Angst und ihre Auswirkungen auf Menschen. Sie veranlasst, dass wir uns verkriechen; dass wir zum Rückzug blasen. Sie frisst unsere Zuversicht und unsere Selbstsicherheit, bis nur noch ein Skelett von dem übrig ist, was einmal war. Dabei tut das gar nicht Not! Ich habe eine Menge Furcht in meinem eigenen Leben erlebt und weiß, wie viel Mut dazu gehört, seinen größten Ängsten entgegen zu treten. Doch wenn ich es schaffen konnte, können Sie es auch! Ein weiser Mann sagte einmal: »Mut ist nicht die Abwesenheit von Furcht, sondern die Fähigkeit, ihr zu begegnen.« Gottes Verheißungen sind nicht nur für eine kleine Schar besonders Ausgewählter gedacht, sondern für jeden. Wenn Gott *einer* Person helfen kann, dann kann er auch Ihnen helfen. Er kann Ihnen helfen, Ihren Ängsten zu begegnen. Gottes Verheißungen stiften Hoffnung und geben Ihnen die Chance auf ein neues Leben – ein kühnes und dynamisches Leben, nicht eins der Furcht und Unsicherheit.

Eine der zuversichtlichsten Frauen in der Bibel ist Ester und die Geschichte, wie sie ihr Volk vor dem sicheren Tod rettete, den ein böser und abscheulicher Mann über sie bringen wollte. Obwohl ihr gutes Aussehen sicher nicht schadete, war es doch ihr Charakter und ihre stille Zuversicht, die ihr zur Gunst bei König Xerxes verhalfen. Sie ging ein großes Risiko ein, als sie uneingeladen in Xerxes' inneren Hof trat. Aber Gott ehrte sie und die Gebete anderer Juden, und Xerxes empfing sie herzlich. Am Ende rettete Ester ihr Volk vor dem Verderben.

Zuversicht bedeutet, an einem starken Gottesglauben festzuhalten, ein Glaube, der von der vollkommenen Gewissheit und dem Verständnis davon gestützt wird, dass Sie durch Gottes Hilfe alles zu tun vermögen. Angst erzeugt ein mangelndes Vertrauen zu Gott und sich selbst. Sie ist der destruktive, entkräftende Glaube an Ihr Nichtkönnen. Als Frau können Sie ganz Erstaunliches vollbringen, aber dazu müssen Sie an Zuversicht gewinnen. Tauschen Sie Ihre Ängste gegen Zuversicht ein, dann werden Sie sehen, was Gott tun kann!

Ich nehme an, keiner mag Konfrontation wirklich oder freut sich darauf. Sie gehört auf jeden Fall nicht zu meinen Lieblingsaktivitäten. Die meisten von uns möchten nicht zu viele unangenehme Wellen schlagen, aber ich kann Ihnen versichern: Die notwendigen Schritte zu unternehmen, um in den Genuss eines freien Lebens zu kommen, ist nicht annähernd so schwierig, wie Ihr Leben lang in Knechtschaft zu bleiben. Sie selbst und diejenigen, die Ihnen nahe stehen, müssen Ihnen so wichtig sein, dass Sie Furcht bekämpfen und jene Person zu sein beginnen, die Sie schon immer sein wollten. Tun Sie es, selbst wenn Sie es »ängstlich tun« müssen.

Es ängstlich tun

Ich habe diese Geschichte bereits in anderen Büchern erzählt, aber es lohnt sich, sie an dieser Stelle zu wiederholen. Es war einmal eine Frau, die wir Joy nennen wollen und die Zeit ihres Lebens, soweit sie zurückdenken konnte, in Furcht gelebt hat. Furcht bestimmte all ihr Tun. Sie fuhr nie Auto. Sie ging nachts nicht nach draußen. Sie hatte Angst davor, neue Menschen kennen zu lernen. Sie hatte Angst vor Menschenmengen, neuen Dingen, dem Fliegen, vor Versagen und vor ziemlich allem, was man sich vorstellen kann. Sie hieß zwar Joy, was »Freude« bedeutet, erlebte aber nichts dergleichen, wurde sie doch von ihren Ängsten gefangen gehalten und gequält. Sie wünschte sich so sehr, kühn und mutig sein zu können. Sie wünschte sich ein aufregendes Leben und Abenteuer, aber ihre Träume zerplatzten immer wieder wegen ihrer Ängste.

Joy war Christin, und eines Tages beklagte sie sich mal wieder bei ihrer langjährigen christlichen Freundin Debbie. Debbie hatte das alles schon viele Male zuvor gehört, doch dieses mal schockierte sie Joy mit ihrer Antwort. Debbie blickte Joy tief in die Augen und sagte mit Nachdruck: »Nun, warum machst du es nicht einfach ängstlich?« Was für eine kraftvolle Wahrheit! Das war ein neuer Lebensanfang für Joy, denn zum ersten Mal sah sie, was Furcht wirklich ist. Furcht würde nicht einfach aus ihrem Leben verschwinden. Zu lange schon stand dieses Bollwerk, zu tief reichten die Wurzeln der Furcht. Joy musste sie bekämpfen, indem sie einfach tat, was sie tun wollte, selbst wenn sie dabei Angst hatte.

Furcht bedeutet wegzulaufen oder zu fliehen, Konfrontation sucht dagegen einen Frontalzusammenstoß. Manchmal heißt das, uns selbst gegenüber zu treten. Vielleicht haben wir Angst vor Versagen, oder auch Angst vor Erfolg. Manchmal erfordern Ihre Ängste oder Sorgen, dass Sie sich mit einer anderen Person auseinander setzen müssen, vielleicht einem Elternteil oder dem Ehemann, vielleicht sogar mit einem Kind.

David Augsburger führt in seinem Buch *Sag mir die Wahrheit, wenn du mich liebst* Wege auf, wie Sie Ihre Gedanken deutlich formulieren, aber gleichzeitig Respekt für die andere Person ausdrücken können[65].

Konfrontieren	**Respektieren**
Mir ist die Angelegenheit sehr wichtig.	Mir ist unsere Beziehung wichtig.
Ich möchte meine Ansichten klar ausdrücken.	Ich möchte deine Ansichten hören.
Ich möchte, dass meine Ansichten respektiert werden.	Ich möchte deine Erkenntnisse respektieren.
Ich möchte, dass du mir deine ehrlichen Empfindungen anvertraust.	Ich vertraue darauf, dass du mit meinen ehrlichen Empfindungen umgehen kannst.
Ich möchte, dass du mit mir am Ball bleibst, bis wir einen neuen Nenner gefunden haben.	Ich verspreche, an der Diskussion dran zu bleiben, bis wir einen Nenner gefunden haben.
Ich wünsche mir deine freimütige, klare, ehrliche Sicht über unsere Unterschiede.	Ich werde die Unterschiede zwischen uns nicht ungut benutzen, Druck auf sie ausüben, manipulieren oder verzerren.
Ich wünsche mir deine respektvoll konfrontierende Erwiderung.	Ich zolle dir meinen liebenden, ehrlichen Respekt.

Blicken Sie ihr in die Augen

Zwei Forscher waren auf einer Dschungelsafari, als plötzlich ein wilder Löwe in ihren Weg sprang. »Nur die Ruhe bewahren«, flüsterte der erste Forscher. »Weißt du noch, was wir in dem Buch über wilde Tiere gelesen haben? Wenn man stockstill steht und dem Löwen in die Augen blickt, wird er sich umdrehen und davonlaufen.« – »Ja«, erwiderte sein Kumpane. »Du hast das

Buch gelesen, ich hab's gelesen. Aber hat es der Löwe auch gelesen?«

Wenn wir uns entscheiden müssen, ob wir einer Situation begegnen oder vor ihr davonlaufen, gehen uns viele Dinge durch den Kopf. Wir denken, das Risiko, das wir oder jemand anders verletzt werden, sei geringer, oder vielleicht wollen wir uns einfach nicht die Zeit dafür nehmen, uns mit der Sache auseinander zu setzen. Denken Sie jedoch immer daran: Wenn Sie davonlaufen, werden Sie immer weiter laufen müssen.

Als Adam und Eva im Garten Eden sündigten, wollten sie als allererstes davonlaufen und sich vor der Gegenwart Gottes verstecken. Sie versuchten, ihre Nacktheit mit Feigenblättern zu bedecken. Es funktionierte nicht. Und es wird auch bei uns nicht funktionieren. Gott musste mit einem Plan für ihre Erlösung einschreiten, und auch für uns hat er solch einen Plan.

Gott wollte nie, dass wir vor unseren Feinden davonlaufen. Sein Plan war und ist immer noch, dass wir uns mit ihm an unserer Seite jeder noch so problematischen Lebenslage stellen.

Schauen Sie sich einmal Epheser 6 in Gottes Wort an, mit welch einer Waffenrüstung Gott uns ausgestattet hat. Er sagt uns, wir sollen fest stehen, bekleidet mit dem Gürtel der Wahrheit, dem Brustpanzer der Gerechtigkeit, beschuht mit dem Evangelium des Friedens, bestückt mit dem Schild des Glaubens, dem Helm des Heils und dem Schwert des Geistes. Haben Sie gemerkt, dass da etwas fehlt? Es gibt keinen Schutz für unseren Rücken!

Und zwar deshalb, weil Gott nie wollte, dass wir vor unseren Feinden davonlaufen. Sein Plan war und ist immer noch, dass wir uns mit ihm an unserer Seite jeder noch so problematischen Lebenslage stellen. Menschen sind so geübt darin, wichtigen Angelegenheiten auszuweichen, und noch besser können sie diese Angelegenheiten vertuschen, indem sie in einer Scheinwelt leben und falsche Persönlichkeiten erfinden. Es ist an der Zeit, Stellung zu beziehen und der Furcht zu begegnen!

Eine Frau, die einmal eine meiner Konferenzen besuchte, berichtete, dass sie zum ersten Mal seit 35 Jahren ihr Haus verlassen habe. Als wir sie weiter befragten und ihre Geschichte besser kennenlernten, wuchs unser Erstaunen noch mehr. Als Kind wurde sie missbraucht und obwohl sie später heiratete und selbst Kinder bekam, meinte sie, das Leben sei sicherer, wenn sie im Haus blieb, wo sie niemand verletzen konnte. Sie dachte sich verschiedene Methoden aus, um die nötigen Besorgungen vom Haus aus treffen zu können, und mit der Erfindung des Computers wurde ihr abgeschiedener Lebensstil noch einfacher gemacht. Sie bestellte sich die Dinge übers Internet und kommunizierte durch Briefe und Telefon[66].

Schließlich begann sie sich meine tägliche Fernsehsendung anzusehen und entdeckte durch mein Zeugnis, dass auch ich von meinem Vater missbraucht worden war. Und wenn ich vor tausenden von Menschen stehen und mit Kühnheit sprechen konnte, entschied sie sich, könne sie sich zumindest aus dem Haus wagen. Sie traf den Entschluss, einer meiner Konferenzen zu besuchen, was sie dann auch tat, obwohl ihre Knie weich waren und sie sich schrecklich aufgewühlt fühlte. Das war der erste Schritt für sie, um ihre Furcht zu besiegen. Sie tat es ängstlich. Sie hatte noch viel zu tun, aber ein geparktes Auto fahren kann keiner. Sie musste erst einen Schritt tun, bevor sie den nächsten gehen konnte. Ich hoffe, ihre Geschichte ermutigt und motiviert Sie, Ihre eigene Reise zu beginnen - eine Reise, auf der Sie die Ketten der Furcht sprengen und immer mehr zu der zuversichtlichen Frau werden, die Sie gerne sein möchten.

Mein Leben änderte sich drastisch, als ich verstand, das Furcht mit Davonlaufen und Flucht gleichzusetzen ist. Heute weiß ich: Selbst wenn ich vor Angst zittere, bin ich trotzdem nicht feige, solange ich einfach weitermache und das tue, wovon mich die Angst abhalten möchte.

Zuversicht entwickelt man, indem man genau das tut, wovor man Angst hat. Dadurch sammelt man Erfolgserlebnisse. Henry Ford sagte: »Eine der größten Entdeckungen eines Menschen, eine seiner größten Überraschungen, ist zu merken: Er kann etwas tun, was er sich gar nicht zugetraut hatte[67].«

Dave und ich haben vor kurzem ein humorvolles aber lehrreiches Beispiel gehabt, wie Furcht einen laufen und sich verstecken lässt. Wir haben eine drei Kilo leichte Hündin, eine blitzweiße und flaumige Malteserin. Sie heißt Duchess (»Herzogin«) und ist natürlich die Niedlichkeit in Person. Duchess hat Baden schon seit ihrer Welpenzeit nicht gefallen. Wann immer sie merkte, dass die Badezeit nahte, bekam sie das Zittern, rannte in einen anderen Teil des Hauses und versteckte sich. Mit zunehmendem Alter schien sie jedoch über die Sache hinwegzukommen und nicht mehr solche Angst zu haben.

Doch dann verbrachten wir einen Sommer in einer anderen Wohnung, die uns jemand zur Verfügung stellte. Als Duchess das Wort »Bad« hörte und sah, wie ich ihr Shampoo und andere Utensilien herausholte, die ich normalerweise dafür benutze, verschwand sie. Sie versteckte sich in einem anderen Zimmer, wo wir sie schließlich zitternd auffanden. Zunächst wusste ich nicht, was mit ihr los war, weil sie schon länger keine Angst vor dem Baden mehr gezeigt hatte, dann aber wurde es mir klar. Sie hatte wohl Angst, weil sie in einer ihr fremden Situation und Umgebung war.

Selbst Tiere reagieren auf Furcht durch Weglaufen und Verstecken. Sie leben gemäß ihren Instinkten und gehorchen diesen immer; aber Gott sei Dank leben wir auf Grund weiser Entscheidungen, die wir gemäß unserer Erkenntnis von Gottes Wort treffen können. Sein Wort sagt, wir sollen der Furcht nicht nachgeben, und mit Hilfe seines Geistes können wir die richtigen Entscheidungen treffen.

Gibt es Immunität gegen Furcht?

Werden einige Menschen von Angst geplagt, während andere einfach mit Mut gesegnet sind? Zugegeben: Wir kommen mit unterschiedlichen Temperamenten auf die Welt, bei denen wir kein Mitspracherecht haben. Gott sucht sie für uns aus, je nachdem, was unsere Bestimmung ist und welches Temperament wir dazu benötigen. Einige Menschen sind von Natur aus energischer, mutiger und kühner als andere, aber ich bezweifle stark, dass irgendjemand vollkommen immun gegen Furcht ist. Selbst jemand, dessen Mut alle anderen in den Schatten zu stellen scheint, hegt irgendeine Angst.

Manche Leute können ihre Ängste einfach besser verstecken. Sie mögen nicht einmal vor sich selbst zugeben, dass sie Ängste haben. Dabei ist jeder auf der Zielscheibe Satans, was Angst betrifft. Aber wir können sie überwinden! Wenn es nicht möglich wäre, Furcht zu überwinden, dann hätte Gott uns in seinem Wort nicht angewiesen: »Fürchte dich nicht!«

Ich glaube, wir alle sind in bestimmten Bereichen mutig und in anderen ängstlich. Das Pendel mag in die eine oder andere Richtung schwingen, aber wir haben alle etwas von beiden Seiten. Nehmen wir zum Beispiel die zaghafte und schüchterne Frau, die wir Theresa nennen wollen. Sie redete nicht viel und war introvertiert. Eine Rede vor einer großen Menschenmenge zu halten hätte sie wie versteinert werden lassen. Und trotzdem war Theresa sehr tapfer, wenn es um den Schmerz und das Unglück in ihrem eigenen Leben ging. Im Alter von 32 Jahren bekam sie Krebs und ertrug chirurgische Operationen, schmerzvolle Strahlenbehandlung und Chemotherapie. Außerdem hatte Theresa drei Fehlgeburten, bis sie endlich ein gesundes Kind gebar. All diese Schwierigkeiten ertrug sie gefasst, tapfer und mit wenig Klage.

Janice, eine Freundin von Theresa, war dagegen äußerlich sehr selbstbewusst. Ihre Kontaktfreudigkeit hätte sogar einen Telefonmast als Freund gewinnen können. Sie war eine Leiterin, sprach vor großen Versammlungen und wurde eigentlich von allen bewundert. Oberflächlich gesehen schien Janice überhaupt nicht ängstlich zu sein. Ähnlich wie Theresa, erlebte auch sie Unglück in ihrem Leben. 20 Jahre lang hatte sie für eine Firma gearbeitet und sich eine gute Rente erwirtschaftet, indem sie in eine betriebliche Altersvorsorge investiert hatte. Zum allgemeinen Erstaunen wurde gegen die Firma wegen Betrug bei der Altersvorsorge ihrer Angestellten ermittelt, und plötzlich standen Janice und viele andere Angestellte ohne Rente da. Die Firma meldete Konkurs an und mehrere der Geschäftsführer wurden gerichtlich verfolgt und zu Gefängnisstrafen verurteilt. Janice verlor nicht nur ihre Rente, sondern auch ihre Arbeitsstelle - ein Schicksalsschlag, den sie nicht gefasst hinnahm. Sie war so von Furcht geplagt, dass es ihre Bekannten ganz erstaunte, hatte sie doch immer solch einen furchtlosen Eindruck gemacht. In dieser Situation, die ihre Zukunft und finanzielle Sicherheit betraf, war sie vor Furcht wie gelähmt.

Ich habe Mut genug, mich vor Millionen von Menschen zu stellen und stundenlang zu reden. Ich habe keine Angst, transparent zu sein und Einzelheiten über mein Leben zu erzählen, über die andere nicht so frei sprechen könnten. Auf der anderen Seite würde ich in einer Achterbahn im Vergnügungspark zittern und wahrscheinlich auch schreien, und das nicht aus Spaß an der Sache.

Auf unseren Reisen probiert mein Mann, Dave, immer alle möglichen Gerichte aus, die er noch nie gegessen hat, wobei ich immer nach etwas Vertrautem Ausschau halte. Ich habe Angst, dass mir etwas Neues nicht schmecken wird und ich mir damit meine Mahlzeit vermiese. Ich möchte damit sagen: Niemand ist wirklich immun gegen Furcht. Die Ängste einiger Menschen sind offenkundiger als die von anderen, aber ich denke, wir alle haben welche.

Es ist wichtig für uns zu erkennen, dass wir in unseren Kämpfen gegen die Angst nicht allein sind. Dem Teufel gefiele nichts besser, als uns weismachen zu können, mit Ihnen oder mir stimme etwas nicht und dass normale Menschen solche Probleme nicht hätten. Lassen Sie ihn das nicht tun; wir alle kennen Furcht.

General George Patton galt definitiv als ein sehr mutiger Mann, und dennoch gab er zu, Ängste gehabt zu haben. Er entschloss sich einfach, ihnen keine Beachtung zu schenken.

Im Zweiten Weltkrieg traf sich ein Kommandant mit General George Patton auf Sizilien. Als er Patton für seinen Mut und seine Tapferkeit pries, antwortete der General: »Sir, ich bin kein mutiger Mann ... Ehrlich gesagt bin ich ein totaler Angsthase. In meinem ganzen Leben bin ich noch nie in Hörweite eines Schusses oder Sichtweite eines Kampfes gewesen, ohne mich so sehr zu fürchten, dass ich schweißnasse Hände bekam.« Pattons Autobiographie, die Jahre später veröffentlicht wurde, enthält eine bedeutsame Aussage des Generals: »Ich habe schon früh im Leben gelernt, meine Ängste nicht zu Rate zu ziehen.«

Der Geist der Furcht ist nicht sehr wählerisch, wen er wann besuchen kommt. Furcht kann zu ganz ungünstigen Zeiten auftauchen, in Momenten, in denen wir uns lieber furchtlos fühlen würden. Denn wer möchte sich schon mit Furcht auseinandersetzen? Keiner mag es, deswegen machen es die meisten auch nicht! Weglaufen, verstecken, es auf die lange Bank schieben - das erscheint viel einfacher. Wir wünschen sie uns weg, beten sie uns weg, doch die Furcht wird uns solange am Laufen halten, bis wir uns ihr entgegen stellen. Wenn wir schon laufen, dann auf den Feind zu, nicht vor ihm weg.

Vielfalt! Vielfalt! Vielfalt!

Die Vielfalt der Ängste, die der Teufel den Menschen einflößt, ist endlos und erstaunlich. Menschen fürchten alles Mögliche, von Schmutz bis Tod. Hier seien einige erwähnt, mit denen ich entweder durch meine Seelsorge in Berührung gekommen bin oder von denen ich anderweitig gehört habe: Angst vor Einsamkeit, Ablehnung, verlassen zu werden, ausgenutzt zu werden, Intimität, Geburt, Höhen, Wasser, Bienen, Hunde, Katzen, Nage- und sonstige Tiere. Einige Leute fürchten sich vor Krankheit und werden beständig von der Vorstellung heimgesucht, ein neues Leiden entwickle sich gerade in ihrem Körper. Weit verbreitet ist die Menschenfurcht wie auch die Furcht vor Armut. Die Angst vor dem Versagen plagt viele Menschen, während sich andere vor Erfolg fürchten. Besonders Frauen haben häufig Angst, ihre Ehemänner könnten sterben und sie mit nichts zurücklassen. Einige Leute sind fast paranoid wegen ihres äußeren Erscheinungsbildes. Andere haben Angst vor dem Ertrinken, vor Bakterien,

Fahrstühlen, Menschenmengen, dem Fliegen oder Feuer. Ich kenne eine erwachsene Frau, die noch nie einen Streichholz angezündet hat, weil sie sich vor ihnen fürchtet. Einige Menschen können keine tieferen Beziehungen eingehen, weil sie sich vor Intimität fürchten.

Ich könnte die Liste noch länger machen, aber ich denke Sie sehen, worauf ich hinaus will. Sie mögen sogar von einer Angst geplagt sein, die Ihnen so sonderbar erscheint, dass Sie nie jemanden von ihr erzählen würden. Doch glauben Sie mir: Da draußen gibt es irgendjemanden, dessen Angst noch sonderbarer ist als Ihre eigene. Warum aber haben Menschen solch unterschiedliche Ängste? Jemand, der in Florida aufwächst, mag sich mehr vor Hurrikanen fürchten als jemand, der in Kansas oder Tennessee aufwächst und große Angst vor Tornados hat. Ein Stadtbewohner mag sich mehr vor Straßenüberfällen fürchten als jemand, der auf einem Bauernhof lebt. Warum haben einige so schreckliche Angst vor Hunden während andere sie zum Knuddeln gern haben?

Wovor haben Sie Angst?

Eine amerikanische Umfrage in 2005 zeigte die am stärksten verbreiteten Ängste unter Teenagern in den USA, darunter:

1. Terroristenanschläge
2. Spinnen
3. Tod
4. Versagen
5. Krieg
6. Höhen
7. Kriminalität/Gewalt
8. Alleinsein
9. Die Zukunft
10. Atomkrieg

Mehrere der Ursachen sind offensichtlich, aber bei weitem nicht alle. Ich denke, den Grund für eine Angst zu kennen ist nicht nahezu so wichtig, wie sich zu entschließen, nicht länger von ihr beherrscht zu werden. Einige Leute versuchen ihr ganzes Leben lang den Grund ihrer Probleme zu verstehen und kommen nie über sie hinweg. Dabei kann Gott uns helfen, über die Ängste, die uns erstarren lassen wollen, hinwegzukommen - wenn wir denn seine Hilfe suchen.

Begegnen Sie Ihren Ängsten heute und bitten Sie Gott, Ihnen über sie hinweg zu helfen. Nur durch seine Gnade vermögen wir alle, unsere Ängste zu überwinden.

Kapitel 12

Angst und ihre Verwandten

Wenn Sie sich erst einmal vom Geist der Furcht vereinnahmen lassen, öffnen Sie Tür und Tor für andere Geister, die von Ihnen Besitz ergreifen und Sie erstarren lassen möchten, damit Sie nicht mit Zuversicht und Gewissheit voranschreiten können. Sorgen und Lustlosigkeit sind beide Verwandte vom Geist der Furcht. Sie können es auch so sehen: Furcht ist die Mutter und Sorgen und Lustlosigkeit sind die Kinder. Die Bibel lehrt uns deutlich, dass Gottes Kinder sich keine Sorgen machen sollen. Wenn wir uns Sorgen machen, drehen sich unsere Gedanken immer und immer wieder um das gleiche Problem, ohne eine Lösung zu finden. Je länger wir dabei sind, desto mehr Sorgen machen wir uns. Wir quälen uns dann selbst mit Gedankengängen, die keine gute Frucht hervorbringen. Sorgen beginnen in unseren Gedanken, wirken sich aber auf unser Gefühlsleben und sogar unseren Körper aus.

Dabei sollten Sie wissen, dass Sorgen nicht erst im Erwachsenenalter kommen. Einer Studie in Großbritannien zufolge machen sich über die Hälfte aller weiblichen Teenager Sorgen über ihr Aussehen, jede Dritte hat Schulstress und 40 Prozent machen sich Sorgen wegen ihrer Familien. Kein Wunder, dass 80 Prozent aller von Sorgen Geplagten auch ein schlechtes Selbstbild haben: Ihre Zuversicht wurde von Furcht und Zweifeln, die sich als Sorgen verkleidet haben, verschlungen[68]!

Man kann sich so viele Sorgen machen, dass man richtig depressiv und traurig wird. Sorgen verursachen Stress in Ihrem ganzen Sein und sind die Ursache für viele physische Unpässlichkeiten wie Kopfschmerzen, Muskelverspannungen, Bauchschmerzen und vieles andere. Sorgen sind zu nichts gut. Sie helfen nie und lösen auch nicht unsere Probleme.

Jesus sagte, wir sollen uns über den morgigen Tag nicht sorgen, denn jeder Tag habe an seinem Übel genug (Matthäus 6,34)! Der Versuch, die Probleme von morgen heute zu lösen, raubt Ihnen nur Ihre von Gott gegebene Energie, um den heutigen Tag zu meistern. Verschwenden Sie Ihre Zeit nicht mit Sorgen! Sie sind frucht- und nutzlos. Seien Sie nicht wie der Fagottspieler, der zum Dirigenten ging und nervös zugab, er könne das hohe Es nicht erreichen. Der Dirigent lächelte nur und antwortete: »Keine Sorge. Ihre Musik heute Abend beinhaltet kein Es.« Viele unserer Sorgen sind genauso: grundlos und unnötig.

Gebet öffnet Gott die Tür, um hinein zu kommen und sich um unsere Bedürfnisse zu kümmern.

Demütigen Sie sich unter Gottes mächtige Hand, indem Sie alle Ihre Sorgen auf ihn werfen (1. Petrus 5,6-7). Dadurch sagen Sie zu Gott: »Ich weiß, ich kann meine eigenen Probleme nicht lösen und vertraue dir vollkommen darin, dass du dich um mich kümmerst und mir in meiner Lage Lösungen schenkst.«

Sie können nur dann eine Frau mit Zuversicht sein, wenn Sie Angst und Sorgen aus Ihrem Leben verbannen, und das beginnt mit Gebet. Gebet öffnet Gott die Tür, um hinein zu kommen und sich um unsere Bedürfnisse zu kümmern. Der Apostel Paulus sagte, wir sollen uns um nichts Sorgen machen, sondern in allem durch Gebet den Frieden Gottes erleben (Philipper 4,6-7). Er sprach nicht von »einigen« Dingen, er sprach auch nicht von »einer« Sache, sondern von allem. Gebet muss den Platz unserer Sorgen einnehmen.

Wir können uns um Hunderte von Dingen Sorgen machen, angefangen damit, was Leute über uns denken, bis hin zu Sorgen über das Alter. Wie lange werde ich noch arbeiten können? Wer wird sich um uns kümmern, wenn wir alt sind und uns nicht mehr um uns selbst kümmern können? Was passiert, wenn der

Börsenmarkt zusammenbricht? Was ist, wenn die Benzinpreise steigen? Was mache ich, wenn ich meinen Job verliere? Dabei sind diese Sorgen meistens ohne Fundament, ja, haben nicht einmal einen Hauch von Wahrheit. Es gibt häufig keinen ersichtlichen Grund, warum wir uns überhaupt Gedanken über die Dinge machen, die uns Sorgen bereiten und beängstigen. Man kann sich das Sorgen richtig zur schlechten Angewohnheit machen, so dass man es einfach immer tut! Einigen Leuten ist beständig angst und bange. Wenn sie selbst gerade keine Probleme haben, machen sie sich über die Probleme anderer Sorgen.

Die einzige Antwort darauf lautet: »Hören Sie auf, sich Sorgen zu machen, und setzen Sie ihr Vertrauen auf Gott.« Er hat die Zukunft geplant und kennt die Lösung für alles. Sein Wort verheißt, dass er sich um uns kümmern wird, wenn wir ihm vertrauen.

Jemand hat einmal gesagt: »Sich sorgen heißt, für Schwierigkeiten Zinsen zu bezahlen, bevor sie fällig sind.« Sorgen glauben an kommende Schwierigkeiten, ehe sie da sind. Ständig zehren sie an der von Gott geschenkten Kraft, mit der wir uns den täglichen Problemen stellen und um unsere vielen Aufgaben kümmern können. Deswegen sind sie eine sündhafte Verschwendung. Sorgen sind das Ende des Glaubens, und Glaube ist das Ende der Sorgen.

Sorgen Sie sich nicht darum, dass Sie einen schlechten Tag haben könnten, denn Sie werden es schon merken, wenn Sie einen haben, und dann können Sie das Beste daraus machen. Einen schlechten Tag haben Sie, wenn ...

... Ihre Geburtstagstorte wegen der vielen Kerzen zusammenbricht.
... Ihre Zwillingsschwester Ihren Geburtstag vergessen hat.
... Sie die Beratungsstelle für Selbstmordgefährdete anrufen und Ihnen gesagt wird, alle Leitungen seien momentan besetzt und ein freier Mitarbeiter würde sich bald um Sie kümmern.
... der Vogel, der draußen vor Ihrem Fenster zwitschert, ein Bussard ist.

... Ihre Autohupe aus Versehen losgeht und stecken bleibt, während Sie gerade auf einer Schnellstrasse hinter der berüchtigten Motorradgang »Hell's Angels« herfahren.
... Ihr Chef Ihnen sagt, Sie können Ihre Jacke gleich anbehalten.
... Sie aufwachen und Ihre oberen und unteren Zahnspangen sich in einander verankert haben.
... Sie beide Kontaktlinsen ins gleiche Auge tun.
... Ihr Ehemann »Guten Morgen, Judith« sagt, obwohl Sie Susanne heißen.

Als Jesus uns anwies, wir sollen uns keine Sorgen über den morgigen Tag machen, meinte er damit, dass wir das Leben Stück für Stück angehen sollten. Er gibt uns die nötige Stärke dann, wenn wir sie brauchen. Wenn wir die von ihm gegebene Stärke für Sorgen anstatt für Taten aufbrauchen, berauben wir uns der Segnungen, die Gott uns für heute zugedacht hat - nicht für morgen oder übermorgen, sondern für heute. Wir verpassen das Gute, weil wir uns um Schlechtes sorgen, das vielleicht nicht einmal eintrifft!

Mehrere Jahre lang konnte eine bestimmte Frau nachts nur schwer einschlafen, weil sie Angst vor Einbrechern hatte. Eines Nachts hörte ihr Mann Geräusche im Haus, also ging er nach unten und sah nach, und da fand er tatsächlich einen Einbrecher. »Guten Abend«, sagte der Herr des Hauses. »Wie schön, dass Sie da sind. Kommen Sie doch nach oben und sagen Sie meiner Frau hallo. Sie hat zehn Jahre lang auf dieses Treffen gewartet.«

Das Leben hat Unebenheiten und Schlaglöcher auf der Straße. Sie müssen sich schon mit genug herumschlagen, einfach, weil Sie auf dem Planet Erde leben. Warum sollte sich irgendjemand über die Probleme von morgen Sorgen machen wollen? Häufig werden unsere Sorgen gar nicht wahr, und wenn sie es doch einmal tun, hätte sich sorgen es auch nicht verhindert. Sorgen bewahren Sie nicht vor Schwierigkeiten, sondern machen Sie unfähig, angemessen mit ihnen umzugehen.

Gott ist unser Beistand in Nöten (Psalm 46,2). Wenn Sie sich Sorgen machen, sind Sie auf sich gestellt. Worüber sorgen Sie sich, wenn Sie es tun: was passieren könnte oder was ausbleiben könnte? Für Leute, die sich ständig Sorgen machen, haben die Schotten ein Sprichwort: »Was sein mag, mag auch nicht sein.«

Eine zuversichtliche Frau macht sich keine Sorgen, weil sie die Zukunft anders sieht als die sorgenreiche Frau. Sie vertraut stark darauf, dass sie mit Gottes Hilfe alles zu tun vermag, was es auch sei. Ihre positive Haltung lässt sie Gutes für die Zukunft erwarten, nicht Schlechtes. Zuversicht ist die Frucht des Vertrauens zu Gott. Wenn wir ihm vertrauen, mögen wir selbst nicht immer die Lösung parat haben, aber wir wissen: Gott hat sie.

Machen Sie sich keine Sorgen über vergangene Fehler

Es nützt nichts, sich über etwas Sorgen zu machen, und schon gar nicht, über Vergangenes, an dem man nichts mehr ändern kann. Wenn Sie in der Vergangenheit einen Fehler begangen haben, den man wieder gutmachen kann, dann tun Sie es. Aber wenn außer Bedauern nichts möglich ist, dann bitten Sie Gott und die Menschen, die Sie eventuell verletzt haben, um Vergebung und machen sich dann darüber keine Sorgen mehr.

Ich möchte Sie noch einmal erinnern: Sorgen nützen nichts. Warum sich also welche machen? Gott hat uns Weisheit geschenkt, und wer weise ist, wird seine Zeit nicht mit etwas verbringen, aus dem nichts Nützliches hervorkommen kann.

Es gibt viele wundervolle Bibelstellen, die uns lehren, die Vergangenheit loszulassen und in die Zukunft zu blicken. Wir werden daran erinnert, das zu vergessen, was hinter uns liegt und auf das zu sehen, was vor uns ist: auf Gott und seinen Plan für uns (Philipper 3,13). Wir können Frieden in der Gewissheit finden, dass Gottes Erbarmen und Güte jeden Morgen neu sind und dass seine Treue groß ist (Klagelied 3,22-23). Auch dürfen wir nicht vergessen, dass er ein Überwinder ist und viel mehr zu tun vermag, als wir uns je vorstellen können (Epheser 3,17; 21). Gott hat der Vergangenheit alle Macht über Sie entzogen, doch liegt es an

Ihnen, seine großzügige Gabe der Vergebung, der Güte und eines Neuanfangs anzunehmen.

Gefährden Sie Ihre Zukunft nicht durch vergangene Fehler, die Sie schwären lassen. Wenn Sie Gott um Vergebung für etwas bitten, das Sie falsch gemacht haben, ist er treu und gerecht, und tut es auch. Er reinigt uns ständig von aller Ungerechtigkeit (1. Johannes 1,9). Es ist vergeben und vergessen - aber Sie müssen es genauso tun!

Kommen Sie über Schuldgefühle hinweg

Millionen von Menschen zerstören ihr Leben durch Schuldgefühle wegen ihrer Vergangenheit und weil sie nichts mehr daran verändern können. Wenn Gott uns unsere Sünden vergibt, beseitigt er auch die Schuld. Aber genauso wie es gilt, seine Vergebung zu empfangen, müssen wir auch die Freiheit von Schuld empfangen und uns nicht länger von Schuldgefühlen bestimmen lassen. Wenn Gott sagt, dass uns vergeben wurde und uns für nicht schuldig erklärt, dann sollten wir seinem Wort mehr Glauben schenken als unseren Gefühlen.

Menschen sagen häufig: »Das werde ich mir den Rest meines Lebens nicht vergeben können.« Auch habe ich Leute schon sagen gehört: »Über das, was ich da getan habe, werde ich nie hinweg kommen.« Gottes Wort sagt, wenn er uns vergibt, vergisst er das Vergehen und es gibt keine Strafe mehr für Sünden, wo sie gänzlich erlassen wurden (Hebräer 10,17-18). Warum sollten Sie sich für lebenslange Schuldgefühle entscheiden, wenn Gott für Sie einen Weg des Freiwerdens geschaffen hat?

Das erinnert mich an eine Geschichte aus dem frühen 20. Jahrhundert von einem kleinen Jungen, der einen Stein auf eine der Familiengänse warf, sie mitten am Kopf traf und dadurch tötete. Er dachte sich, die Eltern würde schon nicht merken, dass einer der 24 Vögel fehlte, also begrub er den Leichnam der Gans. Doch an jenem Abend nahm ihn seine Schwester beiseite und sagte: »Ich hab' alles gesehen. Wenn du heute Abend das

Geschirr nicht für mich spülst, sage ich es Mutter.« Am nächsten Morgen gab sie ihm dieselbe Warnung. Den ganzen Tag und den nächsten fühlte sich der Junge verpflichtet, das Geschirr zu spülen. Am Morgen darauf sagte er seiner Schwester jedoch zu ihrer Überraschung, dass sie nun dran sei. Als sie ihn leise erinnerte, was sie zu tun vermochte, erwiderte er: »Ich hab's Mutti schon erzählt und sie hat mir vergeben. Jetzt spül' das Geschirr ab. Ich bin wieder frei!«

Schuldgefühle sind Sorgen, die sich auf Angst gründen. Wir haben Angst, Gott könnte böse auf uns sein oder wir könnten etwas zu Gewaltiges und zu Schlimmes getan haben, als dass Gott es vergeben könnte. Wir fühlen uns unwürdig, Vergebung zu empfangen, und deswegen wollen wir sie nicht entgegen nehmen. Wir machen uns Sorgen, was die Leute über unsere vergangenen Sünden denken könnten. Wir befürchten, dass sie uns nie vergeben könnten und uns nie wieder als gute Menschen betrachten. Bei Schuldgefühlen geht es immer um die Vergangenheit, die Ihre Zukunft ruinieren kann. Kommen Sie darüber hinweg!

Gott hat nichts gegen Sie, solange es Ihnen wirklich leid tut, was Sie getan haben und auf das Blut Jesu vertrauen, um sich von Ihrer früheren Gottlosigkeit zu reinigen. In dem Moment, wo Sie Buße tun, vergibt und vergisst Gott. Warum folgen Sie nicht einfach seinem Beispiel, nehmen seine Vergebung entgegen und vergessen die Sache ebenfalls?

Eine Frau mit Zuversicht lebt nicht in der Vergangenheit, sondern lässt sie los und schaut in die Zukunft. Ich glaube, viele Frauen, die dieses Buch lesen, haben gerade jetzt eine Entscheidung zu treffen. Vielleicht haben Sie jemanden enttäuscht, vielleicht haben Sie eine Abtreibung machen lassen oder haben Ehebruch begangen, etwas gestohlen, sich einer Lüge bedient oder andere schreckliche Dinge getan. Doch Gottes Frage an Sie lautet: Was werden Sie heute tun? Werden Sie Gott den Rest Ihres Lebens dienen und seinem Plan für Ihr Leben folgen? Wenn Sie zu dieser Hingabe bereit sind, vermag nichts aus Ihrer Vergangenheit Sie aufzuhalten.

Zehrt die Lustlosigkeit an Ihrer Freude?

Menschen scheuen sich vor vielen Dingen, wobei viele gar nicht die Auswirkungen dieser Lustlosigkeit erkennen. Sie saugt jegliche Freude aus dem jetzigen Moment. Das Leben, welches Gott uns durch Jesus Christus ermöglicht hat, ist ein kostbares Geschenk, von dem wir jeden Moment genießen sollten.

Einmal bekam ich eine Gesichtsbehandlung, die ich total genoss. Ich blickte hinüber zur Tür und sah meine Kleidung am Haken hängen, und da dachte ich: »Ach, ich habe überhaupt keine Lust, aufzustehen und mich anziehen zu müssen und dann nach Hause zu fahren.« Doch dann erkannte ich, dass ich die Lustlosigkeit wieder ihre schmutzige Arbeit verrichten ließ. Sie raubte mir die Freude des Augenblicks.

Beten Sie und bitten Sie Gott, Ihnen zu zeigen, wann Sie die Lustlosigkeit packt, sei es wegen einer Pflicht oder etwas, das in der Zukunft auf Sie wartet und worüber Sie sich nicht sicher sind. Wenn Sie die Lustlosigkeit aus Ihrem Leben schaffen können, wächst Ihre von Gott gegebene Zuversicht dadurch automatisch und Sie werden mehr Freude in Ihrem Leben haben.

Wie häufig schieben Sie Dinge, zu denen Sie keine Lust haben, auf die lange Bank? Vielleicht ist es der Wäschestapel oder die unbezahlten Rechnungen, oder noch schlimmer: die Steuererklärung! Trainieren Sie sich darin, nicht wegen der unangenehmen Aufgaben von Lustlosigkeit gepackt zu werden, sondern sie sogar zuerst anzugehen. Je eher am Tag Sie die unangenehmen Dinge aus dem Weg schaffen, desto mehr Kraft haben Sie dafür. Wenn Sie bis zum Ende des Tages warten, wo Ihre Energie fast aufgebraucht ist, und dann etwas zu schaffen versuchen, wozu Sie überhaupt keine Lust haben, wird es schlimmer sein, als wenn Sie es früher erledigt hätten. Lustlosigkeit lässt uns Dinge aufschieben, dabei ist genau jetzt die beste Zeit, die Dinge anzupacken!

Aufschiebetaktik lässt die Sachen nicht einfach verschwinden, sondern verlängert Ihre Qual nur. Sie können sich in Lustlosigkeit wälzen oder Sie können mit Zuversicht die Sache angehen.

Als Christen, die wir die Kraft des Heiligen Geistes in uns tragen, sollten wir unangenehme Aufgaben doch eigentlich mit einer positiven Haltung verrichten können - ohne Lustlosigkeit. Gottes Kraft ist nicht einfach dazu da, unangenehme Umstände aus unserem Leben zu streichen, sondern häufig dafür, dass wir sie mutig meistern können.

Regen Sie sich nicht über Kleinigkeiten auf

Höchstwahrscheinlich sind Ihre häufigsten Lusttöter eigentlich Kleinigkeiten und nicht die großen Angelegenheiten. Das liegt zum Ersten daran, dass wir ständig mit vielen Kleinigkeiten zu tun haben, aber die großen Dinge uns viel seltener treffen. Als ich diesen Lusttöter in meinem eigenen Leben zu untersuchen begann, merkte ich, dass er sich in Kleinigkeiten bemerkbar machte, wie Einkaufen zu gehen, die Wäsche zu machen, etwas erledigen zu müssen oder in der vollen Innenstadt nach einem Parkplatz zu suchen. Ein Lusttöter war das Warten, bin ich doch in der Vergangenheit nicht gerade die Geduld in Person gewesen. Schlange zu stehen, im Stau zu stecken, auf langsame Arbeiter zu warten - das alles nahm mir schnell meine Lust. Ich ließ mich von diesen Situationen richtig auf die Palme bringen.

Wie viele von Ihnen habe ich so einiges zu tun und da mag ich nicht gerne meine Zeit verschwenden, weil ich auf Menschen oder Sachen warten muss. Doch Gott sei Dank habe ich gelernt, dass es überhaupt nichts nützt, wenn ich auf etwas keine Lust habe, an dem kein Weg vorbei führt. Es nimmt mir nur meine momentane Freude, von der ich im Leben schon genug verloren habe und nicht noch mehr hergeben möchte. Geht es Ihnen auch so? Haben Sie auch einen Großteil Ihres Lebens mit Furcht, Sorgen und Lustlosigkeit verschwendet, nur, weil Sie nicht recht damit umzugehen wussten? Wenn ja, dann glaube ich, dass diese Zeit für Sie vorbei ist. Die Erkenntnis in diesem Buch - dafür habe ich genug Glauben - wird Sie zu einer anderen Lebensqualität befähigen, als Sie zuvor hatten.

Während einer Konferenz in einer Gemeinde in Omaha wurden mit Helium gefüllte Luftballons an die Teilnehmer ausgeteilt und ihnen wurde gesagt, sie sollten die Ballons während des Gottesdienstes einfach loslassen, wenn sie der Freude in ihrem Herzen Ausdruck verleihen wollten. Während des gesamten Gottesdienstes stiegen immer wieder Luftballons empor, doch am Ende waren ein Drittel der Ballons noch am Boden. Lassen Sie Ihren Luftballon los[69]! Verleihen Sie Ihrer Freude Ausdruck, selbst in kleinen Dingen.

Ich habe eine Art Wettbewerb daraus gemacht, die Lusttöter in ihrem eigenen Spielchen zu besiegen. Ich möchte dem Teufel beweisen, dass ich an allen meinen Aufgaben Spaß haben kann und dass seine Freudestehlerei bei mir taktisch einfach nicht mehr funktioniert. Der, welcher in mir ist, ist größer als der, welcher in der Welt ist (1. Johannes 4,4). Es ehrt Gott, glaube ich, wenn wir uns gegen Furcht, Sorgen, Lustlosigkeit und andere »Verwandte« richtiggehend sträuben.

Wenn ich mich in einer Situation wieder finde, in der ich lieber nicht wäre, sei es warten zu müssen oder eine unangenehme Aufgabe zu erledigen, treffe ich den Entschluss, es mit Freude und nicht mit Lustlosigkeit zu tun, und dann übe ich die nötige Selbstbeherrschung aus. Ich mache Gebrauch von jenen Glaubensmuskeln, die Gott mir und jedem anderen Erdenbewohner gegeben hat. Wenn wir Furcht in unserem Leben zulassen, erwächst daraus noch mehr Furcht, doch wenn wir uns im Glaubenswandeln üben, wird es mit der Zeit immer einfacher zu wiederholen sein.

Gesalbt, um natürliche Dinge mit übernatürlicher Kraft zu tun

Wenn ich an das Wort »gesalbt« denke, stelle ich mir etwas von oben bis unten Eingeriebenes vor. Wir sind mit Gottes Kraft gesalbt (von oben bis unten eingerieben). Er hat uns mit der Gegenwart und Kraft des Heiligen Geistes gesalbt, damit wir auf übernatürliche Weise leben können.

Selbst als geistlich ausgerichtete Menschen haben wir ständig mit ganz gewöhnlichen, natürlichen Dingen zu tun. Lassen Sie sich nicht von den Dingen besiegen, von denen andere besiegt werden. Werden Sie nicht innerlich schwach, wenn Sie einer Aufgabe gegenüber stehen. Geben Sie nicht auf, bevor Sie überhaupt angefangen haben. Vergessen Sie nicht, dass sich Unordnung Stück für Stück breit macht und Aufräumen Zeit braucht. Denken Sie an die Unordnung in Ihrem Schrank, Ihrer Garage oder Ihrem Keller - die ist nicht von einem Tag auf den anderen entstanden und wird auch nicht ohne etwas Zeit und Mühe wieder verschwinden. Stören Sie sich an einer unaufgeräumten Ecke Ihres Hauses jedes Mal, wenn Sie sie sehen, aber machen sich trotzdem nicht ans Aufräumen, weil Ihnen die Lust dazu gänzlich fehlt? Wenn dem so ist, dann ist es Zeit für eine Veränderung. Ich möchte, dass Sie die unaufgeräumten Ecken mit Bestimmtheit angreifen und sich ein aufgeräumtes Leben und Zuhause zutrauen. Lassen Sie sich nicht von einer unordentlichen Kleiderkammer besiegen. Sie haben die Kraft Gottes in Ihrem Leben. Sie haben die Fähigkeit zum Aufräumen, ob es nun die Kleiderkammer, der Keller, die Garage oder sonst etwas Unordentliches in Ihrem Leben ist. Und tun Sie es mit Freude!

Ist der Gedanke ans Rasenmähen Ihnen eine Last? Denken Sie: »Oh Mann, ich wünschte, ich müsste heute nicht den Rasen mähen. Ich hab' da echt keine Lust drauf. Könnte ich doch lieber einen Einkaufsbummel machen oder etwas unternehmen!« Sollten Sie so sein, ist das ganz normal. Wir werden alle zu dieser Denkweise verleitet. Doch die gute Nachricht ist: Gott hat Ihnen einen Geist der Selbstbeherrschung gegeben, weswegen Sie sich aussuchen können, welche Gedanken Sie in jeglicher Lage haben wollen. Außerdem können Sie sich dafür entscheiden, das Rechte zu tun, auch wenn Ihnen im Moment nicht gerade danach zumute ist.

Dale Carnegie sagte einmal: »Man kann fast jede Angst besiegen, wenn man sich nur dazu entschließt. Denn denken Sie daran: Angst existiert ausschließlich in Ihrem Kopf[70].«

Denn Gott hat uns nicht einen Geist der Zaghaftigkeit [der Feigheit, der gehemmten und kriecherischen und schmeichlerischen Furchtsamkeit] gegeben, sondern [er hat uns den Geist] der Kraft und der Liebe und einer ruhigen und ausgeglichenen Gesinnung und der Disziplin und Selbstbeherrschung gegeben. (2. Timotheus 1,7)

Wir können Sorgen und Furcht besiegen, und genauso die Lustlosigkeit. Gott hat uns einen Geist der Selbstbeherrschung gegeben; wir müssen lediglich von ihm Gebrauch machen und dann werden wir Freiheit von Furcht und Lustlosigkeit erleben.

Lustlosigkeit erwartet etwas Unangenehmes, und das hat nichts mit Glauben zu tun. Der Glaube erwartet etwas Gutes.

Lustlosigkeit erwartet etwas Unangenehmes, und das hat nichts mit Glauben zu tun. Der Glaube erwartet etwas Gutes. Ich glaube, Lustlosigkeit ist äußerst irreführend. Sie ist so raffiniert, dass man sie fast gar nicht wahrnimmt. Während des Schreibens dieses Kapitels musste ich eine Pause einlegen und meine Sachen packen, um aus der Wohnung einer Freundin zu ziehen, wo ich eine Zeit lang war, um zurück nach Hause in St. Louis, Missouri zu gehen. Ich verstaute meinen Computer und Bücher und machte mich ans Packen. Da verspürte ich auch schon eine Lustlosigkeit, meine ganzen Sachen zu packen. Hier schrieb ich also gerade ein Kapitel in einem Buch, in dem ich andere gegen Lustlosigkeit ermutigte und wurde nun selbst ins Elend der Lustlosigkeit gezogen. Glücklicherweise erkannte ich es und konnte sagen: »Das lasse ich mir nicht gefallen. Ich werde am Packen Spaß haben. Ich werde dabei nicht lustlos sein!«

Ich denke, das ist ein ganz wichtiger Bereich, auf den Leute Acht geben sollten. Sobald Sie Lustlosigkeit überkommt, verabschiedet sich die Freude und ein Gefühl des »down« seins schleicht sich ein. Alles am Teufel ist »down«. Bei ihm ist alles dunkel und düster, deprimierend und entmutigend, negativ und »ätzend«. Lassen Sie sich wegen nichts von Lustlosigkeit übermannen, sondern gehen Sie vielmehr alles mit Zuversicht an. Glauben Sie, dass Sie alles zu tun vermögen, was Sie zu tun haben, und dann tun Sie es mit einer positiven Einstellung.

Wir wissen, dass ein Mangel an Zuversicht, Sorgen, Lustlosigkeit und andere quälende Gefühle in Angst verwurzelt sind. Angst ist die Quelle dieser Probleme. Stellt sich die Frage: Können wir etwas zur Vorbeugung von Angst tun?

Lernen Sie zu vertrauen

Babys machen sich keine Sorgen und werden von keiner Lustlosigkeit geplagt. Warum ist das bei Erwachsenen also anders? Als Babys tragen wir keinerlei Verantwortung und alles wird für uns erledigt. Im Reifeprozess dann, wenn wir Verantwortung übernehmen, lernen wir entweder Zuversicht - das heißt, wir lernen, unser Vertrauen auf Gott zu setzen - oder wir leben in Angst, Sorgen und Lustlosigkeit. Wir können uns zu Gott hinwenden und auf seine Treue vertrauen und zuversichtlich sein, dass er uns nicht hängen lässt oder enttäuscht. Wenn wir uns nicht zu Gott hinwenden und unser Vertrauen nicht auf ihn setzen, tragen wir eine Last, die alleine zu tragen für uns nie vorgesehen war.

Denn dann müssen WIR sicher gehen, dass alles läuft. WIR müssen Dinge ausknobeln und uns die Lösungen aus den Fingern saugen. Sorgen sind schlichtweg Angst, dass die Dinge nicht so funktionieren wie wir hoffen. Doch wer auf Gott vertraut, weiß: Selbst wenn die Dinge sich nicht wunschgemäß entwickeln, so hat Gott doch immer einen besseren Plan. Zuversicht glaubt, dass alle Dinge denen zum Besten dienen werden, die Gott lieben und nach seinem Vorsatz berufen sind (Römer 8,28). Gottvertrauen ist etwas wirklich Wunderbares, gibt es einem doch die Gewissheit, dass Gott Antworten hat, auch da, wo man selbst keine hat.

Vertrauen ist Zuversicht, Zuversicht gibt uns Kühnheit, und Kühnheit lässt sich von Furcht nicht aufhalten. Kühnheit bedeutet, im Angesicht der Furcht zu handeln. Babys haben ein natürliches Vertrauen, doch indem sie Lebenserfahrungen machen, lernen sie leider auch, sich zu fürchten. Sie merken, dass nicht alles und jeder in ihrem Leben beständig ist und man sich nicht immer auf jeden verlassen kann. Menschen und Umstände ändern sich. Ein Kind mag darauf vertrauen, dass Mama und Papa sich immer lieben werden und zusammenbleiben. Wenn Mama und Papa sich dann aber scheiden lassen, bricht die Welt des Kindes zusammen, weil etwas, das sie sich nicht einmal vorstellen konnten, nun eingetroffen ist.

Im Reifeprozess des Kindes, in dem es verschiedene Enttäuschungen durchlebt, wächst in ihm entweder ein starkes Misstrauen oder es lernt Gott zu vertrauen, der sich nie ändert und immer treu ist. Das heißt nicht, dass er immer unsere Erwartungen erfüllt oder immer das täte, was wir von ihm wollen, aber er ist gut. Vertrauen zu ihm erzeugt einen übernatürlichen inneren Frieden, der in uns Lebensfreude weckt und uns frei von der Tyrannei der Furcht leben lässt.

Streben Sie nach Erkenntnis

Unsere kleine Hündin trägt keinerlei Verantwortung. Sie liegt herum oder schläft, spielt, isst, trinkt und geht aufs Klo. Ungewöhnliche Vorkommnisse bereiten ihr Angst; sie wird nervös und bekommt das Zittern. Wenn sie erst einmal versteht, was los ist, beginnt sie sich wieder zu beruhigen.

Eines Nachts lag ich im Bett und hörte im oberen Stock ein Geräusch. Je länger ich meine Ohren spitzte, desto mehr Angst bekam ich. Schließlich ging ich richtig zitternd vor Angst nach oben, um nachzusehen, was dort war. Ich musste lachen, als ich feststellte, dass es Eiswürfel waren, die von unserer Eismaschine in den Eisbehälter fielen. Das Geräusch war einfach aus irgendeinem Grund anders, als es normalerweise ist.

Ein Mangel an Erkenntnis verursacht Furcht und Wissen beseitigt sie.

Ich möchte Ihnen dazu eine wahre aber tragische Geschichte erzählen. Eine Frau ging einmal zusammen mit ihrem Kind an einem Flussufer spazieren. Plötzlich rutschte das Kind aus und fiel ins Wasser. Die Mutter schrie vor Panik! Sie war Nichtschwimmerin und außerdem hoch schwanger. Schließlich hörte jemand das Geschrei und rannte zum Flussufer hinunter. Als die Person ins Wasser stieg und das Kind herausholte, war es tot, und was die Sache noch viel tragischer machte, das trübe Wasser war nur hüfthoch! Die Mutter hätte ihr Kind ohne Probleme retten können, tat es aber nicht wegen mangelnden Wissens[71].

Die Mutter muss sich schrecklich gefühlt haben, weil sie nicht überprüft hatte, wie tief das Wasser war. Aber so ist Furcht: Sie lässt uns irrational handeln. Die Furcht vor dem Ertrinken des Kindes zusammen mit ihrer eigenen Furcht vor Wasser haben sie erstarren lassen, wodurch sie dann nichts tat. Erkenntnis hätte diese ganze tragische Geschichte anders ausgehen lassen können.

Erkenntnis wird Ihnen zur Zuversicht verhelfen. Wenn Sie ein Vorstellungsgespräch haben, dann bereiten Sie sich angemessen vor und beschaffen sich alles nötige Wissen, um mögliche Fragen beantworten zu können. Wir leben in einer Welt, in der Erkenntnis Ihnen so nahe liegt wie Ihr Computer. Sie können im Internet nicht nur über die Firma recherchieren, bei der Sie sich bewerben, sondern auch Tipps finden, wie man ein Vorstellungsgespräch meistert.

Anstatt Angst vor etwas zu haben, was Ihnen unbekannt ist, sollten Sie sich lieber mit der Sache vertraut machen. Sammeln Sie Informationen oder stellen Sie einige Fragen. Das mag etwas Anstrengung kosten, ist aber doch besser, als von Furcht gequält zu werden.

Schulen Sie Ihr Denken um

Wechseln Sie von Qual zu Kraft, einfach, indem Sie Ihr Denken umschulen. Die Bibel nennt diesen Prozess die Erneuerung des Sinnes. Einfach ausgedrückt: Wir müssen lernen, anders zu denken. Wenn Ihnen das Fürchten beigebracht wurde, kann Ihnen auch Kühnheit, Mut und Zuversicht beigebracht werden. Anstatt sich Erfolg und Freude im Leben durch Ängste nehmen zu lassen, können Sie Angst einfach als Bestandteil des Lebens akzeptieren. Ihr ganzes Leben lang werden Sie entweder aus Angst vor Dingen weglaufen oder ihnen mit Zuversicht begegnen müssen. Angst hat einen großen Schatten, dabei ist sie eigentlich ganz klein. Wenn wir Angst vor zukünftigem Leiden haben, dann leiden wir bereits an den Dingen, vor denen wir Angst haben. Angst bringt Qual!

Anstatt aufgrund Ihrer Angst dem Glauben zu verfallen, Sie könnten Dinge nicht tun, entschließen Sie sich doch lieber, alles zu tun, was Sie tun müssen, selbst wenn Sie es »ängstlich tun«. Ändern Sie Ihre Gesinnung in Bezug auf Furcht. Wir lassen Furcht in unserem Denken zu einem Ungeheuer heranwachsen, dabei zieht es sich durch Konfrontation schnell zurück. Furcht ist wie der Großtuer in der Schule: Er schubst alle herum, bis ihn schließlich jemand herausfordert.

Die Erneuerung des Sinnes ist das Wichtigste, was man zu tun hat, nachdem man Jesus Christus als Retter empfangen hat. Jesus ist für unsere Sünden gestorben und möchte, dass wir Freude an dem Leben haben, welches er uns geschenkt hat. Gottes Wort gemäß hat er einen guten Plan für jeden Einzelnen gemacht, doch werden wir diesen nie erleben, solange wir ihn nicht kennen und nicht wissen, wie wir ihn uns zugänglich machen können (Römer 12,2). Leute kommen um und ihr Leben wird zerstört wegen eines Mangels an Erkenntnis (Hosea 4,6). Wissen und Einsicht sind Macht, wenn man sie richtig anwendet.

Trisha fand keine Ruhe mehr, weil sie von dem unbegründeten Gedanken geplagt wurde, ihr Mann Bob würde sich mit einer anderen Frau zusammen tun und sie verlassen. Ihre Befürchtungen machten sie misstrauisch, wodurch sie ihren Mann häufig auf eine Weise beschuldigte, die er überhaupt nicht nachvollziehen konnte. Wenn er zum Beispiel Überstunden machen musste, dann rief sie ihn im Büro an, um sicher zu sein, dass er auch wirklich dort war und nicht bei einer anderen Frau. Wenn er aus irgendeinem Grund das Telefon nicht abnahm, bekam sie Panik. Sie setzte sich sogar manchmal ins Auto und fuhr an seinem Arbeitsplatz vorbei, um sich zu vergewissern, dass er wirklich da war.

Eines Abends rief sie ihn zur Kontrolle wieder an und als er das Telefon nicht abnahm, fuhr sie zu seinem Büro. Nun war er während ihres Anrufs gerade auf Toilette gewesen und fuhr gleich darauf nach Hause. Als sie im Büro ankam, war sein Auto weg und die kleine Stimme in ihrem Kopf begann sie mit Anschuldigungen gegen Bob zu quälen. Zu Hause war sie überrascht, sein Auto in der Garage vorzufinden, aber ihre Emotionen waren bereits außer Kontrolle geraten. Wut und Argwohn hatten sie völlig aufgebracht. Als sie auf Bob zukam, sprudelte so viel verwirrtes Zeug aus ihr heraus, dass sich Bob ernsthaft Sorgen um ihre geistige Gesundheit machte. Solche und ähnliche Szenen untergruben langsam Bobs Respekt für Trisha.

Einmal kaufte er ihr ein besonderes Armband, um sie damit zu überraschen. Sie wollten an dem Wochenende Essen gehen und er hatte das Armband versteckt. In der Mitte der Woche, während Trisha eine Schublade säuberte, an die sie normalerweise nicht heranging, entdeckte sie das Armband, und wiederum dachte sie, bedingt durch ihre Ängste, es handle sich um ein Geschenk für eine andere Frau. Der Gedanke, es könne ein Geschenk für sie selbst sein, kam ihr gar nicht. Es liegt nicht in der Natur der Furcht, die positiven Möglichkeiten in Betracht zu ziehen, sondern sie nimmt immer das Schlimmste an.

Selbst als Bob ihr erzählte, dass er es für sie gekauft hatte, glaubte sie ihm zunächst nicht. Trishas Verhalten begann ihre Beziehung ernsthaft zu schädigen und er sagte ihr, sie müsse diesen lächerlichen Ängsten auf den Grund gehen. Er hatte ihr nie einen Anlass gegeben, ihm nicht vertrauen zu können und er verstand einfach nicht, was mit ihr los war. Um ehrlich zu sein, verstand sie es selbst nicht - bis sie darüber zu beten begann. Gott offenbarte ihr, dass ihre Furcht die Frucht eines tragischen Lebenseinschnitts war, den sie als Kind erlebt hatte, weil ihr Vater ihre Mutter wegen einer Arbeitskollegin verlassen hatte.

Das Verständnis über den Ursprung ihrer Furcht half Trisha, ihr zu widerstehen. Sie besorgte sich Lesematerial über die Eigenschaft von Furcht und bildete sich in dem Bereich fort. Noch einige Zeit lang hatte sie viele solcher Gedanken und Gefühle, aber sie konnte jetzt mit sich selbst argumentieren, weil sie Erkenntnis besaß. Mit der Zeit ließen dann die Ängste nach und die Beziehung von Bob und Trisha konnte heilen.

Viele Ängste entspringen einem vergangenen Ereignis, von dem wir befürchten, es könne sich wiederholen. Wenn die Mutter an Krebs gestorben ist, unterliegt man vielleicht der Furcht, man selbst könne auch so sterben. Das kann einen so paranoid machen, dass man jedes kleine Wehwehchen, jeden Schmerz oder jedes komische Gefühl im Körper gleich als Krebs deutet. Die Angst vor Leiden verursacht schon Leiden, während man Angst hat. Die Angst vor einem Ereignis ist häufig schlimmer als das Ereignis an sich, selbst wenn es einträfe. Haben Sie keine Angst, dass Ihr Leben zu Ende sein könnte; glauben Sie daran, dass es gerade erst beginnt!

Schlagen Sie sich nicht mit einer Furcht herum, und geben Sie sich auch nicht von ihr geschlagen, sondern beten Sie um Erkenntnis, wie die Furcht Zugang zu Ihrem Leben gefunden hat, besonders wenn es sich um eine wiederholte Furcht handelt. Mir machte es immer Angst, wenn Dave unsere Kinder zu korrigieren versuchte, weil ich als Kind zu Hause auf missbräuchliche Weise korrigiert worden war. Ich verstand den Grund meiner Angst nicht, bis es mir im Gebet offenbar wurde. Eventuell bedürfen Sie auch der Seelsorge, um auf den Grund Ihrer Ängste zu kommen. Aber was immer Sie tun, geben Sie sich nicht einfach geschlagen. Gott hat ein fantastisches Leben für Sie auf Lager, und da heißt es: mit Zuversicht zugreifen.

John Ortberg erzählt die Geschichte eines Skiläufers, der sich auf eine der steilsten Pisten begab und, als er die Kontrolle über seine Skier zu verloren begann, sich instinktiv zurücklehnte, in der Hoffnung, er könne das kommende Unglück vermeiden. »Das tun wir alle«, sagt Ortberg. »Dabei liegt die Lösung im Leben, genau wie beim Skilaufen, nicht darin, sich aus Angst zurückzulehnen, weg von dem Erlebnis, sondern sich hineinzulegen. Wenn wir uns in das Dilemma hineinlegen und der Hand Gottes vertrauen, bekommen wir die Sache in den Griff. Furcht ist ein Fallstrick[72]!«

Wenn wir uns in das Dilemma hineinlegen und der Hand Gottes vertrauen, bekommen wir die Sache in den Griff.

Denken Sie daran, nicht vor Ihren Ängsten davonzulaufen, sondern sich in sie hineinzulegen. Dann werden Sie den Sieg über sie erringen.

Schlechte Vorbilder

Eltern, Lehrer und andere Vorbilder können Kindern beibringen, sich zu fürchten oder sie lehren, kühn zu sein. Eine ängstliche Mutter wird ihren Kindern ihre Angst vermitteln. Bei vielen Dingen wird sie übertrieben vorsichtig sein und dadurch eine stille Angst in die Herzen ihrer Kinder sickern lassen. Wir sollten unsere Kinder nicht zur Leichtsinnigkeit erziehen, aber doch zur Kühnheit und Handlungsfreudigkeit. Wir sollten ihnen beibringen, sich nicht derart vor Fehlern zu fürchten, dass sie nie etwas ausprobieren. Ich denke, wir sollten unseren Kindern und anderen unter unserer Autorität eine Risikobereitschaft im Leben vermitteln. Ohne Risiko gibt es kein Fortschritt. Fortschritt erfordert immer, sich ins Ungewisse zu wagen. Erfahrung erzeugt in uns Zuversicht, doch ohne sich hinaus zu wagen und noch Unerprobtes zu erproben, werden wir nie Erfahrung sammeln.

Ein Kind, dem immer und immer wieder gesagt wird: »Das probierst du am besten nicht, da könntest du dich verletzen«, steht in einer verstärkten Gefahr, eine tief verwurzelte Furcht vor Neuem zu entwickeln. Wenn ein Kind zu häufig das Wort »Vorsicht« hört, wird es am Ende noch so vorsichtig, dass es ein eingeengtes Leben führt, in dem es keinen Raum für Abenteuer gibt. Ich möchte Sie ermutigen, durch Ihre Worte und Ihr Vorbild Kühnheit und Mut zu vermitteln. Sagen Sie anderen, sie sollen Neues ausprobieren. Erinnern Sie Menschen, dass es Schlimmeres gibt als Fehler zu machen.

Was bringt die Zukunft?

Keiner von uns weiß wirklich, was die Zukunft bringt. Dieser Wissensmangel öffnet häufig der Furcht die Tür. Was ist, wenn ich arbeitsunfähig werde? Was ist, wenn mein Ehepartner stirbt? Was ist, wenn mein Kind stirbt? Was ist, wenn ein neuer Weltkrieg ausbricht? Wie steht das mit dem Terrorismus? Wie wird die Welt wohl in 25 Jahren aussehen? Sich über Dinge den Kopf zu zerbrechen, auf die wir keine Antworten haben, ist eine offene Tür für Furcht. Anstatt sich den Kopf zu zerbrechen, vertrauen Sie doch lieber Gott, dass er Ihnen zur rechten Zeit hilft, mit der Zukunft umzugehen, egal wie sie aussehen mag. Wo immer Sie auch hingehen - Gott ist schon dort gewesen und hat den Weg für Sie geebnet.

Ich sehe einige Dinge, durch die Leute hindurch müssen, und da denke ich mir: »Ich glaube, ich könnte so etwas nie derart gefasst und mutig durchstehen, wie diese Leute es schaffen.« Dann erinnere ich mich, dass Gott uns erst in dem Moment die Kraft schenkt, wenn wir durch eine Sache hindurch müssen. Gott hilft uns dagegen nicht, wenn wir uns bloß vor einer schweren Zeit fürchten. Wenn ich mein Leben einmal Revue passieren lasse und mir einige Sachen vergegenwärtige, durch die Gott mich hindurch gebracht hat, dann denke ich mir: »Wie habe ich das geschafft?« Die Antwort: durch Gottes Gnade und Kraft. Er befähigte mich zu tun, was ich zu dem Zeitpunkt tun musste, und wenn Sie ihn darum bitten, wird er Sie stets genauso befähigen. Wir mögen die Zukunft nicht kennen, aber wenn wir den kennen, der die Zukunft in seiner Hand hält, können wir ihr erwartungsvoll und furchtlos entgegen blicken. Wenn Gott Sie an etwas heranführt, bringt er Sie auch hindurch.

Kapitel 13

Der Zusammenhang von Angst und Stress

Stress ist eines der größten gesellschaftlichen Probleme unserer Zeit. Alles ist so hektisch, so laut und überzogen, dass wir geistig, emotional und physisch ständig überladen sind. Wir werden mit Informationen überschwemmt. Wir haben Zeitungen, Zeitschriften und Nachrichtendienste, die rund um die Uhr am Laufen sind und uns nicht nur durchs Fernsehen, sondern durch unsere Handys und andere Mobilsysteme erreichen. Eine bekannte Suchmaschine hat einmal 3.307.998.701 Webseiten im Register gehabt[73]! Es ist schon schwer genug, sich diese Zahl zu vergegenwärtigen, ganz zu schweigen vom Inhalt all dieser Seiten. Wir leiden an einer Überlastung an Informationen. Da überrascht es nicht, dass wir unsere Sinne nur schwer zur Ruhe bringen können, um etwas Rast zu bekommen. Zusätzlich zu dem, was die Welt uns zuwirft, haben wir einen völlig verrückten Terminmarathon. Jedem Tag fehlt es immer an Stunden für all die Dinge, die wir zu tun versuchen. Wir rasen und hetzen, fühlen uns frustriert und müde und sagen dann schnell: »Mann, ich bin so gestresst, ich krieg' echt bald eine Krise.«

Könnte Furcht häufig die Wurzel unseres Stresses sein? Ich glaube schon. Es kommt oft vor, denke ich, dass wir uns auf Sachen einlassen, weil wir Angst davor haben, außen vor zu sein. Wir haben Angst, wir würden uns nicht genug auf dem Laufenden halten oder dass jemand anders eine Situation ausnutzen wird, wenn wir nicht selber da sind und für uns sprechen. Wir haben Angst, sie könnten uns kritisieren oder schlecht von uns denken, wenn wir absagen.

Wir möchten, dass unsere Kinder so wie alle anderen Kinder sind, weswegen wir sie an viel zu vielen Aktivitäten teilnehmen lassen, wovon die meisten auch unser Engagement fordern. Wir haben Angst, unsere Kinder könnten Ablehnung erfahren, besonders wenn das bei uns selbst in der Jugend der Fall war.

Als Kind und Teenager habe ich nie das Gefühl gehabt, dazu zu gehören. Wegen der Misshandlung zu Hause und all der Geheimnisse, die ich mit mir herumtrug, konnte ich nie eine richtige Beziehung aufbauen. Ich musste viele Einladungen ablehnen, weil mein Vater so schrecklich streng war. Nach einer Weile fragten dann die Leute auch schon gar nicht mehr. Ich habe mich immer außen vor gefühlt und kam mir ein bisschen wie ein komischer Kauz vor.

Ich hatte Angst, meine Kinder würden dasselbe erleiden wie ich, deshalb suchte ich nach Wegen, ihnen alles zu ermöglichen, was sie tun wollten - damit sie sich nicht so außen vor fühlten, wie ich es getan hatte. Leute bürden sich finanzielle Lasten auf, um das zu haben, was alle anderen haben. Gehören Sie zu den Müttern, die Ihrem Kind Turnschuhe für 150,00 Euro gekauft haben, nur, weil »alle solche haben«?

Haben Sie solche Angst davor, anderen zu missfallen, dass Sie viele Dinge annehmen, die Sie lieber ablehnen sollten? Wenn ja, dann wird Ihr Stress nicht durch Ihre vielen Aufgaben verursacht, sondern durch Ihre Angst vor Missbilligung.

Wir haben Angst vor dem Anderssein, weswegen wir mit all unseren Mitmenschen Schritt zu halten versuchen. Dabei geht uns die Puste aus. In Wahrheit würden wir lieber nach Hause gehen und uns ausruhen, wir möchten aber nicht als Versager gelten. So peitschen wir uns selbst an, Dinge zu tun, die wir eigentlich gar nicht tun wollen.

Nehmen Sie sich einmal einen Moment Zeit und denken Sie genau nach, warum Sie Ihren gegenwärtigen Aufgaben nachgehen. Wenn es welche gibt, die Sie aus Angst tun, streichen Sie

sie. Sie werden erstaunt sein, wie viel Zeit Sie haben werden, wenn Sie einen vom Geist geleiteten Terminkalender haben, statt einen, der von Menschen bestimmt wird.

Zuversichtliche Menschen schaffen mehr mit weniger Stress

Sie mögen einwenden: »Aber ist jemand wirklich Zuversichtliches nicht hochaktiv?« Ja, meistens schon, aber nicht aus Furcht. Woran immer sie teilnehmen - sie tun es in der Gewissheit, dass es das Richtige für sie ist. Wenn wir etwas aus einem echten Wunsch heraus und mit Zuversicht tun, wirkt es sich ganz anders auf uns aus, als wenn wir das Gleiche aus unguten Motiven und geleitet von Angst tun. Gott wird unseren Ängsten keinen Antrieb geben. Ganz anders sieht es aus, wenn wir daran glauben, das Rechte zu tun und für ein angehendes Projekt Vertrauen zu Gott haben. Dann gibt er uns ganz bestimmt Antrieb.

Furcht nimmt Ihnen auch noch Ihre letzte Kraft und erzeugt maximalen Stress. Im Gegensatz dazu sind Zuversicht und Glaube Kraftspender. Ein zuversichtlicher Mensch schafft mehr mit weniger Stress, weil er mit einer Gelassenheit lebt, die ängstlichen Menschen gänzlich fremd ist.

Ich glaube nicht, dass unser Tun an sich der ausschlaggebende Punkt ist. Viel gewichtiger ist, *wie* wir es tun. Wenn wir etwas ängstlich und unter Druck tun, ohne selbst dahinter zu stehen, hat man als Resultat natürlich Stress und Freudlosigkeit. Man ist unglücklich. Wenn Sie in letzter Zeit sehr gestresst sind, dann analysieren Sie doch nicht nur Ihr Tun, sondern auch die Gründe für Ihr Tun. Wenn Furcht hinter Ihrem Handeln steht, dann vermindern Sie doch Stress, indem Sie Ihre Prioritäten ordnen. Ihre Priorität liegt nicht darin, alle anderen Menschen in Ihrem Leben glücklich zu machen, indem Sie all ihre Erwartungen erfüllen, sondern ein Gott gefälliges Leben zu führen, das Ihnen echte Freude bereitet.

Zu viele Menschen leben ihre Träume nicht aus, weil sie ihre

Ängste ausleben. Anders ausgedrückt heißt das, sie tun die Dinge nicht aus ihrem Herzen heraus, sondern aus Angst davor, was geschehen könnte, wenn sie sie nicht täten. Jemand könnte verärgert werden! Ich könnte außen vor sein! Leute werden über mich reden! Es ist höchste Zeit, dass Sie die Person werden, die Sie wirklich sein wollen. Es ist höchste Zeit, dass Sie nach Ihren Träumen greifen. Was hat Gott in Ihr Herz gelegt? Gibt es etwas, das Sie gerne täten und worauf Sie einfach warten? Ich glaube, Gottes Zeitplan ist sehr wichtig und wir sollten keinesfalls unbedacht handeln, aber einige Menschen tun ihr Leben lang nichts als »warten«. Sie warten darauf, dass etwas geschieht, obwohl sie eigentlich selbst etwas geschehen lassen sollten.

Zu viele Menschen leben ihre Träume nicht aus, weil sie ihre Ängste ausleben.

Frust und ein unerfülltes Leben erzeugen Stress im Menschen. Nichts erzeugt mehr Stress, als jeden Tag alles pro forma zu tun und am Tages-, Wochen-, Monats- oder Jahresende keinen Zentimeter näher an Ihren Träumen oder Zielen zu sein. Gott hat uns dazu geschaffen, gute Frucht zu tragen. Er sagte: »Seid fruchtbar und mehrt euch.« Wenn wir das nicht tun, fühlen wir uns frustriert.

Wenn man kein Risiko eingeht

Einige Leute erleben nie die Erfüllung ihrer Träume, weil sie kein Risiko eingehen. Obwohl Absicherung wichtig ist, so ist zu viel des Guten doch wieder nur ein weiteres Gesicht der Furcht.

Ein Bauer saß einmal auf seiner Veranda, als ein Freund zu Besuch kam.

»Wie sieht es in diesem Jahr mit deinem Weizen aus?«, fragte der Besucher.

»Hab' gar keinen«, antwortete der Bauer. »Hab' keinen gesät. Sonst kommt noch der Getreidekäfer und ruiniert mich.«

»Oh, und was ist mit deinem Mais?«

»Hab' gar keinen«, antwortete der Bauer. »Hab' keinen gesät. Sonst kommen die Krähen noch und fressen ihn und ruinieren mich.«

»Oh, und deine Kartoffeln?«

»Hab' gar keine«, antwortete der Bauer. »Hab' keine gepflanzt. Sonst kommen die Kartoffelkäfer noch und vergiften sie und ruinieren mich.«

»Na, was hast du denn dieses Jahr angebaut?« fragte der verwirrte Besucher.

»Nix«, antwortete der Bauer. »Wollt' kein Risiko eingehen.«

Denken Sie nur an all die Produkte und Dienste, die wir heute nicht hätten, wenn ihre Erfinder »kein Risiko« eingegangen wären, statt ihren Träumen nachzujagen. Was wäre, wenn Henry Ford sich mit dem Betreiben eines Sägewerks begnügt hätte, anstatt Mechaniker sein zu wollen und schließlich einer der ersten amerikanischen Autohersteller zu werden[74]? Was wäre, wenn Alexander Graham Bell seinen Freunden und Angehörigen Gehör geschenkt und sich auf den Telegrafen anstatt auf seine Erfindung des Telefons konzentriert hätte? Was wäre, wenn der Wissenschaftler Jonas Salk, Entdecker des Polioimpfstoffes, seiner ursprünglichen »sicheren« Neigung zur Jura nachgegangen wäre, anstatt sich der medizinischen Forschung zu verschreiben[75]?

Sich immer innerhalb der Sicherheitszone des Lebens aufzuhalten und nie irgendwelche Risiken einzugehen, macht einen eigentlich zum Dieb und Räuber. Sie mögen das für eine etwas sehr heftige Aussage halten, aber die Wahrheit ist nun einmal heftig, und die Wahrheit macht uns frei. Wenn ich mein Leben lang Sicherheit für mich selbst suche, dann beraube ich alle anderen meiner Gaben und Talente, nur, weil ich zu ängstlich bin, um mich herauszuwagen und herauszufinden, was ich alles im Leben zu tun vermag. Ich habe den Eindruck, einige meiner Leserinnen haben noch nicht einmal mit dem wirklichen Leben angefangen. Dann ist JETZT die Zeit, mit diesem risikolosen Spiel aufzuhören und mit Kühnheit und Mut zu leben.

Trägheit erzeugt Müdigkeit und Stress

Überaktivität ohne Ruhe ist zweifellos am häufigsten die Ursache für Stress, aber keine Aktivität ist auch ein Problem. Sie haben bestimmt schon gehört, dass Sport Stress abbaut, was wirklich wahr ist. Ich bin viel lieber wegen sportlicher Aktivität und Bewegung körperlich müde, als vom Nichtstun innerlich müde und gelangweilt zu sein.

Ich habe gemerkt, dass ich mich echt müde fühle, wenn ich zu lange auf einem Stuhl sitze. Warum? Weil Gott uns die Gelenke im Körper zum Bewegen gegeben hat! Bewegung zeigt, dass ich am Leben bin.

Die Bibel warnt sehr deutlich vor den Gefahren der Trägheit (Sprüche 12,27; 2. Thessalonicher 3,6-10). Ein Faulpelz hat nichts und bekommt genau das, was er verdient, nämlich nichts. Wenn Sie einem Faulpelz etwas geben, wird er sich nicht richtig darum kümmern. Seine Umgebung sieht wie ein Schlachtfeld aus: Sein Auto (wenn er denn eins hat) ist dreckig, sein Haus (wenn er denn eins hat) ist unaufgeräumt und schmutzig, und er hat häufig Schulden. Faulpelze »wünschen« sich ihr ganzes Leben lang, dass ihnen etwas Gutes widerfahren möge. Sie wollen, dass andere für sie tun, was sie eigentlich selbst anpacken sollten. Sie sind sehr unglückliche Menschen, die in ihrem Leben keine gute Frucht tragen.

Arbeit tut uns allen gut. Genauer gesagt hat Gott uns angewiesen, sechs Tage zu arbeiten und einen Tag zu ruhen. Das zeigt, wie wichtig Gott Arbeit und Aktivität einstuft. Gott hat uns zum Arbeiten geschaffen, nicht zum faulen Herumsitzen und Nichtstun. Vielleicht müssen einige von Ihnen momentan einfach lernen, »aufzustehen und loszulegen«. Die Bibel enthält mehrere gute Geschichten über Menschen, die ernsthafte Probleme hatten, und als sie Jesus um Hilfe baten, sagte er zu ihnen: »STEH AUF!«

Im fünften Kapitel des Johannesevangeliums finden wir so ein Beispiel. Ein Krüppel hatte 38 Jahre lang am Teich von Betesda gelegen und auf ein Wunder gewartet. Als Jesus zu dem Mann kam und ihn fragte, wie lange er schon unter diesem Zustand litt, sagte es ihm der Mann und erzählte ihm außerdem, dass niemand ihn zur rechten Zeit in den Teich bringe und andere immer zuerst kämen. Jesus sprach zu ihm: »STEH AUF, NIMM DEIN BETT UND GEH!« (Johannes 5,8). Der Mann war im Selbstmitleid versunken, weswegen er dort einfach lag und nichts tat. Die Lösung auf sein Problem stellte sich ein, als er sich zu bewegen bemühte.

Sind Sie es überdrüssig, immer allem überdrüssig zu sein? Nun, dann seien Sie nicht wie der alte Bergbewohner, der zusammen mit seiner Frau eines Abends vor dem Kamin saß und sich die Zeit vertrieb. Nach einer langen Zeit des Schweigens sagte seine Frau: »Jed, ich glaube, es regnet. Geh doch mal nach draußen und sieh nach.«

Der alte Bergbewohner starrte weiterhin ins Feuer und sagte: »Ach, Mutti, lass uns doch einfach den Hund hineinrufen und sehen, ob er nass ist[76].«

STEHEN SIE AUF und tun Sie, was immer Sie tun müssen, um das Durcheinander in Ihrem Leben in Ordnung zu bringen. Wenn in Ihrer Ehe aufgeräumt werden muss, dann tragen Sie Ihren Teil dazu bei. Machen Sie sich keine Sorgen über den mangelnden Einsatz Ihres Ehepartners, sondern tun Sie einfach Ihren Teil und Gott wird Sie belohnen. Wenn Ihre Finanzen durcheinander sind, dann zügeln Sie Ihre Ausgaben und beginnen Sie, Ihre Schulden abzuzahlen. Wenn nötig, machen Sie eine Zeit lang einen zusätzlichen Job. Wenn Ihnen das nicht möglich ist, bitten Sie Gott, Ihnen Wege zu zeigen, was Sie tun können. Denken Sie immer daran: Sie können nicht ernten, ohne zuerst irgendeine Art von Samen zu säen. Behalten Sie im Kopf, was ich bereits gesagt habe: »Wenn Sie tun, was Sie können, wird Gott das tun, was Sie nicht können.«

Oft wird Faulheit durch Angst verursacht. Menschen haben soviel Angst, etwas zu tun, dass sie sich ans Nichtstun gewöhnen. Sie sitzen untätig herum und beneiden die Menschen, die ein Leben führen, das sie auch gerne hätten. Sie werden bitter, weil nichts in ihrem Leben fruchtet. Sie verstehen nicht, dass nichts fruchten kann, wenn man nichts kultiviert.

Nur Veränderung beseitigt Stress

Wenn Sie sich ständig gestresst fühlen, muss sich etwas ändern, damit der Stress nachlässt. Er wird nicht einfach verschwinden, wenn Sie alles weiter so machen wie bisher. Wir können nicht erwarten, irgendwann mal eine andere Mahlzeit auf den Tisch zu bekommen, wenn wir uns immer ans gleiche Rezept halten. Wenn wir uns eine andere Mahlzeit wünschen, dann müssen wir auch die Zutaten ändern.

Nun wird einigen von Ihnen gleich ganz bange zumute, sobald ich das Wort »Veränderung« erwähne, weil Sie Angst vor Veränderung haben. Vor fast einem Jahrhundert errechnete der Sekretär des Kirchenvorstands von Abbington Prozentsätze für die Einstellung von Menschen in Bezug auf Veränderung, und ich glauben, die haben auch heute noch Gültigkeit:

1. Die frühen Erfinder (2,6 Prozent): sind Feuer und Flamme für neue Ideen
2. Die frühen Empfänger (13,4 Prozent): werden von der ersten Gruppe beeinflusst, aber initiieren selbst nichts
3. Die langsam folgende Mehrheit (34 Prozent): geht mit der Herde mit
4. Die widerwillige Mehrheit (34 Prozent)
5. Die Widersacher (16 Prozent): werden sich nie verändern[77]

Wenn Sie zu den unteren 16 Prozent der Menschen in der obigen Liste gehören, dann mögen Sie keine Veränderung, sondern Sicherheit und Gleichförmigkeit. Ich finde es erstaunlich, wie viele Menschen sich ihr Leben lang gegen Veränderung sträuben, während einige darin richtig aufblühen. Veränderung hält das Leben frisch und abenteuerlich.

Machen Sie ein paar kühne Glaubensschritte und verändern Sie, was auch immer Gott Sie zu verändern anleitet. Wenn Ihr Zeitmanagement keine gute Frucht trägt, verändern Sie etwas. Wenn Sie sich nicht genug ausruhen können, verändern Sie etwas. Wenn Sie Ihre Kinder nicht richtig erziehen und sie Ihnen viel Stress bereiten, verändern Sie etwas. Wenn Sie sich nicht ausreichend um sich selbst kümmern, verändern Sie etwas. Wenn Sie sich langweilen, verändern Sie etwas! Wenn Ihre Freunde Sie ausnutzen, dann verändern Sie etwas! Ist verständlich, was ich sagen möchte? Stress kann abgebaut werden, wenn Sie sich nicht vor Veränderungen scheuen.

Dass Sie Veränderungen nicht mögen, ist die eine Möglichkeit. Die andere ist, dass Ihren Mitmenschen die Veränderungen nicht gefallen, selbst wenn Sie den Mut für die notwendigen Veränderungen aufbringen. Haben Sie auch vor ihnen keine Angst. Ihre Mitmenschen werden sich schon noch an die Veränderungen gewöhnen, genau wie Sie. Wenn Sie jetzt nicht zur Tat schreiten, werden Sie sich in einem Jahr immer noch über die gleichen Dinge beschweren - Jahr ein, Jahr aus, und auch nach zehn Jahren wird Ihr Leid kein Ende nehmen. Die Zeit ist JETZT! Kühnheit will handeln, doch Angst erzeugt Untätigkeit und Zögerlichkeit. Sie haben die Wahl!

Kapitel 14

Sich für Kühnheit entscheiden

Vielleicht haben Sie soweit gelesen, aber denken immer noch bei sich: »Joyce, ich bin zaghaft und schüchtern, das gehört einfach zu mir. Ich glaube nicht, dass ich das ändern kann.« Sie mögen sich zaghaft und schüchtern fühlen; trotzdem können Sie sich dazu entschließen, mit Kühnheit durchs Leben zu marschieren. Mir geht es hauptsächlich darum - und das müssen Sie sich unbedingt merken -, dass Sie sich ängstlich und zaghaft fühlen können, und sich dennoch für kühne Taten entschließen können, so, als gäbe es Furcht gar nicht! Ihr freier Wille ist stärker als Ihre Gefühle, wenn Sie ihn denn trainieren. Sie mögen zu den Tausenden von Menschen gehören, die so lange ihren Gefühlen nachgelaufen sind, dass ihr Leben schließlich von ihren Gefühlen bestimmt wird. Ähnlich einem Muskel wird Ihr Wille schwach, wenn Sie ihn nicht trainieren. Je mehr Sie Gott um Hilfe bitten und beginnen, Ihre Willenskraft zu trainieren, desto leichter wird es Ihnen fallen, die Art von Person zu sein, die Sie wirklich sein möchten: die Person, als die Gott Sie geschaffen hat.

Wenn ich mir jemand Kühnes vor Augen male, dann sehe ich das Bild eines wagemutigen, tapferen, unerschrockenen, furchtlosen Menschen.

Wenn ich mir jemand Kühnes vor Augen male, dann sehe ich das Bild eines wagemutigen, tapferen, unerschrockenen, furchtlosen Menschen. Einige Leute halten sich für kühn, sind aber in Wirklichkeit nur schroff, vorlaut und unverschämt. Dabei erginge es ihnen viel besser, wenn sie ehrlich wären, ihre Ängste zugäben und sich gleichzeitig nicht in ihren Taten aufhalten ließen - anstatt sich als kühn auszugeben und in Wirklichkeit eine Lüge zu leben.

Ich muss zugeben: Genauso war ich viele Jahre lang. Ich hielt mich für eine kühne Frau, dabei war ich in Wirklichkeit sehr ängstlich. Ich stellte mich meinen Ängsten nicht und tat vor mir selbst und dem Rest der Welt so, als hätte ich vor nichts Angst. Es gibt einen Unterschied dazwischen, sich der Angst wirklich zu stellen oder sie einfach zu ignorieren und so zu tun, als habe man keine Angst, und dann seine Angst mit einer Scheinkühnheit zu übertünchen, die nichts als grob und unverschämt ist.

Ich äußerte meine Meinung sehr frei, sagte aber häufig etwas Törichtes und Unpassendes. Ich übernahm die Führung in Situationen, in denen scheinbar sonst niemand etwas unternahm und ich dachte, ich könne kühn hervortreten. Erst später erkannte ich, dass ich eine Autorität an mich gerissen hatte, die mir gar nicht zustand.

Ich habe häufig ungeduldige und voreilige Schritte unternommen, wobei ich mich wiederum für kühn hielt. Leider machte ich dabei viele Fehler und verletzte viele Menschen, weil ich mir nicht die Zeit nahm, nach Weisheit zu suchen. Ich war wirklich sehr unreif und wusste nichts über echte Kühnheit.

Wenn mich Leute angriffen oder beleidigten, hatte ich immer schnell eine Verteidigung parat und »verwies sie auf ihre Plätze«. Ich stellte klar, dass ich mich nicht schlecht behandeln lassen würde. Als ich dann aber mein sehr verkorkstes Leben in Ordnung bringen wollte und deswegen Gottes Wort regelmäßig studierte, haben Bibelstellen wie die folgenden mich korrigiert:

> *Der Unmut eines Narren äußert sich schnell und ist offen bekannt, wer aber eine Schmach übergehen kann, ist klug.* (Sprüche 12,16)
>
> *Rächt euch nicht selbst, Geliebte, sondern gebt Raum dem Zorn [Gottes]; denn es steht geschrieben: Mein ist die Rache; ich will vergelten [belohnen], spricht der Herr.* (Römer 12,19)

Es erfordert echten Mut und echte Kühnheit, im Glauben zu wandeln und auf Gottes Vergeltung zu warten, wenn man schlecht behandelt wird. Und eben dieses vermochte ich mit meiner vermeintlichen Kühnheit nicht zu tun. Der Wahrhaftige gibt viel lieber die Wahrheit zu und sagt: »Ich habe Angst, aber ich werde es ängstlich tun«, anstatt ein falscher Fünfziger zu sein und sich etwas vorzumachen - so zu tun, als hätte er keine Angst. Aufrichtig kühne Menschen haben nicht nur den Mut zum Handeln, sondern, wenn es sein muss, auch den Mut zum Warten.

Das Herz des Menschen plant seinen Weg

Ich hatte immer einen Plan und war auch immer schnell in der Ausführung, trotzdem sind viele meiner Pläne gescheitert. Sprüche 16,9 sagt uns, dass das Herz des Menschen seinen Weg plant, aber allein der Herr seinen Schritt sicher und richtig macht. Die Sprüche Salomos beinhalten viel Weisheit, die wir uns zu Herzen nehmen sollten. So sagen sie uns auch, dass vor dem Verderben Stolz kommt, und ein hochmütiger Geist vor dem Fall (Sprüche 16,18). Viele Menschen halten sich für kühn, wobei sie in Wirklichkeit bloß stolz und arrogant sind. Sie geben zu viel auf sich selbst und behandeln andere immer von oben herab, wodurch diese verletzt werden.

In meinen Plänen sollte immer alles zu meinen Gunsten laufen, die Bedürfnisse anderer Menschen habe ich dabei kaum beachtet. Gottes Pläne dagegen beachten die Bedürfnisse aller Personen. Wir müssen lernen, darauf zu warten, dass sich Gottes Pläne entfalten. Er vervollkommnet alles, was uns betrifft. Wahre Kühnheit bewegt sich in Gottes Zeitplan, was heißen soll, zur rechten Zeit.

Während Jesu dreijährigem Dienst auf Erden hielten ihn die Leute für verrückt. Seine eigenen Brüder schämten sich seiner. Um ihren guten Ruf zu schützen, sagten sie ihm, er solle woanders hingehen und dort seine Werke tun. Sollte er dazu nicht bereit sein, hatten sie eine Alternative für ihn. Sie sagten ihm, er solle etwas unternehmen und seine Werke nicht länger im Verborgenen tun. Sie versuchten ihn davon zu überzeugen, dass es an der Zeit war, sich selbst und seine Werke der Welt zu zeigen. Mit anderen Worten: Jesus sollte die Leute mit seinem Können beeindrucken.

Er erwiderte darauf: »Meine Zeit (Gelegenheit) ist noch nicht da ...« (Johannes 7,6).

Wer von uns hätte solch eine Selbstbeherrschung? Wenn Sie die Wunder tun könnten, zu denen er in der Lage war und Leute sich über Sie lustig machten und Sie herausforderten, Ihr Können zu beweisen, was würden Sie dann tun? Würden Sie warten, bis Sie sich des richtigen Zeitpunktes ganz sicher sind, oder würden Sie ohne Gottes Billigung handeln?

Planen ist gut und ich glaube, unsere Pläne sollten kühn und zielgerichtet sein, aber wir sollten ebenfalls weise genug sein, zu wissen: Ohne Gott werden unsere Pläne schlussendlich scheitern.

> *Wenn der HERR das Haus nicht baut, arbeiten seine Erbauer vergebens daran.* (Psalm 127,1; Rev. Elberfelder)

Wir können bauen, ohne Gott als Fundament zu haben, aber dann werden wir genauso fallen wie jedes andere Gebäude ohne ein vernünftiges Fundament.

Die Torheit der Selbstsicherheit

Da ich ein Buch darüber schreibe, wie Sie eine Frau mit Zuversicht werden können, möchte ich - wie schon zuvor - noch einmal deutlich sagen, dass ich damit nicht Selbstbewusstsein oder Selbstsicherheit meine. Sie sollen keine Sicherheit in sich selbst haben, es sei denn, diese Sicherheit ist in Gott verankert. Wenn unsere Sicherheit als Frucht unserer Verwurzelung in Gott wächst, dann haben wir die rechte Art von Sicherheit, die uns kühn macht.

Wie Paulus sagte: »In seiner Sicherheit sind wir selbstsicher.«

Wer sich für kühn hält, sollte sich fragen, ob es sich dabei um Zuversicht oder Eingebildetheit handelt. Bill Crawford sagte: »Der Unterschied zwischen Zuversicht und Eingebildetheit ist so einfach wie zwischen Liebe und Furcht. Jesus war zuversichtlich ... Hitler war furchtsam.«

Wenn ich über Zuversicht lehre, kommt bei Leuten häufig ihre Sorge zum Ausdruck, ob sie zwischen Selbstbewusstsein und Eingebildetheit unterscheiden können. Sie sagen, sie seien gelehrt worden, nichts Positives über sich selbst zu sagen (oder sogar zu denken). Das sei zu egoistisch und selbstsüchtig. Gute Eltern lehren ihre Kinder, nicht anzugeben, und das soll auch so sein. Keiner mag eine Angeberin, die in sich selbst verliebt ist und sich für die Lösung der Menschheit hält. Einige Leute denken, sie wissen so viel, dass sie ganz offensichtlich überhaupt nichts wissen. Wir haben mit unserer Erkenntnis nicht einmal begonnen, wenn wir noch nicht erkannt haben, dass wir im Vergleich zu dem, was wir wissen sollten, überhaupt nichts wissen.

Aber wenn wir unseren Kindern das Prahlen abgewöhnen, sollten wir ihnen nicht vermitteln, dass es falsch sei, die eigenen positiven Eigenschaften anzuerkennen. Wenn Sie sich um einen Job bewerben, aber Angst haben, Sie könnten eingebildet wirken und Sie deshalb Ihr Können untertreiben, werden Sie die Stelle wahrscheinlich nicht bekommen. Seien Sie zuversichtlich, aber lassen Sie Ihre Zuversicht in Gott verankert sein. Alles, was wir sind, sind wir allein durch seine Gnade und sein Erbarmen.

Zuversicht erzeugt Zuversicht. Wenn Menschen sich mir zuversichtlich darstellen, bin ich zuversichtlich, dass sie die nötigen Aufgaben erfüllen können. Sie brauchen mir nicht ständig zu erzählen, dass sie ja ohne Gott nichts seien; das sollten sie *Gott* erzählen.

Ich weiß noch, wie ich einem Freund sagte, er habe das Grillen bei einer Abendparty ganz toll gemacht. Er war ein sehr frommer Mann und erwiderte sofort, es sei nicht er, sondern der Herr gewesen. Ich finde, er hätte viel lieber sagen sollen: »Danke für das Kompliment«, und dann während seiner Gebetszeit Gott für seine Hilfe danken sollen. Wenn uns jemand ein Kompliment macht, sollten wir das dankend annehmen. Nehmen Sie jedes Kompliment wie eine Rose an und am Tagesende haben Sie einen ganzen Blumenstrauß, den Sie Gott zurückgeben können, wissend, dass der Strauß eigentlich sowieso von ihm kam.

Nehmen Sie jedes Kompliment wie eine Rose an und am Tagesende haben Sie einen ganzen Blumenstrauß, den Sie Gott zurückgeben können, wissend, dass der Strauß eigentlich sowieso von ihm kam.

Das Buch der Sprüche hat vieles über Selbstsicherheit zu sagen und macht deutlich, dass nur ein Tor selbstsicher ist:

> *Wie Schnee im Sommer und wie Regen in der Ernte, so unpassend ist Ehre für einen [selbstsicheren] Toren.* (Sprüche 26,1)

Der Tor hat immer die Rute des Teufels im Nacken, weil er durch Selbstsicherheit dafür die Tür geöffnet hat. Gott ist unsere Abwehr und unser Schutz, aber unser Vertrauen muss auf ihn und nicht auf uns gerichtet sein. Wenn wir Gott in allen Lebenslagen für die nötige Stärke vertrauen, werden wir einen unglaublichen göttlichen Schutz erfahren.

Selbstsichere Männer und Frauen können zum Beispiel im finanziellen Bereich einen Schlag in den Nacken bekommen. Sie machen einen schlechten Deal, werden übers Ohr gehauen, investieren in bald wertlos werdende Aktien - und all das, weil sie sich auf ihr eigenes Wissen verlassen, anstatt Gottes Weisheit zu suchen.

Der Tor kann auch einen geistigen Schlag bekommen. Jemand Selbstsicheres hat beständig mit Sorgen, Grübeln, Unruhe und Furcht zu tun; die Lösungen für seine Probleme hängen von ihm selbst ab, also muss er alles selbst ausknobeln.

Toren bekommen auch emotional etwas auf die Haube. Wenn Leute sich auf sich selbst verlassen, wird nichts so recht funktionieren. Zum Schluss sind sie immer genervt, weil ihre Pläne nicht geklappt haben. Sie verbringen die meiste Zeit im Frust. Nichts ist frustrierender als beständig sein Bestes zum Lösen eines Problems zu tun und doch immer wieder zu versagen. Wir mögen denken, etwas stimme mit uns nicht, dabei verhindert Gott unseren Erfolg, um uns hoffentlich irgendwann zu ermüden, damit wir ihn um Hilfe bitten.

Wenn ich 1. Petrus 5,5 in der Bibel einmal mit meinen eigenen Worten wiedergeben darf, würde da stehen: »Ihr alle solltet euch mit Demut kleiden. Tragt es als Gewand und nehmt es nie ab. Lebt frei von Stolz und Arroganz im Umgang mit einander, weil Gott selbst sich gegen die Stolzen und Überheblichen (die Anmaßenden und Prahlerischen) wendet. Er widersteht ihnen und durchkreuzt sogar ihre Pläne und besiegt sie, dem Demütigen dagegen hilft er.«

Sich selbst zu überschätzen und nicht zu sehen, wie Sie ohne Gott sind, erzeugt eine Kettenreaktion an Problemen: Hochmut, Abgeschiedenheit, sich an andere nicht anpassen können, mit anderen nicht zurechtkommen. Das ist deshalb so, weil Hochmut seine eigenen Fehler nicht sehen kann und deshalb auch keine Geduld mit den Fehlern anderer hat.

Kann man gleichzeitig demütig und kühn sein?

Es ist nicht nur möglich, gleichzeitig demütig und kühn zu sein – echte Kühnheit ist ohne Demut sogar *un*möglich. Josua gehörte zu jener Sorte Mann, der beides war. Gott sagte ihm, er solle die Aufgabe vollenden, die Mose begonnen hatte und die Israeliten ins Verheißene Land führen. Nachdem er ihm diese Anordnung gegeben hatte, sagte Gott gleich darauf, er würde mit ihm sein, genauso, wie er mit Mose gewesen war (Josua 1,5).

Josuas Zuversicht lag in der Gewissheit, dass Gott mit ihm war. Deswegen konnte er vorangehen und etwas tun, wozu er sich wahrscheinlich nicht qualifiziert fühlte. Anscheinend kannte er dabei das Gefühl der Angst, sagte der Herr ihm doch wiederholt: »Fürchte dich nicht!«, was heißt: »Renn' nicht weg!«

Gott forderte Josua auf, stark, zuversichtlich und mutig zu

sein; dann würde er dem Volk das Land, das er ihnen verheißen hatte, als Erbteil geben.

> *Es soll niemand vor dir standhalten (können), alle Tage deines Lebens. Wie ich mit Mose gewesen bin, werde ich mit dir sein; ich werde dich nicht aufgeben und dich nicht verlassen.*
>
> *Sei stark und mutig! Denn du, du sollst diesem Volk das Land als Erbe austeilen, das ihnen zu geben ich ihren Vätern geschworen habe.*
>
> *Nur sei recht stark und mutig, dass du darauf achtest, nach dem ganzen Gesetz zu handeln, das mein Knecht Mose dir geboten hat! Weiche nicht davon ab, (weder) zur Rechten noch zur Linken, damit du (überall) Erfolg hast, wo immer du gehst!* (Josua 1,5-7; Rev. Elberfelder)

Haben Sie die Betonung bemerkt, die Gott auf sich selbst legt? Josua sollte seinen Blick auf Gott und sein Gesetz richten. Er sollte sich nicht in andere Dinge verfangen, die ihm Angst einjagen könnten; er hatte sich auf das Ziel zu konzentrieren. Wenn er Gott gehorchte, würde er dadurch nicht nur sich selbst helfen, sondern hätte auch das Privileg, viele Menschen in ein besseres Leben zu führen.

Und nur für den Fall, dass er noch eine letzte Ermutigung brauchte, wiederholt sich Gott im Grunde in Josua 1,9 noch einmal:

> *Habe ich dir nicht geboten: Sei stark und mutig? Erschrick nicht und fürchte dich nicht! Denn mit dir ist der HERR, dein Gott, wo immer du gehst.* (Rev. Elberfelder)

Ich denke, Gottes Gespräch mit Josua zeigt, dass es im Natürlichen Dinge für ihn zu fürchten gab, Dinge, die ihn in Schrecken versetzen und weglaufen lassen würden. Wenn wir Glaubensschritte unternehmen, um im Leben voranzukommen, ist dadurch noch lange keine freie Bahn garantiert. Wir haben jedoch die Garantie, dass Gott mit uns ist, und das ist wirklich alles, was wir brauchen. Wir brauchen nicht zu wissen, was Gott tun wird, wie er es tun wird oder wann er es tun wird. Wir brauchen nur zu wissen, dass er mit uns ist.

»Fürchte dich nicht«

Jeremia war ein sehr junger Mann, dem eine sehr große Aufgabe zuteil wurde. Gott sagte ihm, er sei als Prophet für die Nationen berufen worden. Er sollte das Sprachrohr Gottes sein. Der Gedanke daran flößte Jeremia Angst ein und er suchte nach allerlei Ausreden, warum er nicht tun könne, wozu Gott ihn aufforderte. Er sah auf sich selbst, wobei er eigentlich auf Gott blicken sollte. Außerdem sah er auf Menschen und fragte sich, was sie wohl tun und von ihm denken würden, wenn er den kühnen Schritt tat, zu dem Gott ihn ermutigte.

Als Antwort auf Jeremias ängstliche Bemerkungen sagte Gott ihm, er solle den Mund halten und einfach das tun, was Gott ihm sagte. Gott sprach: »Fürchte dich nicht vor ihnen (ihren Angesichtern), denn ich bin mit dir, um dich zu befreien« (Jeremia 1,8). Jeremia empfing die gleiche Rede wie schon Josua vor ihm: »Blicke nicht auf die Umstände, sondern wisse, dass ich mit dir bin. Mehr brauchst du nicht.«

Jeremia erlebte dieselbe Angst, die ein fünfjähriger Junge erlebte, als ihn seine Mutter bat, in die Vorratskammer zu gehen und eine Dose Tomatensuppe für sie zu holen. Er wollte nicht alleine gehen. »Da ist es so dunkel drin und ich hab' Angst.« Sie bat ihn ein zweites Mal, aber er blieb dabei. Schließlich sagte sie: »Du brauchst keine Angst zu haben – Jesus wird mit dir da drin sein.« Der kleine Johnny schritt zögernd auf die Tür zu und öffnete sie langsam. Er spähte hinein, sah, dass es dunkel war und wandte sich zum Gehen, als ihm plötzlich eine Idee kam und er sagte: »Jesus, wenn du da drin bist, könntest du mir bitte diese Dose Tomatensuppe herausreichen[78]?«

Gegen Ende von Jeremia 1 sagt Gott dem Propheten, dass er ihn überwältigen lassen würde, wenn er in seiner Angst verharren würde (weglaufen statt es mit ihr aufzunehmen). Denken Sie daran: Gott möchte sehen, dass wir den Dingen entgegen treten und nicht vor ihnen weglaufen. Wovor Sie auch weglaufen, es wird Ihnen doch woanders stets wieder begegnen. Unsere Siegeskraft liegt im Voranschreiten mit Gott. Im letzten Vers des Kapitels sagte der Herr Jeremia, ein Volk würde gegen ihn kämpfen, aber sich aus einem ganz einfachen Grund nicht behaupten können: »... ich bin mit dir.«

Interessanterweise wurde Jeremia vor einem Kampf gewarnt, aber selbst da sollte er sich nicht fürchten, weil er schlussendlich den Sieg erlangen würde.

Scheinkühnheit im Tausch gegen das einzig Wahre

Der Apostel Petrus war ein Mann, der mit einer Scheinkühnheit begann. Er hielt sich selbst für kühn, war aber oft nur vorlaut, anmaßend, ungehobelt und töricht. Petrus meldete sich meist zuerst zu Wort, sagte dann aber häufig etwas Hochmütiges oder völlig Unpassendes. Petrus hielt sich selbst für besser als er war. Er musste sein Selbstvertrauen gegen Gottvertrauen eintauschen.

Jesus versuchte Petrus zu warnen, dass er ihn innerhalb sehr kurzer Zeit dreimal verleugnen würde, doch Petrus hielt das für völlig unmöglich. Nachdem Jesus sich gefangen nehmen ließ, erkannte man Petrus als einen der Jünger. Er leugnete sofort, Jesus überhaupt zu kennen. Auf dieser ängstlichen Schiene fuhr Petrus weiter, bis er Christus innerhalb kurzer Zeit dreimal verleugnet hatte. Petrus, der einen so kühnen Eindruck machte, brach während einer echten Krise buchstäblich vor Furcht zusammen (Lukas 22).

Jesus versprach seinen Jüngern, dass er ihnen nach seinem Tod und seiner Auferstehung den Heiligen Geist senden würde, um sie mit echter Kraft zu erfüllen. Dadurch würden sie echte Kühnheit erleben, die in ihrem Glauben an Jesus verankert war. Zusammen mit den anderen empfing Petrus am Pfingsttag jene

Kraft aus der Höhe, und in Apostelgeschichte 1 sehen wir Petrus, wie er kühn auf den Straßen Jerusalems predigt und sich nicht mehr darum schert, was irgendjemand denkt. Petrus erkannte sich selbst als Heuchler und Sünder. Er tat Buße, empfing Vergebung und wurde mit heiliger Kühnheit erfüllt, die nur von Gott kommen kann.

Wovor stehen Sie?

Wir haben uns die Herausforderungen von Josua, Jeremia und Petrus angeschaut, doch wovor stehen Sie? Gibt es bedrohliche Fronten, die sich vor Ihnen zusammenziehen? Falls ja, denken Sie daran: Gott ist mit Ihnen und er wird Sie niemals verlassen noch Sie aufgeben. Bitten Sie ihn um seine Hilfe und er wird sie schenken. Sie müssen nicht so tun, als seien Sie kühn. Wenn Sie Angst haben, sagen Sie es Gott. Wenn Sie sich Sorgen machen, geben Sie diese Sorgen Gott. Er weiß ja sowieso schon Bescheid. Sie können Ihre Angst ruhig zugeben, aber ich ermutige Sie auch zu sagen, dass Sie sich von ihr nicht aufhalten lassen werden. Ich möchte Sie herausfordern, doch zu sagen: »Ich verspüre Furcht, aber ich wähle Kühnheit!«

Kapitel 15

Gewinner geben niemals auf

Aufgeben ist keine Alternative für eine Frau mit Zuversicht. Sie muss sich entscheiden, was sie tun möchte oder sollte, und dann darf sie vom Ziel nicht mehr abweichen. Egal, was Sie im Leben zu tun versuchen, Sie werden immer Gegenwind bekommen. Der Apostel Paulus sagte, dass neue Möglichkeiten auch häufig mit Widerstand verknüpft waren (1. Korinther 16,9). Zuversicht hat die Eigenschaft, allem entgegen sehen zu können und keine Angst vor Dingen zu haben, die noch nicht eingetroffen sind.

Ich erinnere mich noch an den ersten Sonntagmorgen, als ich in einer Gemeinde predigte, die wir in der Innenstadt von St. Louis gründeten. Wir wollten den problembeladenen Menschen dort gerne helfen und ihnen Hoffnung geben. An dem Tag stand ich hinter der Kanzel und verkündete laut: »Ich bin gekommen, um zu bleiben.« Mir waren andere Leute bekannt, die versucht hatten, dort ein ähnliches Werk zu errichten, aber nach einiger Zeit aufgegeben hatten. Ich fasste den Entschluss: Wenn ich es beginne, dann will ich es auch zu Ende führen.

Wir hatten Widerstand auszuhalten. Ansässige Gemeinden fanden es nicht gut, dass eine neue Gemeinde sich dort ansiedelte. Sie hatten Angst, wir würden ihnen Mitglieder wegnehmen. Sie sagten: »Wir brauchen hier keinen großen Dienst, der uns Leute wegnimmt.« So eine Haltung ist in Furcht gegründet und töricht.

Einer unserer Mitarbeiter wurde bei einer Autoschießerei verletzt, aber wir blieben trotzdem – und er auch.

Manchmal wurden die Autofenster einiger Gemeindemitglieder während des Gottesdienstes eingeschlagen, aber auch sie gingen nicht weg. Sogar ein paar Autos wurden gestohlen, doch wir blieben.

Dann hatte der Pastor eine Affäre mit einer anderen Angestellten, wodurch wir nur noch entschlossener wurden. Wir sagten: »Selbst wenn wir noch einmal ganz von vorne anfangen müssen, werden wir nicht gehen.« Furcht sagte: »Wenn die Gemeindemitglieder davon Wind bekommen, werden sie gehen.« Ich sagte: »Wenn irgendjemand geht, wird Gott zwei neue Menschen als Ersatz schicken.« Ich richtete mich an die Gemeinde und sagte ihnen offen die Wahrheit. Ich sagte ihnen, wir würden einen guten Pastor für sie finden und dass Satan durch diese Situation die Gemeinde entzweien wollte, aber wir würden uns dagegen stellen. Die Leute schätzten die Ehrlichkeit und keiner ging. Die Gemeinde ist seither gewachsen und hat inzwischen tausend Mitglieder.

Wenn Sie etwas zu tun versuchen und Angst ihr hässliches Gesicht zeigt, dann müssen Sie daran denken, dass Angst Sie unbedingt aufhalten will. Das Ziel der Angst ist, dass Sie davonlaufen, sich zurückziehen und verstecken. Gott möchte, dass Sie Begonnenes zu Ende führen.

Der Apostel Paulus bekam eine Aufgabe, und die wollte er auch erfüllen, obwohl er wusste, dass sie Gefangenschaft und Leid mit sich bringen würde. Er richtete seine Augen auf die Ziellinie, nicht auf die davor liegenden Hürden. Er sagte, dass er seinen Kurs durch Widerstand nicht abändern lassen würde, sondern ihn mit Freuden zu Ende bringen wollte. Paulus wollte nicht nur das Begonnene einfach zu Ende führen, er wollte an dem Prozess auch Freude haben. Man kann keine Freude haben, wenn man sich ständig fürchtet. Furcht verdirbt die Gegenwart durch Sorgen über Situationen in der Zukunft, die vielleicht nicht einmal eintreffen werden. Paulus wusste: Egal, was passierte, Gott würde treu sein und ihn stärken, damit er es mit Geduld ertragen konnte.

Haben Sie Acht, worauf Sie Ihr Augenmerk richten

Wenn wir uns unsere Riesen zu lange anschauen, wird uns die Furcht vor ihnen übermannen. Richten Sie Ihr Augenmerk auf den Lohn, nicht auf die Pein. In der Bibel erklärt Paulus, wie sie von allen Seiten bedrängt und auf jede erdenkliche Weise belästigt und tyrannisiert wurden. Zwar sahen sie keinen Ausweg, gaben aber dennoch nicht auf. In 2. Korinther 4,9 legt er dar, wie sie verfolgt, aber nicht verlassen oder von Gott alleine gelassen wurden. Paulus sagte: »Wir werden niedergeworfen, aber nie verworfen und vernichtet.« Wenn ich Paulus so zuhöre, spüre ich richtig, wie mein Herz von Mut angestachelt wird. Er hatte sich fest entschlossen, seine Bahn zu vollenden, egal, was passierte. Paulus erklärte, dass sie sich nicht entmutigen ließen (nicht völlig niedergeschlagen, erschöpft und durch Furcht ausgelaugt wurden), weil sie nicht auf die sichtbaren Dinge, sondern auf die unsichtbaren blickten (2. Korinther 4,8-9; 16; 18).

Wenn wir unsere Probleme zu lange anstarren, zu viel über sie nachdenken und reden, werden wir ihnen sehr wahrscheinlich erliegen. Werfen Sie einen Blick auf Ihre Probleme, aber starren Sie auf Jesus. Wir leugnen die Existenz unserer Probleme nicht, wir ignorieren sie nicht, aber wir lassen uns nicht von ihnen beherrschen. Jedes Ihrer Probleme ist veränderbar. Mit Gott sind alle Dinge möglich!

Wenn wir unsere Probleme zu lange anstarren, zu viel über sie nachdenken und reden, werden wir ihnen sehr wahrscheinlich erliegen. Werfen Sie einen Blick auf Ihre Probleme, aber starren Sie auf Jesus.

Als David gegen den Riesen Goliat kämpfte, stand er nicht stundenlang herum und überlegte sich, wie er den Riesen, den er da sah, wohl im Kampf besiegen könnte. Die Bibel sagt, er rannte schnell zur Front und redete dabei die ganze Zeit über die Größe Gottes und rief den Sieg bereits aus. David lief von seinem Riesen nicht weg; er rannte mutig auf ihn zu.

Robert Schuller sagte einmal: »Wenn Sie Ihren Ängsten Gehör schenken, werden Sie am Ende Ihres Lebens nie wissen, was für eine große Person Sie hätten sein können[79].«

Wäre David vor Goliat weggelaufen, wäre er nie der König Israels geworden. Gott hatte ihn 20 Jahre vor seiner Krönung zum König gesalbt. Während dieser Zeit begegnete er seinen Riesen und zeigte, dass er die nötige Zähigkeit besaß, bei Schwierigkeiten nicht aufzugeben.

Verspürte David irgendeine Furcht, als er auf Goliat zulief? Ich glaube schon. In seinen Schriften behauptete David nie, er sei von Angstgefühlen frei gewesen. Tatsächlich redet er sogar von seiner Furcht:

> *Wenn ich mich fürchte, bin ich zuversichtlich dir gegenüber und vertraue dir und verlasse mich auf dich.*
>
> *[Durch Gottes Hilfe] rühme ich sein Wort; auf Gott stütze und verlasse ich mich; ich vertraue ihm mit Zuversicht; ich werde mich nicht fürchten. Was kann der Mensch, der Fleisch ist, mir tun?* (Psalm 56,4-5)

David sagte ganz deutlich, dass er sich entschied, zuversichtlich zu *sein*, obwohl er Furcht *verspürte*!

Geben Sie niemals auf

Paulus sagte, wir laufen alle bei einem Rennen mit und sollten dabei gewinnen wollen. Gewinnen erfordert Vorbereitung, Training, Aufopferung und eine Bereitschaft, auch bei Widerstand weiter zu machen. Oft muss man dabei häufiger wieder aufstehen, wenn man hingefallen ist, und unter welchen Umständen auch immer weitermachen.

1921 schrieb Peter Kyne eine bewegende Geschichte über einen Mann, der wusste, was es hieß, nie aufzugeben. *The Go-Getter*, so der Titel dieser Geschichte, inspiriert auch heute noch

Menschen[80]. Ich möchte Ihnen gerne eine kurze Zusammenfassung davon geben.

Bill Peck kommt aus dem Ersten Weltkrieg nach Hause, humpelnd und ohne linken Arm - und mit einer Entschlossenheit, die zehn gesunde Männer in den Schatten stellen würde. Nach zwei erfolglosen Bewerbungsgesprächen bei Ricks Firma für Bau- und Nutzholz setzt er sich mit dem Firmengründer, Alden Ricks, in Verbindung und bittet ihn eindringlich, doch seinen Einfluss auf die anderen Geschäftsleiter gelten zu machen, damit sie ihm eine Chance geben.

»Selbst wenn Sie über ihre Köpfe hinweg entscheiden müssen, geben Sie mir den Job«, sagt Bill seinem eventuellen Arbeitgeber. »Es ist mir völlig Wurst, was für ein Job es ist, solange ich ihn bekomme. Wenn ich kann, werde ich ihn besser machen, als er je zuvor gemacht wurde, und wenn ich das nicht kann, dann kündige ich freiwillig, damit Sie mich nicht feuern müssen.«

Obwohl Alden nur ungern im Bewerbungsprozess eingreift, den er anderen Männern anvertraut hat, findet er den jungen Veteranen sympathisch. Er bewundert Bills Fähigkeit der Selbstdarstellung und ist noch mehr von Bills unbeschwerter, freundlicher Art beeindruckt, während er einfach kein Nein akzeptiert. Alden überredet seine rechte Hand, Herrn Skinner, Bill anzustellen, warnt den Veteranen jedoch, dass er nur drei Chancen bekommen wird.

»Wann soll ich antreten, Sir?«, fragt dieser und beginnt noch am selben Nachmittag.

Aber Bill bekommt eine für ihn zurechtgeschnittene Arbeit. Auf Bitte Alden Ricks hin, gibt Herr Skinner ihm seinen ersten Auftrag: »Stinktierholz« zu verkaufen, ein »grobes und faseriges und nasses und schweres« Bauholz, welches eine Zeit lang, nachdem es abgeholzt wurde, »genau wie ein Stinktier« riecht. Nur wenige kaufen solches Holz, und Herr Skinner ist sich sicher, dass er den neuen Verkäufer entlassen wird, wenn er nichts verkauft bekommt. Doch Bill macht sich mit Schwung an diese wenig verheißungsvolle Aufgabe und nimmt sie mit seiner typischen Antwort an: »Wird gemacht.«

Zwei Monate vergehen und keiner hört etwas von Bill, der nach Utah, Arizona, New Mexico und Texas geschickt wurde, um zu sehen, wie viele Käufer von »Stinktierholz« er dort auftreiben kann. Keiner hört etwas von Bill - aber seine Bestellungen strömen herein. »Zwei Güterwagenladungen rustikaler Lärche« für Salt Lake City und »eine Güterwagenladung voller Stinktier-Fichtenbretter, beliebige Längen und Stärken, für einen Dollar mehr als Skinner verlangt hat« für einen Verkaufshof in Ogden - eine Firma, mit der Herr Skinner schon Jahre lang eine Geschäftsbeziehung aufzubauen versucht hatte. Als Bill endlich Texas erreicht, kommen seine Bestellungen für »Stinktierholz« bereits so schnell herein, dass Herr Skinner ihn bitten muss, mit besserem Holz zu handeln, wie Douglasfichte und Rotholz.

Als er dann ins Büro zurück kommt, hat Bill die besten Verkäufer der Firma ausgestochen und bekommt sogar bereits eine Gehaltserhöhung für seinen Erfolg. Alden Ricks beschließt, dass Bill vielleicht einen weiteren Test wert ist. Herr Skinner hat dagegen nichts einzuwenden, denn er ist sich sicher, dass Bill ganz bestimmt versagen und für immer von der Gehälterliste gestrichen werden wird.

Alden Ricks ruft Bill an und fragt ihn, ob er etwas für ihn erledigen könne. Alden habe eine blaue Vase im Schaufenster eines bestimmten Geschäftes gesehen. Bill soll sie für ihn kaufen, damit Alden es am Abend seiner Tochter, die außerhalb der Stadt wohnt, zum Hochzeitstag schenken kann.

Doch der Laden ist nicht dort, wo Alden Ricks gesagt hat. Als Bill übers Telefon Alden nicht erreichen kann, macht er sich zu Fuß auf die Suche und findet das Geschäft mehrere Blöcke entfernt - bereits geschlossen. Aber der Name des Besitzers steht an der Tür und Bill ruft alle B. Jonsens an, die im Telefonbuch stehen. Schließlich erwischt er den Richtigen, der ihn an einen Mitarbeiter weiterleitet, welcher zum Geschäft kommt.

Leider kostet die Vase ein Vermögen - 2.000 Dollar - und der Mitarbeiter nimmt keine Schecks an. Bill ist entschlossen, sein Verspechen zu halten, weswegen er Herrn Skinner anruft, der ihm jedoch keinerlei Hilfe anbietet. Bill muss also einen anderen

Weg finden, um die Vase zu bekommen, und so hinterlässt er einen besondern Ring, den er besitzt, als Bürgschaft.

Nachdem er nun endlich die Vase gekauft hat, hastet er zum Bahnhof, wo er Alden Ricks treffen sollte. Der Zug ist bereits seit einigen Stunden abgefahren. So macht Bill einen Freund ausfindig, der Pilot ist, ihn zu den Schienen fliegt und dort absetzt. Da sitzt Bill nun und wartet, bis der Zug vorbeikommt. Er dreht eine Sonntagszeitung zu einer Fackel, zündet sie an und winkt dem Zug zu, dass er anhalten soll und überredet dann den Bremser, ihn an Bord zu lassen.

Obwohl er etwas spät dran ist, liefert er die Vase schlussendlich im Privatabteil des sehr erstaunten Alden Ricks ab. Dieser erklärt dem erschöpften Mann, dass die Vase sein »größter Draufgängertest« gewesen sei.

»Bei diesem Job haben sich schon viele Leute abgewandt, nachdem ihnen die erste Hürde im Weg stand«, sagt Alden Ricks. »Sie dachten, Sie tragen eine zweitausend-Dollar-Vase in dieses Abteil. Aber wissen Sie was? In Wirklichkeit haben Sie gerade einen zehntausend-Dollar-Job als unser Geschäftsführer in Shanghai hier herein getragen.«

Was für eine bewegende Geschichte! Ist sie nicht ermutigend? Wollen Sie dadurch nicht auch Ihre eigenen Lebensherausforderungen überwinden? Was mir am meisten an dieser Geschichte gefällt, ist, dass Bill so viele Möglichkeiten zum Aufgeben hatte. Er hätte ins Geschäft einbrechen oder nach Hause gehen können. Er jedoch tat alles mit Integrität, Einfallsreichtum und dem festen Entschluss, den Job zu erledigen. Er gab nie auf. Feiglinge geben auf; Zuversicht und Mut bringen eine Sache zu Ende.

Gewinner bekommen nicht immer den ersten Platz, aber sie vollenden, was sie beginnen. Nachdem er gemerkt hatte, dass er es nicht mehr rechtzeitig zum Zug schaffen würde, hätte Bill einfach sagen können: »Aus und vorbei. Ich hab's versucht und es hat nicht geklappt.« Doch das tat er nicht – und bekam für seine Leistung einen geachteten, hoch bezahlten Job!

Sehen Sie sich versucht, momentan eine Sache aufzugeben? Tun Sie es nicht! Ihre Herausforderungen zu beenden, baut Zuversicht in Ihnen auf. Sie werden an Selbstvertrauen gewinnen, was wichtig ist.

Wenn Sie immer den leichten Weg wählen, macht sich Ihr Gewissen bemerkbar. Sie mögen es ausschalten wollen, aber Ihr Gewissen flüstert Ihnen zu, dass Sie nicht Ihr Bestes gegeben haben.

Wenn Sie also vor Entscheidungen stehen, die Sie plagen oder zermürben, vertrauen Sie darauf, dass Sie es bis zum Erfolg schaffen können. Und wiederholen Sie, was Bill Peck immer sagte: »Wird gemacht!«

Ein schlechtes Gewissen untergräbt Zuversicht

Ich weiß aus Erfahrung, dass ein schlechtes Gewissen sich hinderlich auf das Wachstum von Zuversicht auswirkt. Zuversicht heißt, Vertrauen auf Gott zu haben. Es ist der Glaube, dass Sie durch seine Hilfe alle Aufgaben meistern können. Wenn wir jedoch Schuldgefühle mit uns herumtragen, schrecken wir vor Gott zurück, statt kühn seine Hilfe zu erwarten. Wir stellen uns den Lebensherausforderungen nicht, sondern geben auf, weil wir uns unseretwegen schlecht fühlen.

Eine Frau - nennen wir sie Stephanie - hörte von einer offenen Stelle in ihrer Firma und wollte sich dafür bewerben. Sie brauchte mehr Geld und ihr gefiel der Gedanke, befördert zu werden und mehr Ansehen zu erlangen. Stephanie fragte ihre Vorgesetzte, ob sie ein Bewerbungsgespräch für die neue Stelle haben könne. Ja, sie solle sich gleich für den nächsten Tag vorbereiten, wurde ihr gesagt. Den ganzen Abend lang beschäftigte Stephanie dann etwas, sie konnte nicht recht ihren Finger darauf legen, aber sie hatte eine vage Furcht, dass sie die Stelle nicht bekommen würde. Als am darauf folgenden Tag die Zeit für das Bewerbungsgespräch kam, war sie sich nicht einmal sicher, ob sie sich überhaupt bewerben sollte. Ihre Zuversicht löste sich in Luft auf und sie hatte keine Lust, die Fragen ihrer Vorgesetzten beantworten zu müssen. Während des Gesprächs war ihre Unsicherheit offensichtlich. Auf die Frage, ob sie denn den Job zu tun vermochte, erwiderte sie: »Ich hoffe es.« In dem Moment, als ihre Vorgesetzte Stephanies mangelnde Zuversicht erkannte, verlor auch sie ihre Zuversicht bezüglich Stephanie und beendete das Gespräch schnell. Später fand Stephanie eine Notiz in ihrem Briefkasten, dass jemand anders die Stelle bekommen hatte.

Stephanie fing an, darüber zu beten, was mit ihrer Zuversicht geschehen war. Warum war sie plötzlich so unsicher geworden? Nach einer Zeit des inneren Suchens und Betens erinnerte sie sich an Dinge, die in den letzten Monaten bei der Arbeit geschehen waren. Sie hatte während der Arbeitszeit persönliche Telefongespräche geführt, die nicht nötig gewesen wären, obwohl sie wusste, dass die Firmenregeln das nicht erlaubten. Ihr Gewissen hatte sich dabei schon zu Wort gemeldet, aber sie hatte sich gesagt, ihre Firma bezahle ihr sowieso nicht genug und sie verdiene ein paar Sonderzulagen. Außerdem hatte sie ihre Mittagspause verlängert, wenn ihre Vorgesetzte nicht im Büro war. Wiederum hatte sich ihr Gewissen gemeldet gehabt, aber sie hatte nach Ausreden gesucht und einfach weitergemacht. Die Bibel sagt, dass Argumentieren uns in Verblendung führen kann, die der Wahrheit entgegen steht. Die Wahrheit war offensichtlich: Stephanies Verhalten war falsch! Keine Argumente, keine Ausreden vermochten dies zu ändern. Sie bestahl ihre Firma, und obwohl sie versuchte, ihr Gewissen zu ignorieren, fühlte sie sich doch tief im Innersten schlecht wegen ihres Verhaltens. Jetzt verstand sie die mangelnde Zuversicht beim Bewerbungsgespräch für den Job, den sie haben wollte. Sie lernte, dass Zuversicht nicht gut mit einem schlechten Gewissen harmonierte.

Wenn Sie zuversichtlich und sicher und mit erhobenem Haupt gehen wollen, dann bemühen Sie sich darum, Ihr Gewissen vor Gott und Menschen rein zu halten.

Aufzugeben, wenn Sie wissen, dass Sie eigentlich weitermachen sollten, wird Ihr Gewissen ebenfalls belasten. Gott hat uns seinen Heiligen Geist nicht geschenkt, um uns in Knechtschaft oder Furcht zu belassen. Er hat nicht die Kraft seines Geistes in unser Leben geschickt, damit wir willensschwache Drückeberger sind oder sofort aufgeben, wenn das Vorrankommen anstrengender wird. Denken Sie daran: Gott hat uns nicht einen Geist der Furcht gegeben, sondern der Kraft und der Liebe und eines gesunden Verstandes (2. Timotheus 1,7).

Widerstand wird es immer geben

Zu Beginn meines Dienstes schenkte Gott mir einen Traum. In dem Traum fuhr ich auf einer Straße und sah, wie andere Autos von der Straße herunterfuhren. Einige hielten an, andere fuhren in die entgegengesetzte Richtung zurück. Ich nahm an, es müsse weiter vorne irgendwelche Schwierigkeiten geben, konnte aber nichts Ungewöhnliches sehen. Ich fuhr mutig weiter und sah dann eine Brücke, die teilweise vom darunter liegenden Fluss überschwemmt war. Ich begriff, dass die anderen Fahrer keinen Schaden erleiden oder stecken bleiben wollten. Am Schluss meines Traumes saß ich in meinem Auto, blickte zunächst auf die überschwemmte Brücke, dann zurück nach hinten und dann auf den Straßenrand. Ich rang mit der Entscheidung, entweder zu parken, zurück- oder weiterzufahren. Dann wachte ich auf.

Gott gab mir diesen Traum, um mir zu zeigen, dass es auf dem Weg zum Ziel immer Widerstand geben wird. Es werden sich immer Möglichkeiten bieten, bei denen wir parken und nicht weiterfahren oder kehrtmachen und aufgeben können. Es lag bei mir, jedes Mal zu entscheiden, ob ich aufgeben oder weitermachen würde. Dieser Traum hat mir oft in schwierigen Situationen geholfen, weiterzumachen, wenn ich am liebsten aufgegeben hätte. Ich habe den Entschluss gefasst: Auch wenn ich nicht immer alles richtig mache und nicht alles die erwünschten Resultate erzielt, so werde ich doch nie aufgeben! Entschlossenheit wird Sie viel weiter bringen als Begabung. Wenn Sie sich also nicht ausreichend begabt fühlen, seien Sie guten Mutes. Um eine Gewinnerin im Leben zu sein, müssen Sie lediglich mehr Entschlossenheit haben als andere.

Kapitel 16

Werden Sie eine mutige Frau

Manchmal wünschen wir uns alle, wir hätten mehr Mut. Denken Sie nur an den Mut Jochebeds, der Mutter von Mose. Sie widersetzte sich dem Befehl Pharaos, der den Tod aller hebräischen Jungen forderte, und versteckte ihren Sohn drei Monate lang, bis sie ihn schließlich in einen Korb legte, betend und auf Gottes Fürsorge vertrauend. Auch ihre Tochter, Miriam, zeigte großen Mut, als sie das improvisierte Boot ihres kleinen Bruders geradewegs zur Tochter des Pharaos schwimmen sah. Anstatt sich zu verstecken oder wegzulaufen, ging sie mit Kühnheit auf die Prinzessin zu und bot an, eine hebräische Amme zu finden (Moses Mutter), die sich um das Kind kümmern könnte.

Mut zu haben, bedeutet, unerschrocken, wagemutig und unternehmungsfreudig zu sein. Genau jene Charaktereigenschaften lassen jemanden - wie im Beispiel von Jochebed und Miriam - Gefahren und Schwierigkeiten mit Festigkeit und Entschlossenheit begegnen.

Wir alle brauchen Mut. Mut kommt von Gott, Satan dagegen versucht, uns Furcht zu einzuflößen. Ehe ich eine feste Beziehung zu Gott entwickelte, hatte ich beständig Angst. Ich tat zwar so, als hätte ich keine, aber ich hatte sie trotzdem.

In der Bibel finden wir den Ausdruck, »guten Mutes« zu sein. Mut steht uns genauso wie Furcht zur Verfügung. Es liegt an uns, Furcht abzulehnen und Mut anzunehmen.

Dies habe ich zu euch geredet, damit ihr in mir [perfekten] Frieden und Zuversicht habt. In der Welt habt ihr Trübsal und Bedrängnis und Kummer und Rückschläge; aber seid guten Mutes [habt Mut, seid zuversichtlich, sicher und unerschrocken]! Denn ich habe die Welt überwunden. [Ich habe sie ihrer Macht beraubt, euch Schaden zu können, und habe sie für euch besiegt.] (Johannes 16,33)

Sollten Sie den Bibelvers eben übersprungen haben, lesen Sie ihn. Schauen Sie sich jedes Wort genau an und lassen es sacken, damit Sie die volle Bedeutung dessen erfassen, was Jesus hier sagt. Er sagt uns, dass wir im Leben schwere Zeiten, Bedrängnis und Rückschläge erleben werden, aber wir müssen uns nicht sorgen oder deprimiert sein, weil er uns Mut (wenn wir ihn denn annehmen), Zuversicht und Sicherheit gegeben hat. Was auch immer sich uns in den Weg stellt, wenn wir die Zuversicht in uns tragen, es durch zu stehen, wird es uns nicht groß stören. Nicht unsere Probleme machen uns unglücklich, sondern unsere Reaktion auf die Probleme.

Wenn Bedrängnis und Trübsal kommen, bietet uns Satan Furcht an, Gott dagegen Glauben, Mut und Zuversicht. Was nehmen Sie normalerweise an? Die Antwort auf diese Frage kann die Wurzel vieler Frustrationen offen legen.

Laut des Hiobbuchs kommt das, was wir fürchten, über uns (Hiob 3,25). Das ist ein ernüchternder Gedanke. Satan bietet Furcht an, und wenn wir sie annehmen und in uns einsaugen und lange genug über sie sprechen, dann können wir ihr die Macht geben, Dinge Wirklichkeit werden zu lassen.

Achten Sie auch darauf, was Jesus noch in dem obigen Abschnitt aus Johannes 16,33 gesagt hat. Er sagte: »Seid guten Mutes.« Haben Sie's gemerkt? Er sagte nicht: »Fühlt euch guten Mutes.« Wie ich wiederholt in diesem Buch betont habe, können wir zuversichtlich sein, selbst wenn wir uns überhaupt nicht zuversichtlich fühlen. Beginnen Sie ab heute, sich in jeder Lage für Zuversicht zu entscheiden. Dann werden Sie die Furcht zurück in den Hades treiben, wo sie hergekommen ist. Wenn Satan versucht, Ihnen Furcht einzuflößen, geben Sie sie ihm zurück. Sie würden doch auch nicht Gift trinken, wenn jemand es Ihnen anböte, oder? Dann hören Sie damit auf, Furcht anzunehmen und wählen Sie stattdessen Mut.

Entmutigung

Das Wort »Entmutigung« lässt mich an einen erdrückenden Geist denken, der Mut auslöschen möchte und uns unserer Zuversicht beraubt, die Gott uns zugedacht hat. Entmutigung kommt ganz bestimmt nicht von Gott, also muss es sich um ein weiteres »Angebot« des Teufels handeln. Gott schenkt Mut, der Teufel Ent-Mut-igung. Das mag er durch wiederholte Bedrängnisse und erschwerende Umstände zu tun versuchen. Er bemüht sich, uns durch andere Menschen zu entmutigen, die uns nach unten ziehen, anstatt uns aufzubauen. Negative Menschen können uns entmutigen.

Heute habe ich von einem 42-jährigen Familienvater gehört, der wegen Rückenschmerzen zum Arzt gegangen ist und bei dem in mehren Körperbereichen Krebs diagnostiziert wurde. Sein Geist blieb »oben auf« und er wurde nicht mutlos, bis eine Ärztin ihn ansah und sagte: »Es gibt keine Hoffnung.« Wie dumm, so etwas zu sagen! Nun weiß ich, dass ein Arzt gesetzlich verpflichtet ist, einem Patienten die Fakten wahrheitsgemäß darzulegen, aber sie hätte es auf eine weniger grobe Weise tun können. Und überhaupt: Es gibt immer Hoffnung. Mit Gott an der Seite gibt es keine hoffnungslosen Fälle.

Seien Sie nicht mit Menschen zusammen, die Sie runterziehen und Ihnen stets den schlimmsten Fall ausmalen. Wenn Sie auf einem Stuhl stehen, ist es für eine Person auf dem Boden viel einfacher, Sie herunterzuziehen, als für Sie, diese Person nach oben auf den Stuhl zu ziehen. Wir müssen ständig vor Entmutigung auf der Hut sein.

Ermutigung

Der Herzog von Wellington war jener britische Heerführer, der Napoleon in Waterloo besiegte, und es war nicht einfach, unter seiner Führung zu dienen. Er war brillant, fordernd und nicht gerade großzügig im Austeilen von Komplimenten gegenüber seinen Untergeordneten. Aber selbst Wellington erkannte, dass seine Methoden manchmal etwas zu Wünschen übrig ließen. In seinen späten Jahren fragte ihn eine junge Frau, was - wenn überhaupt - er anders tun würde, wenn er sein Leben noch einmal leben könnte. Wellington dachte einen Moment lang nach und gab dann seine Antwort. Er sagte: »Ich würde mehr Lob austeilen.«[81].

Wir alle benötigen Ermutigung. Sie ist wie ein Wachstumsmittel für unsere Zuversicht und gibt uns die nötige Inspiration, um mit Mut, Elan und Stärke an eine Sache heranzugehen. Genau das brauchen wir! Wir benötigen keine Menschen in unserem Umfeld, die uns entmutigen - stattdessen brauchen wir in unserem Leben »Ermutiger«. Die Bibel weist uns an, uns gegenseitig zu ermutigen und aufzubauen:

Deshalb ermutigt [ermahnt] einander und erbaut [stärkt] einer den anderen ... (1. Thessalonicher 5,11)

Wir alle brauchen Ermutigung, weil wir alle auf Schwierigkeiten stoßen, während wir unser Rennen laufen und unser Ziel zu erreichen versuchen. Je mehr Ermutigung wir bekommen, desto leichter bleiben wir auf unserer Bahn und verschwenden nicht Tage oder Wochen in Depression und Verzweiflung. Eine der besten Methoden, die ich kenne, um etwas zu bekommen, was ich gerne hätte, ist, etwas davon wegzugeben. Gottes Wort lehrt uns, dass Saat vor der Ernte kommt. Wenn ein Gemüsebauer Tomatensamen sät, wird er eine Tomatenernte bekommen. Wenn wir Ermutigung in das Leben anderer Menschen säen, werden wir auch selbst eine Ernte der Ermutigung einsammeln.

Was wir für einen anderen Menschen möglich machen, wird

Gott für uns möglich machen. Wünschen Sie sich manchmal mehr Ermutigung, vielleicht von Ihrer Familie, Ihren Freunden oder Ihrem Chef? Doch wie häufig ermutigen Sie andere? Wenn Sie sich da nicht sicher sind, fangen Sie auf der Stelle an. Sie können das Werkzeug Gottes sein, um eine andere Person mit Zuversicht auf der Schiene zum Erfolg bleiben zu lassen, anstatt aufzugeben. Wussten Sie schon, dass der Heilige Geist der »Ermutiger« genannt wird? Das griechische Wort »parakletos« wird als Heiliger Geist übersetzt und beinhaltet in seiner Definition Trost, Erbauung und Ermutigung. Mit dem Heiligen Geist hat Jesus uns einen Tröster und Helfer gesandt; einen, der uns stärkt, erbaut und ermutigt, damit er enge Gemeinschaft mit uns habe. Er lebt im Inneren derer, die an Jesus Christus glauben, und viel enger geht es ja nun nicht. Lassen Sie sich von Gott durch seinen Geist ermutigen. Er wird Ihnen nie sagen, dass Sie es nicht schaffen können. Er wird Sie nie als hoffnungslosen Fall darstellen.

Wenn ein Gemüsebauer Tomatensamen sät, wird er eine Tomatenernte bekommen. Wenn wir Ermutigung in das Leben anderer Menschen säen, werden wir auch selbst eine Ernte der Ermutigung einsammeln.

Gott bringt Korrektur in unser Leben und züchtigt uns, wenn wir es nötig haben, aber gleichzeitig ermutigt er uns auch. Genauso sollten wir unsere Kinder erziehen. Tatsächlich sagte Paulus in seinem Brief an die Kolosser, dass die Väter ihre Kinder nicht übertrieben und unnötig züchtigen sollen, damit sie nicht mutlos werden; damit sie sich nicht minderwertig vorkommen, sich nicht frustriert fühlen und ihr Geist nicht gebrochen wird (Kolosser 3,21). Wenn Gott irdischen Vätern diese Anweisungen gibt, dann wird er sicher nicht anders mit seinen eigenen Kindern umgehen.

Also denken Sie daran: Aus welcher Ecke Sie auch Entmutigung erfahren - Gott hat sie nicht geschickt! Legen Sie sie sofort beiseite. Und wenn Sie keine andere Quelle der Ermutigung haben, dann tun Sie es David gleich. Die Bibel sagt, dass er sich selbst im Herrn ermutigte. Wenn Sie drauf und dran sind, Ihren Mut zu verlieren, dann reden Sie mit sich selbst! Sagen Sie sich selbst, dass Sie es auch in der Vergangenheit durch Schwierigkeiten geschafft haben und dass Sie es wieder schaffen werden. Erinnern Sie sich an vergangene Siege. Machen Sie eine Liste Ihrer Segnungen und dann, jedes Mal wenn Ihre Gefühle Sie nach unten ziehen, lesen Sie sie laut vor.

Ungewöhnlicher Mut

Leute mit ungewöhnlichem Mut inspirieren uns. Sie holen das Beste aus uns heraus. Wenn wir die Geschichten anderer hören, inspiriert und ermutigt uns das, es ihnen gleichzutun. Hier folgt eine Reihe von Geschichten, aus denen wir lernen können. Ich hoffe, Sie werden dadurch genauso ermutigt wie ich.

Sie stimmten alle dafür, zu sterben

In den Tagen des Krieges ordnete ein japanischer Polizist, der absolute Vollmacht besaß, an, dass jeder in einem bestimmten Bergdorf in Formosa bei der Polizeistation zu erscheinen habe, um dem Christentum abzuschwören. Wer es nicht täte, der würde mit zusammengebundenen Händen und Füßen und mit Steinen beschwert von der hohen Brücke nach unten in den rauschenden Fluss geworfen werden.

Um Mitternacht versammelten sich die Christen, um zu entscheiden, was sie tun sollten. Einige sagten: »Wir werden einfach aufgeben müssen. Wir können jetzt keine Christen mehr sein. Er wird uns sonst bestimmt umbringen.«

Dann stand ein Jugendlicher auf. »Aber hat Jesus nicht gesagt, dass wir Leute, die nur den Körper töten können, nicht fürchten sollen, sondern den, der Körper und Seele töten kann? Wenn er uns tötet, dann nur unsere Körper. Unsere Seelen werden bei Jesus sein.« Sie sprachen alle: »Das stimmt.« Bei der darauf folgenden

Abstimmung hob jeder seine Hand – alle stimmten dafür, zu sterben. Am nächsten Tag lachte der Polizist grausam und sagte: »Morgen werdet ihr sterben.«

Nun ging dieser Polizist gerne fischen und watete dabei in den Fluss. An diesem Tag stieß er sein Bein an einem Felsen oder Baum und brach es. Während die Bergbewohner noch beteten, stürzte jemand mit der Botschaft hinein: »Der Mann, der euch morgen töten wollte, ist im Fluss ertrunken[82].«

War das reiner Zufall? Das glaube ich kaum. Als die Dorfbewohner sich für Kühnheit statt Furcht entschieden, öffnete ihr Glaube an Gott eine Tür für seine Befreiung. Das passt zu Gott, dass er den Feind im gleichen Fluss hat ertrinken lassen, in dem der sie ertränken wollte. Satans Schüsse gehen nach hinten los, wenn wir weiter im Glauben und in Zuversicht wandeln.

Einer Bedrohung die Stirn bieten

Ein Oberst des Siebten Rhode Island Regiments hatte sich im Krieg zwischen den Staaten bei seinen Männern sehr unbeliebt gemacht. Ihm kam zu Ohren, dass einige in seinem Regiment sich im nächsten Kampf eine Gelegenheit erhofften, ihn zu erschießen. Als er das hörte, gab er den Befehl, dass seine Männer zum Reinigen ihrer Musketen antreten sollten. Er selbst stellte sich oben auf einen Erdwall vor sein Regiment und gab den Befehl: »Anlegen! Zielen! Feuer!« Jeder hätte ihn in dem Moment erschießen können, ohne Angst haben zu müssen, bloß gestellt zu werden. Aber alle Soldaten bewunderten seinen vorbildlichen Mut, und wer immer es war, der ihn eigentlich töten wollte, gab seine Absicht auf[83].

Dieser Oberst hätte sich von Angst quälen lassen können, dass einer seiner Männer ihn jeden Moment erschießen könnte. Stattdessen entschied er sich, der Gefahr frontal zu begegnen, wobei wir einmal mehr sehen, dass man mit Mut weiter kommt.

Wir sollten uns vor Gefahren und Drohungen nicht fürchten. Satan schüchtert Menschen gerne ein, indem er sie mit Gedanken über Schlechtes in der Zukunft bedroht. Wenn wir Drohungen mit Mut entgegentreten, zieht sich der Feind häufig zurück. Drangsalierer können nur diejenigen schikanieren, die sich ihnen nicht entgegenstellen. Egal, was uns bedroht - es kann uns nie von der Liebe Gottes trennen.

Wenn es irgendetwas gibt, das nach dem Fertiglesen dieses Buches bei Ihnen hängen bleibt, dann bitte dies: Leben Sie nicht in Angst vor dem, was geschehen könnte. Vielleicht wird gemunkelt, dass bei Ihrer Firma Arbeitsstellen abgebaut werden sollen oder dass die Börsenkurse bald fallen. Vielleicht ist es auch eine schlechte Nachricht von Ihrem Arzt. All diese Dinge können sich auch wieder ändern. Gott kann von einem Moment auf den andern etwas in unseren Umständen ändern! Bewahren Sie sich die Hoffnung und lassen Sie nicht die Angst auf dem Thron sitzen. Stellen Sie sich der Furcht entgegen und Sie werden merken: So mächtig, wie Sie dachten, ist sie gar nicht. Vergessen Sie nicht, dass Mut nicht die Abwesenheit von Furcht ist, sondern Tatkraft inmitten von Furcht. Mut ohne die Anwesenheit von Furcht gibt es gar nicht. Eine große Frau lässt Furcht nicht ihre Herrin sein. Sie blickt der Furcht mutig in die Augen und, mit Gott an ihrer Seite, wird die Furcht als erste aus der Fassung geraten.

Eine große Frau lässt Furcht nicht ihre Herrin sein. Sie blickt der Furcht mutig in die Augen und, mit Gott an ihrer Seite, wird die Furcht als erste aus der Fassung geraten.

Mut trotz Hindernissen

Paul Partridge lebte in einem Vorort von Chicago. 1966 hatte er durch eine Landmine in Vietnam ein Bein verloren. Ihm gegenüber lebte eine Frau. Eines Tages schrie diese, so laut sie konnte: »Mein Baby! Mein Baby!« Der Veteran und seine Frau merkten, dass da etwas nicht stimmte und gingen nach draußen – er in seinem Rollstuhl, sie zu Fuß. Nach 50 holprigen Metern blieb der Rollstuhl stecken. Er schleppte sich aus dem Rollstuhl heraus ... und 20 Meter die Treppen hoch zur Fläche um ein Schwimmbecken herum, wo ein kleines Mädchen lag. Ihre Mutter hatte sie aus dem Wasser gezogen, wo sie sie scheinbar tot vorgefunden hatte ... ihr kleines Herz hörte auf, zu schlagen. Partridge versuchte, sie wieder zu beleben und redete ihr zu: »Kleines Mädchen, du wirst leben. Du wirst es schaffen. Ich weiß, dass du es schaffen wirst.« Plötzlich begann das Mädchen zu atmen und er schrie, dass man Sanitäter holen solle[84].

Das ist die Würde, die der Herr in diesen Staub gepflanzt hat, den wir das Fleisch nennen. Deswegen hat er uns nur etwas niedriger gemacht als die Engel, mit dem Potenzial, unser Leben für andere aufs Spiel zu setzen – so, wie es dieser Held für sein Land getan hat und sich dann mit großer Anstrengung und Qual die 20 Meter der Treppe hoch schleppte, um das kleine Mädchen zu retten.

Partridge hätte sich anders entscheiden können, als die Frau um Hilfe schrie. Er hätte einfach sagen können: »Ich bin ein Krüppel, ich kann ihr nicht helfen.« Keiner hätte ihm das übel genommen. Die meisten hätten ihm sogar zugestimmt. Doch er tat das Gegenteil, weil er ein außergewöhnlich mutiger Mann ist. Er inspiriert den Rest von uns, unsere Herausforderungen ohne Klage anzunehmen und uns mehr um andere zu sorgen, als um uns selbst.

Hier ist eine ähnliche Geschichte:

Eines Sommermorgens, als Ray Blankenship sich gerade Frühstück machte, blickte er aus dem Fenster und wurde Zeuge, wie ein kleines Mädchen in dem vom Regen überfluteten Abflussgraben mitgerissen wurde, der neben seinem Haus in Adover, Ohio verlief. Blankenship wusste, dass der Graben weiter unten mit Getöse unter einer Straße verschwand und in den Hauptabwasserkanal mündete. Ray raste aus der Tür hinaus und den Graben entlang, um das untergehende Mädchen möglichst zu überholen. Dann schmiss er sich ins tiefe, schäumende Wasser. Er kam an die Oberfläche und erwischte einen Arm des Kindes. Zusammen wurden sie weiter gerissen. Weniger als einen Meter vor der gähnenden Öffnung des Abwasserkanals berührte Rays freie Hand etwas Hervorstehendes an einer Seite des Grabens - vielleicht einen Felsen. Er klammerte sich verzweifelt daran, aber die unglaubliche Kraft des Wassers wollte ihn und das Kind loszureißen. »Wenn ich mich nur festklammern kann, bis Hilfe kommt«, dachte er. Aber er schaffte mehr als nur das. Als die Helfer von der Feuerwehr kamen, hatte Blankenship das Mädchen schon in Sicherheit gebracht. Beide wurden wegen Schock behandelt. Am 12. April 1989 wurde Ray Blankenship die silberne Lebensrettermedaille der Küstenwache verliehen. Der Preis war gerechtfertigt, denn dieser selbstlose Mensch hatte sich in ein größeres Risiko gebracht, als die meisten ahnten. Ray Blankenship war nämlich Nichtschwimmer[85].

Wenn wir nicht so versessen darauf wären, in jedem Fall persönlichen Schmerz zu vermeiden, könnte Furcht unser Leben nicht so bestimmen. Vielleicht sollten wir uns ein für alle Mal Gottes fähigen Händen anvertrauen und ihm sagen, dass es seine Sache ist, was mit uns geschieht, nicht unsere. Wenn wir anderen helfen, mehrt sich unsere eigene Freude, doch werden wir anderen kaum helfen, wenn wir immer Angst haben, dass uns dabei etwas passieren könnte.

Sich um andere kümmern

Barbara Makuch musste teuer dafür bezahlen, dass sie in dem von Nazis beherrschten Polen bereit war, Juden zu helfen. Sie sorgte dafür, dass zwei Juden in dem Internat Unterschlupf fanden, an dem sie als Lehrerin tätig war. Der eine war ein jüdischer Jugendlicher, der sich erfolgreich als christlicher polnischer Schüler ausgab, die andere eine Ärztin, die zur Köchin des Internats wurde. Obwohl Barbara und ihre Mutter ein kaum nennenswertes Einkommen hatten und in einer winzigen Wohnung lebten, übernah-

men sie die Fürsorge für ein siebenjähriges jüdisches Mädchen, das deren verzweifelte Mutter ihnen anvertraut hatte. Da Barbara fürchtete, in einem derart kleinen Dorf würde die Sache bald auffliegen, nahm sie das Mädchen mit auf eine gefährliche Reise nach Lvov, wo sie das Mädchen in die sichere Obhut einer Klosterschule gab.

In Lvov schloss sich Barbara dann ihrer Schwester Halina in ihrer Arbeit für die Untergrundorganisation Zegota an, die polnischen Juden beim Verstecken half. Während eines Botendienstes wurde Barbara erwischt und inhaftiert, zunächst in einem berüchtigten Gefängnis, später dann im deutschen Konzentrationslager von Ravensbrück. Während ihrer Jahre im Gefängnis und Konzentrationslager wurden Barbaras Mut und Durchhaltevermögen bis aufs Äußerste strapaziert. Erstaunlicherweise überlebte sie nicht nur, sondern rettete auch noch das Leben anderer Häftlinge[86].

Stellen Sie sich das einmal vor. Barbara hätte um ihre eigene Sicherheit besorgt sein und daher nichts tun können. Genau das haben Millionen bestimmt getan. Doch sie war eine ungewöhnlich mutige Frau. Sie setzte ihr Leben für andere Menschen aufs Spiel, weswegen viele verschont blieben.

Mein Leben ist ein Gebet

Mary Khoury war 17 Jahre alt, als sie und ihre Familie während des libanesischen Bürgerkrieges (1975-1992) vor ihrem Haus in Damur im Libanon auf die Knie gezwungen wurden.

Der Anführer der muslimischen Fanatiker, die das Dorf überfielen, schwenkte seine Pistole leichtfertig vor ihren Gesichtern. Hass auf Christen brannte in seinen Augen. »Wenn ihr euch nicht zum Islam bekehrt«, drohte er, »werdet ihr erschossen.«

Mary war sich bewusst, dass Jesus vor eine ähnliche Entscheidung gestellt worden war: »Gib deinen Plan zur Errettung der Sünder auf oder du wirst gekreuzigt.« Er entschied sich für das Kreuz.

Mary entschied sich ähnlich: »Ich bin als Christ getauft worden und habe sein Wort vernommen: ›Verleugne deinen Glauben nicht.‹ Ich werde ihm gehorchen. Schießen Sie nur.« Der Knall eines Gewehrschusses hinter ihr hallte durch das Tal und Marys Körper sackte zu Boden.

Zwei Tage später kam das Rote Kreuz in ihr Dorf. Von ihrer ganzen Familie war nur Mary noch am Leben. Allerdings hatte die Kugel ihr Rückenmark durchtrennt und sie an beiden Armen gelähmt. Die Armen streckten sich vom Körper aus und beugten sich an den Ellenbogen, so dass sie ein wenig an den gekreuzigten Jesus erinnerten. Sie waren nutzlos geworden.

»Jeder hat eine Berufung«, sagte sie. »Ich werde nie heiraten oder körperliche Arbeit tun können. Also werde ich mein Leben den Muslimen weihen, wie dem, der die Kehle meines Vaters durchschnitt, meine Mutter verfluchte und erstach, und dann mich umzubringen versuchte. Mein Leben wird ein Gebet für sie sein[87].«

Die Bereitschaft, für seinen Glauben zu sterben, erfordert außerordentlichen Mut, aber genauso außerordentlich mutig ist die Bereitschaft, zu vergeben und für seine Verfolger zu beten. In unserer heutigen Welt gibt es zahlreiche beleidigte, ärgerliche, verbitterte und nachtragende Menschen. Wenn mehr Leute den Mut zur Vergebung hätten, erginge es unserer Welt besser.

Stellung beziehen

Er kam auf seinen kleinen, dicken, braunen Beinen den Gang hinunter. Entschlossenheit brannte in seinen Augen. Ich hörte auf zu reden und die Gemeinde wurde still wie ein Grab. »Sie fragen mich, was ich getan hätte, wenn ich unter den Menschen gewesen wäre, als Jesus unterm Kreuz zusammenbrach?« Er schaute mich voll Ernstes an. »Bitte, Sir, ich hätte geholfen, es zu tragen.« Es handelte sich um einen ungefähr acht Jahre alten Jungen aus Mexiko; sein Vater arbeitete als Bergmann und seine Mutter war gesellschaftlich verstoßen. Ich hatte gerade über Simon von Kyrene gepredigt; und als ich meine Zuhörer gebeten hatte, in ihre Herzen zu sehen, wie sie wohl in der Situation reagiert hätten, war der kleine Pedro auf mich zugekommen.

Ich hob meinen Arm und rief: »Ja, und wenn du ihm beim Tragen des Kreuzes geholfen hättest, hätten dir die unbarmherzigen römischen Soldaten den Rücken gepeitscht, bis dir das Blut bis zur Ferse heruntergelaufen wäre!« Er zuckte nicht einmal mit der Wimper, sondern begegnete meinem Blick mit kühlem Mut. Durch zusammen gebissene Zähne sagte er: »Das ist mir egal. Ich hätte ihm trotzdem beim Tragen geholfen.«

Zwei Wochen später stand ich nach dem Gottesdienst in demselben Gebäude an der Tür und grüßte Menschen beim Weggehen. Als Pedro vorbeikam, klopfte ich ihm liebevoll auf den Rücken. Er zuckte mit einem leisen Schrei vor mir zurück. »Tun Sie das nicht, mein Rücken tut weh.« Ich war wie vom Blitz getroffen, hatte ich seine Schultern doch kaum berührt. Ich führte ihn ein Nebenzimmer und zog sein T-Shirt aus. Vom Nacken bis zur Taille hatte er querlaufende Striemen: blutig und hässlich. »Wer hat dir das angetan?«, schrie ich ärgerlich. »Mutter. Sie peitscht mich aus, weil ich zur Kirche gehe[88].«

In unserer heutigen Welt gehen die Leute lieber Kompromisse ein, als dass sie Stellung beziehen. Jesus sagte, wir würden um der Rechtschaffenheit willen verfolgt werden und die meisten Menschen sind dazu nicht bereit. Jesus versprach auch eine Belohnung, doch die meisten Menschen wünschen sich eine Belohnung ohne Einsatz ihrerseits. Wenn wir tun, was Gott von uns fordert, werden wir auch seine Verheißungen erleben. Errettung ist umsonst und ist nur an »Glauben« gebunden, aber die Vorzüge des christlichen Lebens sind an bestimmte Bedingungen geknüpft. Gottes Motto lautet einfach: »Wenn du deinen Teil tust, tue ich meinen.« Die meisten Christen nutzen ihre Privilegien nicht aus und leben weit unter ihrer von Gott gegebenen Bestimmung, nur, weil sie Kompromisse eingehen, anstatt Stellung zu beziehen.

Der kleine Pedro war der Meinung, er sollte zur Gemeinde gehen und er war bereit, für sein rechtes Handeln zu leiden. Nur wenige Erwachsene würden tun, was er tat. Dieser kleine Junge war ein aufstrebender Weltveränderer. Außergewöhnlich mutige Menschen verändern ihre Umwelt. Sie passen sich der Welt nicht an, sondern verändern sie und verbessern die Lebensbedingungen.

Wenn Sie die einzige sind, von der Sie wissen, dass sie das Rechte zu tun bereit ist, dann seien Sie diejenige, die Veränderung bringt.

Erwischen Sie sich dabei, wie Sie sich über den Zustand der Welt beklagen? Dann fragen Sie sich doch: »Was trage ich zu ihrer Veränderung bei?« Wenn Ihre Antwort im Nullbereich liegt, dann hören Sie mit dem Klagen auf und machen sich an die Arbeit! Beziehen Sie Stellung. Und selbst wenn Sie die einzige sind, von der Sie wissen, dass sie das Rechte zu tun bereit ist, dann seien Sie diejenige, die Veränderung bringt. Zugegeben: Es kann ein einsamer Weg sein, auch Verfolgung mag dazugehören, aber die Belohnung ist die Sache wert. Sie werden die Genugtuung haben, zu wissen, dass Sie Ihr Leben voll und ganz gelebt haben und sich nicht von Furcht haben beherrschen lassen.

Tun Sie Ihr Möglichstes

Es gibt Leute, die schleichen sich klammheimlich und voller Angst durchs Leben und tragen nie etwas zur Verbesserung der Welt bei. Ihnen geht es so ums eigene Überleben, dass sie sich nie um die vielen Millionen Seelen um sie herum kümmern, die um Hilfe schreien. Führen Sie sich das einmal vor Augen ... Die Frau bei der Arbeit, deren 14-jähriger Sohn bei einer Autoschießerei umkommt. Der Mann, dessen Frau ihn wegen eines anderen Mannes verlässt. Die Nachbarin, bei der gerade unheilbarer Krebs diagnostiziert wurde. Dann gibt es da eine Familie in der Gemeinde, von der Sie gehört haben, die vielleicht bald ihr Zuhause verliert, weil dem Mann gekündigt worden ist und er nun schon seit fünf Monaten arbeitslos ist. Die Bank ist drauf und dran, eine Zwangsvollstreckung durchzuführen und sie wissen wirklich nicht, wo sie Unterkunft finden sollen. Sie sind verzweifelt und ratlos. Jeder sagt ihnen, Gott werde sie versorgen, aber niemand unternimmt etwas.

Wir müssen verstehen, dass Gott durch Menschen wirkt. Wir sind seine Hände, Füße, Arme, sein Mund, seine Augen und Ohren. Gott tut Wunder, ja, aber er vollbringt sie durch Menschen, die außergewöhnlichen Mut besitzen. Wer sein Drehen um sich selbst lange genug vergisst, wird sehr bald merken, dass Gott ihm jemand Hilfsbedürftiges in den Weg gestellt hat. Wir beten, dass Gott uns gebrauchen möge, aber wenn er es dann versucht, möchten wir meistens nicht gestört werden, weil wir viel zu beschäftigt sind.

Als Gott Adam und Eva erschuf, segnete er sie und sagte ihnen, sie sollten fruchtbar sein, sich mehren und alle Mittel, die Gott ihnen auf Erden zur Verfügung gestellt hat, im Dienst an ihm und den Menschen einsetzen. Sind Sie fruchtbar? Mehrt sich etwas durch Ihr Leben? Wenn Sie bei Menschen oder einer Sache mitmachen, tragen Sie dann zum Wachstum und zur Vermehrung bei? Einige Menschen nehmen immer nur und teilen nie aus. Ich weigere mich, so ein Mensch zu sein. Ich möchte das Leben anderer verbessern. Ich möchte etwas Sonne ins Leben der Leute bringen. Benutzen Sie die Ihnen zur Verfügung stehenden Mittel im Dienst für Gott und Menschen? Wir sollten alle aufpassen, dass wir nicht wie der reiche Mann in der Bibel werden, dessen Scheunen überfüllt waren und er gar keinen Platz für mehr hatte. Statt etwas davon wegzugeben, entschied er sich, die alten Scheunen abzureißen und größere zu bauen und noch mehr Sachen anzuhäufen. Ich finde, er ist der größte Dummkopf in der ganzen Bibel.

Er hätte sich entscheiden können, mit seinem Besitztum andere zu segnen, aber er war anscheinend ein ängstlicher, selbstsüchtiger Mann, in dessen Leben es nur Platz für ihn selbst gab (Lukas 12,16-20). Gott nannte den Mann einen Toren und sprach: »In dieser Nacht wird er (der Bote Gottes) deine Seele von dir fordern; und all die Dinge, die du bereitet hast, für wen werden sie sein?« Der Mann sollte diese Nacht sterben und hinterließ nichts als »Kram«. Er hätte die Welt positiv verändern können. Er hätte das Leben vieler Menschen bereichern können und die Sonne etwas heller scheinen lassen. Aus Angst und Egoismus kümmerte er sich dagegen nur um sich selbst.

Haben Sie Mut. Vergessen Sie sich selbst ein wenig und setzen Sie sich voll für andere ein. Setzen Sie sich eine neue Aufgabe zum Ziel: »Sonnenschein ins Leben der Menschen bringen.« Das bedeutet: ermutigen, erbauen, aufheben, trösten, helfen, Hoffnung geben, Schmerz lindern und Lasten tragen.

Jesus sagte, wir sollten uns selbst vergessen, wenn wir seine Jünger sein wollen und uns und all unsere Interessen gewissermaßen außer Acht lassen (Markus 8,34). Sobald wir so etwas hören, macht sich in unserem Herzen Furcht breit und wir hören eine Stimme in unserem Kopf: »Und was ist mit mir?« Wenn ich mich selbst vergesse, wer wird sich dann um mich kümmern? Meine Liebe, haben Sie keine Angst: Gott wird sich um Sie kümmern. Alles, was Sie für andere Menschen tun, wird vervielfältigt und mit Freuden zu Ihnen zurückkommen. Wenn Sie bereit sind, sich selbst wegzugeben, werden Sie ein viel besseres Leben haben, als es Ihnen je möglich wäre, wenn Sie sich für sich selbst behalten.

Frauen haben ein Gespür für die Bedürfnisse anderer. Ihre Sinne sind scharf, sie nehmen Dinge wahr. Ich glaube, Gott hat es deshalb so eingerichtet, dass Sie und ich von den Gebrechlichkeiten anderer berührt werden, damit wir Hilfe spenden. Frauen sind Experten im Trösten. Mutige Frauen sind Geberinnen. Gehen Sie nicht selbstsüchtig und ängstlich durchs Leben, sondern tun Sie Ihr Möglichstes auf alle Ihnen möglichen Weisen, für jeden, bei dem Sie es können, so oft es Ihnen möglich ist. Wenn Sie sich das zum Ziel setzen, werden Sie zu jenen seltenen Geschöpfen gehören, die tatsächlich die Welt verbessern und die Sonne durchbrechen lassen.

Kapitel

17

Los geht's, Lady!

Ich habe Ihnen viel von meinem Wissen darüber mitgeteilt, wie Sie eine Frau mit Zuversicht werden können - eine Frau, die sich traut. Und nun, glaube ich, werden Sie das Gelesene in die Tat umsetzen und anfangen, mit Mut und Zuversicht das Leben gewinnen. Es ist ganz gleich, wie Sie bis jetzt gelebt haben; heute ist ein Neuanfang. Gottes Gnade ist jeden Tag neu und steht uns allen zur Verfügung. Schauen Sie nicht zurück, sondern nach vorne!

Seien Sie entschlussfreudig, folgen Sie Ihrem Herzen und seien Sie nicht zu besorgt darüber, was andere von Ihnen und Ihren Entscheidungen halten könnten. Die meisten Leute denken sowieso nicht so viel an Sie, wie Sie sich vielleicht vorstellen.

Vergleichen Sie sich nicht ständig mit anderen; seien Sie ein Unikat (siehe 2. Korinther 10,12). Feiern Sie Ihre Gott gegebene Individualität. Es gibt nur eine Person, die Ihre einzigartige Charakter- und Gabenkombination hat, und das sind Sie. Erfreuen Sie sich an der Tatsache, dass Gott wusste, was er tat und verlassen Sie sich darauf, dass Gott dasselbe über Sie sagte wie über die von ihm geschaffene Welt: »Und es war gut.«

Zuversicht in »Gang« bringen

Unser äußeres Erscheinungsbild spiegelt häufig wieder, wie wir uns innerlich fühlen. Aber es funktioniert auch anders herum!

Wenn wir äußerlich zuversichtlich aussehen, kann das unsere innere Zuversicht stärken. Nehmen Sie eine gute Haltung an, wenn Sie gehen. Lassen Sie Schultern und Kopf nicht hängen. Gottes Leben erfüllt Sie, also verhalten Sie sich auch so! Leben Sie mit Leidenschaft, Hingabe und Begeisterung. Versuchen Sie nicht nur, den Tag »über die Runden« zu bringen. Feiern Sie den Tag! Sagen Sie: »Dies ist der Tag, den der Herr gemacht hat; ich werde mich freuen und fröhlich sein« (Psalm 118,24). Lassen Sie sich nicht vor dem Tag grauen, greifen Sie ihn an! Machen Sie sich klar, was Sie heute erreichen wollen und dann nichts wie ran an den Ball!

Lächeln Sie

Es ist eine altbekannte Tatsache, die jedoch einmal mehr erwähnenswert ist: Zum Lächeln braucht man nur 17 Muskeln, für einen finsteren Blick dagegen 43. Mit anderen Worten: Sie arbeiten viel härter, wenn Sie sauer drein schauen, als wenn Sie glücklich aussehen! Also versuchen Sie mehr zu lächeln. Viel mehr. Je mehr Sie lächeln, desto besser wird es ihnen gehen. Ihr Lächeln gibt nicht nur Ihnen innere und äußere Zuversicht, sondern macht auch andere zuversichtlicher. Durch unser Lächeln fühlen sich andere bestätigt und angenommen. Tatsächlich vermitteln wir mehr durch unsere Körpersprache als durch unsere Wortwahl. Ich kann oft schnell erkennen, ob jemand zuversichtlich ist, einfach an seiner Körperhaltung und seinem Gesichtsausdruck. Einige Leute sehen immer unsicher und sogar verängstigt aus, während andere zuversichtlich und entspannt daher kommen.

Eventuell denken Sie, dass Sie Ihr Aussehen nicht verändern können, dabei stimmt das gar nicht. Ich war früher der Typ Mensch, der sehr selten lächelte. Ich wurde misshandelt und musste viele Enttäuschungen in meinem Leben ertragen, was mir einen beständig ernsten Gesichtsausdruck verlieh. Im Grunde wartete ich im Stillen immer schon auf das nächste Unglück in meinem Leben. Ich hatte alle Hoffnung aufgegeben, hatte eine negative Einstellung und war furchtsam, und das spiegelte sich in meinem Gesicht und meiner Körperhaltung wider. Dann begann ich mich zu verändern, einfach, indem ich lächelte. Jetzt kann ich das Lächeln kaum noch abstellen.

Wussten Sie schon, dass Lächeln eine wunderbare Waffe ist? Es hat solch eine Durchschlagskraft, dass es wirklich das Eis brechen kann! Wenn jemand Ihnen gegenüber kühl ist, lächeln Sie ihn einfach an und dann wird er sich bald erwärmen. Mit einem Lächeln auf dem Gesicht gewinnen Sie Freunde; mit einer düsteren Miene gewinnen Sie nichts als Falten. Lächeln ist eine Sprache, die selbst Babys verstehen. Ja, Lächeln ist in allen Sprachen zu verstehen. Ich habe einmal jemanden sagen hören: »Sie sind nicht ganz angezogen, wenn Sie noch nicht Ihr Lächeln aufgesetzt haben.«

Sie können durch Lächeln Ihren Gefühlen wirklich einen Schwung nach oben geben. Studien zeigen, dass Lächeln Ihren Herzschlag und Ihre Atmung beruhigen kann, besonders in Stresssituationen. Selbst wenn Ihnen morgens nicht danach zumute ist, zwingen Sie sich beim Aufstehen zum Lächeln und Sie werden tagsüber glücklicher sein. Ein ermutigendes Lächeln im rechten Moment kann der Wendepunkt im Leben einer mit Problemen beladenen Person sein. Ein Lächeln kostet nichts, gibt dagegen viel. Ohne Lächeln sind Sie wie ein Millionär, der viel Geld auf der Bank, jedoch keine Auszahlungsmöglichkeiten hat.

Viele Frauen sind um ihr gutes Aussehen besorgt. Da ist ein Lächeln eine preiswerte Methode, um Ihr Aussehen sofort zu verbessern. Ziggy sagte: »Lächeln ist ein Facelifting, das sich jeder leisten kann.«

Bei Ihrer Geburt weinten Sie und alle anderen um Sie herum lächelten. Führen Sie Ihr Leben so, dass Sie auf Ihrem Sterbebett lächeln und alle anderen um Sie herum weinen.

Vielleicht haben Sie schon einmal von Joel Osteen gehört, einem Pastor aus Houston, Texas. Joel wurde innerhalb sehr kurzer Zeit sehr beliebt. Er ist nicht nur Pastor der größten Gemeinde in den USA, sondern ist auch in vielen Teilen der Welt im Fernsehen zu sehen. Joel ist als »der lächelnde Pastor« bekannt. Er lächelt buchstäblich immer. Ich habe mehrere Male mit ihm gegessen und kann immer noch nicht ganz verstehen, wie er gleichzeitig essen und lächeln kann, aber irgendwie bekommt er es hin. Er ist ein großartiger Pastor und Bibellehrer, aber ich glaube, was seiner Beliebtheit am meisten zugute kommt, ist sein Lächeln. Menschen wollen sich besser fühlen, und genau das tun sie, wenn wir sie anlächeln. Ein Lächeln beruhigt und entspannt die Menschen.

Zuversichtlich reden

Laut Bibel liegen Leben und Tod in der Gewalt der Zunge, und oftmals müssen wir unsere eigenen Worte essen.

> *Tod und Leben sind in der Gewalt der Zunge, und wer sich ihr hingibt, muss ihre Frucht essen [zum Tod oder Leben].* (Sprüche 18,21)

Ich würde gerne wissen, wie oft wir im Leben sagen: »Ich fürchte ...« - »Ich fürchte, ich werde mir wohl die Grippe einfangen, die momentan ihre Runden macht.« - »Ich fürchte, meine Kinder werden sich Ärger einhandeln.« - »Ich fürchte, es sieht nach Schnee aus, und dann möchte ich lieber nicht Auto fahren.« - »So, wie die Preise momentan in die Höhe schießen, fürchte ich, wird mir wohl bald das Geld ausgehen.« - »Ich fürchte, wenn ich da nicht zur Party erscheine, werden mir die Leute das übel nehmen.« - »Ich fürchte, wir werden keine guten Plätze mehr im Kino bekommen.« - »Ich fürchte, jemand wird bei uns Zuhause einbrechen, während wir weg sind.« Wenn wir eine Aufzeichnung von all den Situationen hätten, in denen wir »ich fürchte« sagen, wären wir wahrscheinlich erstaunt, dass unser Leben überhaupt noch halbwegs rund läuft.

Verstünden wir wirklich die Kraft von Worten, würden wir unsere Art zu sprechen ändern. Unser Reden sollte von Zuversicht und Mut gekennzeichnet sein, nicht von Furcht. Ängstliches Reden hat nicht nur einen schlechten Einfluss auf uns selbst, sondern auch auf unsere Mitmenschen.

Verstünden wir wirklich die Kraft von Worten, würden wir unsere Art zu sprechen ändern.

Was ich als nächstes sagen werde, ist gewagt: Wenn Sie Ihre Art zu reden ändern, werden Sie sich sofort stärker, mutiger, zuversichtlicher und weniger ängstlich fühlen. Jakobus sagte, die Zunge sei wie ein wildes Tier, das sich von keinem zähmen lässt (Jakobus 3,2-10). Deshalb sind wir in diesem Bereich definitiv auf Gottes Hilfe angewiesen. Wir haben uns so daran gewöhnt, Dinge ganz achtlos und ohne großes Nachdenken auszusprechen, dass wir Gottes Hilfe benötigen, um überhaupt ängstliches, dummes, törichtes und sündiges Reden zu erkennen.

Aber selbst wenn wir unser falsches Benehmen erkannt haben, müssen wir uns ein neues Verhalten erst zur Gewohnheit machen. Sich Verhaltensweisen an- und abzugewöhnen braucht seine Zeit; werden Sie also nicht mutlos, wenn Sie in diesem Bereich keinen sofortigen Sieg erlangen. Bleiben Sie am Ball, dann werden Sie sich Stück für Stück angewöhnen, Lebensbereicherndes statt Lebensberaubendes zu sagen.

Sprechen Sie sich Leben zu

Ich bin ein großer Fan davon, Gottes Wort laut auszusprechen. Ich habe sogar ein Buch über das Thema geschrieben: *Die geheime Kraft von Gottes Wort in deinem Mund*. In dem Buch teile ich Bibelstellen in Themen auf und formuliere sie in Bekenntnisse in der Ichform um, damit man sie besser anwenden kann.

Reden Sie nicht über sich selbst gemäß Ihren Gefühlen oder Ihrem Aussehen. Sprechen Sie Gottes Wort über Ihr Leben aus. Wiederholen Sie nichts von dem, was andere über Sie sagen, es sei denn, es ist das auch wert. Vielleicht haben Ihre Eltern mit Ihnen auf eine Weise gesprochen, die Ihre Zuversicht untergraben hat. Vielleicht wussten sie es einfach nicht besser, aber die gute Nachricht ist, dass Sie nicht den Rest Ihres Lebens von diesen Worten beeinflusst werden müssen. Sie können Ihr Selbstbild ändern, und damit können Sie auf der Stelle beginnen!

Sagen Sie nicht Sachen wie: »Ich bin einfach kein zuversichtlicher Typ«, oder: »Ich werde meine Ängste nie überwinden.« Sprechen Sie aus, was Sie sich wünschen, nicht, was Sie haben. Sie können all das besitzen, was Gott Ihnen zugesagt hat. Aber dafür müssen Sie sich mit ihm in Einklang bringen. David sagte: »Meine Zuversicht ist im Herrn«, und genau dasselbe können auch Sie sagen. Paulus sagte: »Wir vermögen alles durch Christus, der uns stärkt.« Genauso können Sie sagen: »Ich vermag alles zu tun, was Gott mir im Leben aufträgt, weil Christus mich stärkt.« Gott sagt in seinem Wort, er habe uns keinen Geist der Furcht gegeben, also können wir sagen: »Ich werde mich nicht fürchten. Gott hat mir keinen Geist der Furcht gegeben.« Ich denke, inzwischen verstehen Sie, was ich sagen will.

Indem Sie das Wort Gottes laut aussprechen, erneuern Sie Ihren Sinn. Denken Sie daran: Römer 12 lehrt uns, dass Gott zwar einen guten Plan für unser Leben hat, wir aber unseren Sinn erneuern und rechtes Denken erlernen müssen, bevor der Plan wahr wird.

Wovon das Herz voll ist, davon sprudelt der Mund über (Matthäus 12,34), und anders herum: Das, wovon der Mund voll ist, wirkt sich auf das Herz aus. Es ist ein Kreislauf. Was kommt nun zuerst, Gedanken oder Worte? Es ist eigentlich völlig egal, denn beide beeinflussen sich gegenseitig und müssen auch beide korrigiert werden, damit wir in den Genuss des Lebens kommen, für das Jesus gestorben ist.

Sagen Sie nicht länger: »Ich bin deprimiert, ich bin entmutigt, ich will am liebsten aufgeben«, oder: »Mir wird nie etwas Gutes passieren.« All solches Gerede ist vollkommen unnütz. Es sind Worte, die Ihr Leben nicht bereichern, Sie dafür umso mehr vom Leben abhalten können.

Wenn Sie sich selbst bis jetzt für jemanden mit einem schwachem Selbstwertgefühl, ohne Zuversicht, für feige, zaghaft, schüchtern und ängstlich halten, glaube ich, ist dieser Moment ein Wendepunkt in Ihrem Leben. Sie müssen jedoch hartnäckig bleiben. Gewichtige Veränderungen im Leben kommen nicht durch die Dinge, die wir einmal oder zweimal richtig machen, sondern durch beständig richtiges Verhalten.

Zuversichtliche Rede färbt ab

Wenn Sie mit Zuversicht reden, färbt das auf Ihre Mitmenschen ab. Die Leute werden zu Ihnen Vertrauen haben, wenn Sie sich so anhören, als haben Sie Vertrauen in sich selbst. Seien Sie nicht arrogant, aber seien Sie zuversichtlich.

Ich habe eine Mitarbeiterin bei mir im Büro, die der Typ Frau zu sein scheint, die einfach alles zu tun vermag, was man ihr aufträgt. Ich weiß nicht, ob sie wirklich so zuversichtlich ist, wie sie sich anhört, aber auf jeden Fall wirkt sie immer ganz entspannend auf mich. Wann immer wir sie um etwas bitten, sagt sie sofort: »Kein Problem.« Sie meint das nicht arrogant. Sie möchte einfach zum Ausdruck bringen, dass sie es erledigen wird und wir uns nicht mehr darum kümmern müssen. Viel beschäftigte Menschen wie ich brauchen Leute wie sie im Leben.

Ich bin mir sicher, selbst wenn sie nicht wüsste, wie etwas geht, würde sie es herausfinden. Oder sie würde jemand anders heranziehen, der das nötige Know-how hat. Außerdem sagt sie auch häufig, wenn sie gebeten wird, etwas zu tun: »Ich kümmere mich darum«, und das tut sie auch stets.

Ich meine damit nicht, dass Leute sich auch bei fehlender Begabung an Dingen versuchen und etwas vortäuschen sollen. Selbstverständlich sollten wir nur das tun, wozu Gott uns befähigt, aber wir sollten es mit Zuversicht tun. Ich bin zuversichtlich, dass ich eine sehr gute Bibellehrerin bin. Wenn ich es nicht wäre, sollte ich wirklich nicht versuchen, zu lehren. Warum sollte man sein ganzes Leben lang etwas tun, wenn man denkt, dass man es überhaupt nicht kann?

Los geht's, Lady - fangen Sie an, mit Zuversicht zu reden und zu leben! Es ist an der Zeit, dass Sie nach oben blicken, nicht nach unten. Es ist an der Zeit, dass Sie großartige Dinge in Ihrem Leben erwarten.

Hegen Sie zuversichtliche Erwartungen

Wir haben kein Recht, etwas zu erwarten, für das wir nicht gebetet haben. Die Bibel sagt, dass wir nicht haben, weil wir nicht bitten (Jakobus 4,2). Also bitten Sie und bitten immer weiter (Matthäus 7,7).

Die Art des Bittens ist ebenfalls wichtig. In Jakobus 5,16 steht, dass das inbrünstige, wirksame Gebet eines Gerechten unglaubliche Kraft freisetzt. Wessen Gebet? Das eines Gerechten! Nicht von einem, der sich schuldig, verurteilt, zu nichts nütze und so fühlt, als sei Gott auf ihn böse; nicht von jemand, der ängstlich, feige, zaghaft, unentschlossen und wankelmütig ist.

Aber sagt die Bibel nicht, all unsere Gerechtigkeit sei wie schmutzige Lumpen und dass alle gesündigt haben und der Herrlichkeit Gottes nicht entsprechen? Ja, das sagt sie. Doch es ist nicht unsere Gerechtigkeit, die wir beim Beten anziehen, sondern die Gerechtigkeit Jesu Christi. Jene ist es, die jedem echten Gläubigen gegeben wird.

Wir können nicht furchtsam bitten und etwas erwarten. Wir müssen mit Freimütigkeit vor Gottes Thron treten.

Am Kreuz nahm er unsere Sünden von uns und gab uns seine Gerechtigkeit (2. Korinther 5,21). Wir können uns selbst als gerechte Frauen bezeichnen, weil uns Jesus durch sein Blutopfer mit Gott versöhnt hat.

Wir können nicht furchtsam bitten und etwas erwarten. Wir müssen mit Freimütigkeit vor Gottes Thron treten. Mehrere Bibelstellen halten uns genau dazu an:

> *Lasst uns nun ohne Furcht und mit Zuversicht und Freimütigkeit hinzutreten zum Thron der Gnade [zum Thron von Gottes unver-*

dienter Gunst uns Sündern gegenüber], damit wir Barmherzigkeit [für unsere Fehler] empfangen und Gnade finden für alles, was wir brauchen [die passende und zeitlich gut abgestimmte Hilfe, die genau dann kommt, wenn wir sie brauchen]. (Hebräer 4,16)

In dieser Bibelstelle sehen wir die Einstellung, mit der wir kommen sollten. Ohne Furcht! Mit Zuversicht! Freimütig! Wir tun das auf diese Weise, weil wir in der Gewissheit kommen, dass Gott treu und gut ist, und sich unserer Bedürfnisse annimmt.

Wir müssen uns nicht so anstellen, als sei Gott ein Geizhals, dessen Arm wir verbiegen müssen, um ihn zu überzeugen, uns doch bitteschön zu helfen. Er wartet auf Ihren Schrei!

Einige Leute können nicht freimütig beten, weil ihr Gewissen sie belastet. Es gibt Dinge, von denen sie Buße tun müssen und Entschlüsse, die sie fassen müssen, um Dinge zu verändern. Sollte das bei Ihnen der Fall sein, dann tun Sie es einfach. Wenn etwas in Ihrem Leben nicht in Ordnung ist, dann verbringen Sie nicht den Rest Ihrer Tage damit, sich deswegen schlecht zu fühlen ... tun Sie etwas dagegen!

Und, Geliebte, wenn unser Gewissen [unser Herz] uns nicht anklagt [wenn es uns nicht schuldig fühlen lässt und uns nicht verurteilt], haben wir Zuversicht [völlige Sicherheit und Freimütigkeit] zu Gott. (1.Johannes 3,21)

Epheser 3,20 sagt uns, dass Gott über alles hinaus, über die Maßen mehr zu tun vermag, als wir erhoffen, erbitten oder erdenken können. Wagen Sie etwas im Gebet? Erwarten Sie genug? Der Teufel möchte uns glauben lassen, wir müssten mit hängendem Kopf zu Gott kommen und ihm erzählen, wie schrecklich wir doch sind. Er möchte uns glauben lassen, dass wir ja nicht zu viel erbitten sollen, weil wir eigentlich sowieso nichts verdient haben. Satan hat Angst vor kühnen, wagemutigen, zuversichtlichen, furchtlosen und erwartungsvollen Gebeten.

Die folgende Bibelstelle gehört zu meinen Lieblingsversen, also möchte ich Sie bitten, sie besonders aufmerksam zu lesen:

> *Durch unseren Glauben an ihn haben wir Freimütigkeit [Mut und Zuversicht] und freien Zugang zu ihm [ein uneingeschränktes Herantreten an Gott, gekennzeichnet von Freiheit und Furchtlosigkeit].* (Epheser 3,12)

Das ist doch spitzenmäßig, oder? Wir haben freien Zugang. Wir können nach unserem Belieben vor Gott treten. Wir brauchen keine besondere Einladung. Der Thronsaal steht immer offen, Gott ist immer zu Hause, er legt sich nie aufs Ohr oder ist am Telefon. Wir können freimütig hinzutreten und erwarten, dass er sich gerne und mit Freuden um unsere Bedürfnisse kümmert.

Zweifellos beten Millionen von Menschen, doch die Frage ist: Wie beten sie? Beten sie erwartungsvoll, freimütig, furchtlos, zuversichtlich, energisch? Oder beschämt und unter Verurteilung? Erbitten sie gerade mal genug, um über die Runden zu kommen und zweifeln dabei auch noch stark, ob nicht das schon zuviel gefragt ist?

Los geht's, Lady! Beten Sie, wie Sie nie zuvor gebetet haben. Glauben Sie, dass Gott Ihre Bedürfnisse stillen möchte, weil er gut ist, nicht, weil Sie gut sind. Keiner von uns, die wir in einem fleischlichen Körper leben, kann ein perfektes Zeugnis aufweisen. Wir alle machen Fehler, und Ihre Fehler sind wahrscheinlich nicht schlimmer als die von allen anderen auch. Also hören Sie mit der Selbstgeißelung auf und beginnen Sie zu erwarten, dass sich Gott auch in Ihrem Leben als Gott erweisen wird.

SEIEN Sie zuversichtlich, auch wenn Sie sich nicht so FÜHLEN, dann können Sie Gott bei der Arbeit beobachten!

Es ist ein neuer Tag

Viele der falschen Haltungen Frauen gegenüber haben sich bereits geändert oder befinden sich gerade in einem Veränderungsprozess. Wir haben noch einen weiten Weg vor uns, aber wie man so sagt: »wir sind schon weit vorangekommen, Leute!«. Wie ich anfangs angemerkt hatte, schätzen wir die Pioniere in der Frauenrechtsbewegung. Uns tun die Frauen leid, die früher gelebt haben und die Freiheit nicht kannten, die wir heute genießen dürfen. In Trauer erinnern wir uns an die vielen Millionen Frauen in der Geschichte, die ihrer Gott gegebenen Bestimmungen beraubt wurden. Sie allein wären Grund genug, voranzugehen und unser volles Potenzial zu entfalten.

Los geht's, Lady! Es ist ein neuer Tag. Die Hürden sind beseitigt. Die Tür steht weit offen, damit Sie Ihre Träume verwirklichen können. Schreiten Sie mit Vertrauen in die Zukunft und schauen Sie sich nie mehr um!

Anmerkungen

1. Greenberg, Susan H. & Anna Kuchment. »The Family Moon«. *Newsweek*, 9. Jan. 2006, S. 47.
2. *Parenting*, Feb. 2006, S. 100.
3. *Parenting*, ebd., S. 99.
4. *Newsweek*, ebd., S. 98.
5. *Parenting*, ebd., S. 98.
6. ebd., S. 98.
7. ebd., S. 30.
8. ebd., S. 30.
9. ebd., S. 29.
10. ebd., S. 100.
11. ebd.
12. Hafer, Todd. *God's Little Devotional Book for the Workplace* (Colorado Springs: Honor Books, 2001), S. 310-311.
13. www.en.wikipedia.org/wiki/Golden_Gate_Bridge. Letzter Zugriff: 15.6.06.
14. Baxter, Richard; Brother Andrew u. a. *Daily Grace for Teens* (Colorado Springs: Honor Books, 2005).
15. Swindoll, Charles. *Kindred Spirit*, Bd. 22, Nr. 3, Herbst 1998, S. 3.
16. Hafer, Todd. *God's Little Devotional Book for the Workplace* (Colorado Springs: Honor Books, 2001), S. 182-183.
17. »The Journal of John Wesley«, www.ccel.org/ccel/wesley/journal.toc.html. Letzter Zugriff: 16.6.06.
18. Cunningham, Loren; Hamilton, David Joel; mit Janice Rogers. *Why Not Women: A Fresh Look at Scripture on Women in Missions, Ministry and Leadership* (Seattle: YWAM Publishing, 2000), S. 17.

19. Cunnningham, Hamilton, S. 72.
20. Cunnningham, Hamilton, S. 73.
21. »Trafficking In Persons Report« (The Office to Monitor and Combat Trafficking in Persons, U.S. Department of State, 3. Juni 2005).
http://wwwstate.gov/g/rls/tiprpt/2005/46606.htm.
Letzter Zugriff: 16.06.06.
22. ebd.
23. Little, Cindy M. »Female genital circumcision: medical and cultural considerations«. *Journal of Cultural Diversity* (Frühjahr 2003).
24. »2004 National Crime Victimization Survey« (The Rape, Abuse & Incest National Network; RAINN).
http://www.rainn.org/statistics/. Letzter Zugriff: 19.06.06.
25. »Criminal Victimization, 2003« (Washington, DC: Bureau of Justice Statistics, U.S. Department of Justice). *www.ojp.usdoj.gov/bjs/abstract/cv03.htm.* Letzter Zugriff: 16.06.06.
26. ebd.
27. Griffith, Elisabeth. *In Her Own Right: The Life of Elizabeth Cady Stanton* (New York: Oxford University Press, 1984).
28. Das »U.S. Census Bureau« berichtete 2005 im »Current Population Survey Annual Social and Economic Supplement« folgendes: Das Durchschnittseinkommen von vollzeitlich, ganzjährlich beschäftigten Männern ab einem Alter von 16 Jahren sank zwischen 2003 und 2004 um 2,3 Prozent auf US$ 40.798. Das Einkommen der Frauen mit ähnlicher Berufserfahrung sank um 1,0 Prozent auf US$ 31,223. Wegen dem größeren Abfall im Gehalt der Männer lag das Verhältnis zwischen vollzeitlich, ganzjährlich beschäftigten Frauen und Männern bei 77 Cent pro Dollar, im Vergleich zu 76 Cent in 2003.
29. *www.sermonillustrations.com/a-z/f/faith.htm.* Letzter Zugriff 20.6.06
30. *Reader's Digest* (Oktober 1991), S. 62.
31. Fredrickson, Barbara L. »The Value of Positive Emotions: The Emerging Science of Positive Psychology Is Coming to Un-

derstand Why It's Good to Feel Good.« *American Scientist* (Bd. 91, Juli/August 2003). Der Artikel erwähnt eine Studie, in der in den 1930ern die Gefühle und inneren Haltungen einer Gruppe katholischer Nonnen aufgezeichnet wurden, mit dem Ergebnis, dass »die Nonnen mit den meisten positiven Gefühlen bis zu zehn Jahre länger lebten als die mit den wenigsten positiven Gefühlen.«

32. RWD. »Grass on Your Path«. *Our Daily Bread* (18. November 1996).
33. Breakey, Patricia. »›Entitlement Generation‹ expects it all«. The Daily Star (2. Juli 2005). www.thedailystar.com/news/stories/2005/07/02/gen1.html. Letzter Zugriff: 16.06.06.
34. Kennedy, Nancy. »No More Ms. Nice Guy! Confessions of a Recovering People Pleaser«. *Today's Christian Woman* (November/Dezember 2002, Bd. 24, Nr. 6), Seite 70.
35. »A Quick Biography of Benjamin Franklin«, www.ushistory.org/franklin/info/index.htm. Letzter Zugriff: 16.06.06.
36. »Alexander Graham Bell-Biography«, http://inventors.about.com/library/inventors/bltelephone2.htm. Letzter Zugriff: 16.06.06.
37. »Semmelweis, Ignaz Philipp«, http://www.answers.com/topic/ignaz-semmelweis. Letzter Zugriff: 16.06.06
38. Bellis, Mary. »Margaret Knight - Queen of Paper Bags«, http://inventors.about.com/library/inventors/blknight.htm. Letzter Zugriff: 16.06.06.
39. »Female Inventors: Hedy Lamarr«, http://www.inventions.org/culture/female/lamarr.html. Letzter Zugriff: 16.06.06.
40. Goodier, Steve. »Getting What You Deserve«, http://www.inspirationalstories.com. Letzter Zugriff: 16.06.06.
41. »U.S. Census Bureau Report«, www.census.gov. Letzter Zugriff: 19.06.06.
42. Kompiliert von J. John und Mark Stibbe. *A Box of Delights* (Kanada: Monarch Books, 2002), S. 121.
43. Herausgegeben von John Bartlett und Justine Kaplan. *Bartlett's Familiar Quotations* (Boston: Little, Brown and Company, 1996), S. 144-145.

44. ebd., S. 654.
45. Rolks, Gail Meyer. *100 Women Who Shaped History* (San Fancisco: Bluewood Books, 1994).
46. *World Book Encyclopedia* (Chicago: Chicago World Book, Inc., 1996), S. 275.
47. www.brainyquotes.com/quotesauthors/m/margaret_thatcher.html. Letzter Zugriff: 19.06.06.
48. Rolks, Gail Meyer. *100 Women Who Shaped History* (San Fancisco: Bluewood Books, 1994).
49. *International Dictionary of Women's Biography* (The Continuum Publishing Co., 1982).
50. Stowe, Harriet Beecher. *Uncle Tom's Cabin* (New York: Signet Classic, 1966), S. v-vi, 20-21.
51. www.webster.edu/~woolflm/dorotheadix.html. Letzter Zugriff: 19.06.06.
52. *World Book Encyclopedia* (Chicago: World Book, Inc., 1996), S. 171-172.
53. Everhart, Jane. »Yes, Women Are Different from Men«. *International Journal of Humanities and Peace* (Bd. 16, 2000), S. 96.
54. Eggerichs, Dr. Emerson. *Love and Respect* (Nashville: Integrity Publishers, 2004), S. 30.
55. Feldhahn, Shaunti. *For Women Only* (Sisters: Multnomah Publishers, Inc., 2004), S. 25.
56. Sparks, zitiert in *Homemade* (Dezember 1984). Zugriff bei: www.bible.org/illus.asp?topic_id=1695. 19.06.06.
57. Scarf, Maggie. *Unfinished Business: Pressure Points in the Lives of Women* (New York: Doubleday, 1980).
58. Hatcher, Barbara. *Vital Speeches* (1. März 1987). Zugriff: http://www.sermonillustrations.com/a-z/s/speech.htm. 20.06.06.
59. Clifton, James K. »Engaging Your Employees«. SHRM Online, www.shrm.org/foundation/engaging.asp. Letzter Zugriff: 19.06.06.
60. Crenshaw, Carol. »How a Country Music Superstar Found Her Real Self« (1. Dezember 2005). www.wyonna.com. Letzter Zugriff: 19.06.06.

61. »The Numbers Count: Mental Disorders in America«. National Institute of Mental Health. http://www.nimh.nih.gov. Letzter Zugriff: 19.06.06.
62. Perry, Martin. *Confidence Booster Workout* (Berkeley, CA: Thunder Bay Press, 2004).
63. Bluestein, Greg. »Runaway bride's pastor to publish book on ›foolish decisions‹«. *The Macon Telegraph* (6. Januar 2006). http://www.macon.com. Letzter Zugriff: 20.06.06.
64. *Our Daily Bread* (6. April 1995). Zugriff bei: http://www.iclnet.org/pub/resources/text/Our.Daily.Bread/db950406.txt. 20.06.06
65. Augsburger, David. *Caring Enough to Confront* (Ventura, CA: Regal, 1980).
66. Die Geschichte stammt von Dr. Jeff Ginn, der Pastor in der Mount Pleasant Baptist Church in Colonial Heights war.
67. www.cybernation.com/quotationcenter. Letzter Zugriff: 19.06.06.
68. »Teenage girls suffer in silence. They really are worried sick«. The Observer (28. Juni 1998). Zugriff bei: http://www.childrensexpress.org/dynamic/public/d299901.htm. 19.06.06.
69. Larson, Bruce. *Preacher's Commentary #26: Luke* (Nashville: Nelson Reference and E-publications, 2003), S. 43.
70. www.cybernation.org/quotationcenter. Letzter Zugriff: 19.06.06.
71. Comfort, Ray. *Hell's Best Kept Secret* (New Kensington: Whitaker House, 1989), S. 160-161.
72. Frei nach Ortberg, John. *The Great Stories CD* (South Barrington).
73. Miller, Kevin A. *Surviving Information Overload* (Grand Rapids: Zondervan, 2004), S. 27.
74. »The Life of Henry Ford«. http://www.hfmgv.org/exhibits/hg/default.asp. Letzter Zugriff: 19.06.06.
75. »People & Discoveries: Jonas Salk 1914-1995«. http://www.pbs.org/wgbh/aso/databank/entries/bmsalk.html. Letzter Zugriff: 19.06.06.
76. *Bits & Pieces* (29. April 1993), S. 3.

77. Hendricks, Howard in *The Monday Morning Mission.* Zugriff bei: www.sermonillustrations.com/a-z/c/change.htm. 19.06.06.
78. Allen, Charles. *Victory in the Valleys of Life* (Old Tappan: Revell, 1981).
79. www.cybernation.com/quotationcenter. Letzter Zugriff: 19.06.06.
80. Kyne, Peter B. *The Go-Getter: A Story That Tells You How to Be One* (New York: Times Books, 2003).
81. *Bits & Pieces* (31. März 1994), S. 24. Zugriff bei: www.bible.org/illus.asp. 19.06.06.
82. »Courage: They All Voted to Die«. *Child Evangelism.* Zugriff bei: www.elbourne.org/sermons/index.mv?illustration+3928. 19.06.06.
83. McCartney. »Courage: Facing Down a Threat«. Zugriff bei: www.elbourne.org/sermons/index.mv?illustration+3925. 19.06.06.
84. »Courage«. Zugriff bei: www.elbourne.org/sermons/index.mv?illustration+1285. 19.06.06.
85. Paul Harvey (Los Angeles Times Syndicate). Zugriff bei: www.sermonillustrations.com/a-z/c/courage.htm. 19.06.06.
86. »To Save a Life: Stories of the Holocaust Rescue«. Synopse der Geschichte, The Barbara Makuch Story. Zugriff bei: www.humboldt.edu/~rescuers/book/synopses.html. 19.06.06.
87. Wurmbrand, Richard. *In the Face of Surrender: Over 200 Challenging and Inspiring Stories of Overcomers* (New Brunswick: Bridge-Logos Publishers, 1998), S. 219-220.
88. Erzählt von Harold Dye in *The Teacher.* Zugriff bei: http://elbourne.org/sermons/index.mv?illustration+3930. 20.06.06.

Joyce Meyer

Über die Autorin

Seit 1972 ist Joyce Meyer als Bibellehrerin tätig, seit 1980 sogar vollzeitlich. Sie ist Bestseller-Autorin von mehr als siebzig Büchern wie zum Beispiel „Das Schlachtfeld der Gedanken“ und „Süchtig nach Anerkennung“. Mit ihrer humorvollen und direkten Art bringt sie die Dinge des Alltags anhand der Bibel auf den Punkt - lebensnah, überzeugend und echt. Joyce’ Radio- und Fernsehprogramme *Enjoying Everyday Life* oder *Den Alltag genießen* werden weltweit ausgestrahlt. Häufig werden die Sendungen auf den vielen Konferenzen aufgezeichnet, die Joyce jährlich abhält. Ihre Vorträge werden außerdem auch als DVDs und Audio-CDs verbreitet. Joyce und ihr Mann Dave haben vier erwachsene Kinder und leben in St. Louis, Missouri, USA.

Über Joyce Meyer Ministries (JMM)

Hilfe für Arme und Leidende

Joyce und Dave Meyers zentrales Anliegen ist es, armen und verletzen Menschen in der ganzen Welt zu helfen. Es geht darum, nicht nur zu reden, sondern auch konkret zu handeln. Darum bringt Joyce Meyer Ministries (JMM) humanitäre Hilfe in verschiedene Krisenregionen der Welt. Dies geschieht mit über 13 internationalen Büros und in Zusammenarbeit mit über 50 weltweit tätigen Missionsgesellschaften.
Auf diese Weise werden über fünf Millionen Mahlzeiten in den Hungerregionen der Welt ausgegeben, über 40 Waisenheime in armen Ländern unterhalten, Dörfer mit sauberem Trinkwasser versorgt und Tausende von Gefängnisinsassen unterstützt. Außerdem gründet und fördert JMM Gemeinden in Ländern, wo Christen unter Verfolgung leiden, bietet medizinische Hilfe und hilft alten wie jungen Menschen in den „Ghettos“ von Großstädten, wie mit dem Dream Center in St. Louis.

TV und Radio

Die *Enjoying Everyday Life* (*Den Alltag genießen*) Sendungen in Radio und Fernsehen erreichen täglich Hunderttausende weltweit. Im September 1993 wurde das Programm wöchentlich auf zwei Kanälen ausgestrahlt. Heute kann *Enjoying Everyday Life* täglich und wöchentlich auf über 507 Kanälen, darunter mehrere große Kabel- und Satelliten-Stationen, weltweit empfangen werden und außerdem auf www.joyce-meyer.de rund um die Uhr. Das Programm wird mittlerweile auch in weitere Sprachen, unter anderem Deutsch, übersetzt und kann sogar in der arabischen Welt empfangen werden. So wird das Evangelium täglich weltweit verbreitet.

Konferenzen

Konferenzen quer durch die USA (bis zu 14 im Jahr) und auch im Ausland sind nach wie vor Joyce' Leidenschaft. Die Menschen kommen in Scharen, und Joyce predigt das Wort Gottes und gibt praktische Lebenshilfe in der ihr eigenen direkten und humorvollen Art. Gleichzeitig werden diese Konferenzen für Fernsehsendungen aufgezeichnet.

www.joyce-meyer.de

Treffen Sie JMM im Internet. Infos, Videos, Kontaktmöglichkeit, weitere Bücher, DVDs und CDs bestellen und vieles mehr.

Joyce Meyers persönliches Geschenk an Sie

Als Leser dieses Buches können Sie jetzt eine kostenlose Vortrags-DVD von Joyce Meyer erhalten. Einfach diesen Gutschein-Code [BK0207] mit Ihrer Anschrift versehen und an

Joyce Meyer Ministries
Postfach 76 10 01
D-22060 Hamburg

schicken, oder ins Internet gehen unter
www.joyce-meyer.de/geschenk .

Dort Adresse und Gutschein-Code eingeben, abschicken. Die DVDs werden vierteljährlich verschickt. Wir bitten deshalb um etwas Geduld.

Weitere Bücher von Joyce Meyer

Das Schlachtfeld der Gedanken
Gewinne die Schlacht in deinem Verstand
Ca. 276 Seiten, Pb, Euro 17,- [D], 17,50 [A], sFr 29,90,
ISBN 978-3-939627-00-5
Ein wahrer Bestseller. Mit diesem Buch hat Joyce Meyer Millionen geholfen, ihre Gedankenwelt in göttliche Bahnen zu lenken. Gedanken von Sorgen, Furcht und Zweifel müssen nicht mehr ihr ungehindertes Spiel mit Ihnen treiben. Fangen Sie an darüber nachzudenken, worüber Sie nachdenken, und erneuern Sie ihr Denken mit dem Wort Gottes. Ihr Leben wird sich drastisch positiv verändern. Die Wahrheit macht frei.

Süchtig nach Anerkennung
Hör auf, allen gefallen zu wollen
Ca. 297 Seiten, Pb, Euro 16,- [D], 16,50 [A], sFr 28,-,
ISBN 978-3-939627-01-2
Ist es Ihnen wichtiger, was andere über Sie denken, als was Gott über Sie denkt?
Fühlen Sie sich unsicher in Ihren Entscheidungen?
Brauchen Sie ständig Bestätigung von anderen für das, was Sie tun? Dann sind Sie höchstwahrscheinlich süchtig nach Anerkennung. Joyce Meyer zeigt einen Weg auf, sich selbst zu finden, zu akzeptieren, wer man ist und sich auf Gott zu verlassen. Die Botschaft ist, dass Gott uns alle Anerkennung gibt, die wir brauchen.

Der richtige Start in den Tag
Andachten für jeden Morgen
Ca. 396 Seiten, Hardcover, Euro 15,- [D], 15,50 [A], sFr 26,50, ISBN 978-3-939627-02-9
Ein neuer Tag – Was gibt's Neues? – Gottes Gnade ist jeden Morgen neu. Finden Sie es heraus. In kurzen, knackigen Andachten gibt Joyce Meyer einen Gedankenanstoß pro Tag mit einem passenden Bibelvers und seiner praktischen Umsetzung im Alltag. Herausfordernd, humorvoll, anregend.

Die geheime Kraft von Gottes Wort in deinem Mund
Ca. 173 Seiten, Hardcover, Euro 13,50 [D], 13,90 [A], sFr 24,-, ISBN 978-3-939627-03-6
Während ihres Lebens und Dienstes hat Joyce Meyer wiederholt die schöpferische Kraft erfahren, die im Aussprechen des Wortes Gottes liegt. In diesem Buch trägt sie die wichtigsten Verheißungen und Bekenntnisse aus der Bibel für verschiedenste Lebensumstände zusammen: Bekenntnisse für Eltern, Singles und Familien, und was die Bibel über Ärger, Sorge und gesellschaftliche Verantwortung sagt. „Gottes Wort in deinem Mund" im Alltag angewandt wird Ihr Leben verändern.

Traum statt Trauma
Tipps für lebenslanges Eheglück
Ca. 380 Seiten, Pb, Euro 17,- [D], 17,50 [A], sFr 29,90, ISBN 978-3-939627-04-3
„Unsere Ehen sollen ein Triumph und keine Tragödie sein," sagt Joyce Meyer, die selber mehr als 30 Jahre verheiratet ist. Gott bietet uns praktische Hilfe durch sein Wort, damit Ehen zu dem werden können, wozu er sie erdacht hat. Egal ob 30 Tage oder 30 Jahre verheiratet, ob noch Single, ob in einer Ehekrise oder einfach nur bemüht, die Ehe zu verbessern. In diesem Buch findet der Leser biblische Prinzipien und viele praktische Tipps zur „Traum-Ehe".

Heilung für zerbrochene Herzen
Erlebe Wiederherstellung durch die Kraft des Wortes Gottes
Ca. 110 Seiten, Pb, Euro 9,80 [D], 10,- [A], sFr 17,90, ISBN 978-3-939627-05-0
Gott hat einen wunderbaren Plan für unser Leben, aber oft fällt es uns schwer, dies zu glauben und zu erleben, weil uns Verletzungen aus der Vergangenheit plagen und uns gefangen halten. Dieses Buch gibt Antwort. Lernen Sie, wie Gott Sie sieht. Sie werden erleben, wie Seine Liebe Sie zur Ruhe bringt, Hoffnung für die Zukunft gibt und Ihr verwundetes Herz heilt.

Freu dich des Lebens auf dem Weg zum Ziel
Ca. 221 Seiten, Pb,
Euro 13,80 [D], 14,20 [A], sFr 24,60
ISBN 978-3-939627-06-7
Kennen Sie das? - „Wenn dieses und jenes endlich in meinem Leben eintritt, dann werde ich mich freuen." So hat wohl jeder schon mal gedacht. Joyce Meyer zeigt den biblischen Weg, wie man zu einer beständigen Freude findet, die einen unabhängig von Umständen und (un)erfüllten Wünschen das Leben genießen lässt.

Gottes Plan für dich
Entdecke die Möglichkeiten
Ca. 137 Seiten, Hardcover,
Euro 18,- [D], 18,50 [A], sFr 31,60
ISBN 978-3-939627-07-4
Viele Menschen erleben kein erfülltes Leben, weil sie sich ständig vergleichen und versuchen, jemand anderes zu sein. Ihnen ruft Joyce Meyer zu: Sei du selbst! Entwickle dein Potenzial! Mit einem Schlüssel-Gedanken pro Seite untermauert mit Wort Gottes führt dieses Buch den Leser durch Schritte wie Selbstannahme, Heilung und Vertrauen. Kurz wie ein Andachtsbuch mit tiefen Einsichten und erfrischend einfach für jeden Tag.

Schlüssel zum außergewöhnlichen Leben -
Verwandle dein Leben mit der Frucht des Geistes
Ca. 260 Seiten, Pb,
Euro 13,50 [D], 13,90 [A], sFr 24,-
ISBN 978-3-939627-08-1
Gott möchte, dass Liebe, Freude und Frieden in unserem Leben wachsen, ebenso Geduld, Sanftmut und Güte, Treue, Demut und Selbstbeherrschung. Lernen Sie das Geheimnis von geistlichem Wachstum kennen. Und Sie werden sehen, wie Ihr Leben die Welt um Sie herum positiv beeinflussen wird.

Gut aussehen. Gut fühlen
12 Schlüssel für ein gesundes, erfülltes Leben
Ca. 256 Seiten, Pb,
Euro 14,50 [D], 14,90 [A], sFr 25,70
ISBN 978-3-939627-09-8
New York Times Bestseller

Sie sind unendlich wertvoll für Gott! Dennoch haben viele Menschen ein niedriges Selbstwertgefühl und gehen auch entsprechend nachlässig mit ihrem Körper um. Joyce Meyers 12-Punkte-Plan führt Sie durch überraschende biblische Erkenntnisse sowie praktische Tipps für einen gesunden, entspannten Lebensstil, damit Sie sich gut fühlen und obendrein noch gut aussehen.

Jetzt mal Klartext
Gefühlskämpfe überwinden durch die Kraft des Wortes Gottes
Ca. 418 Seiten, Hardcover,
Euro 19,- [D], 19,60 [A], sFr 33,20
ISBN 978-3-939627-10-4

Joyce Meyer sagt Angst, Einsamkeit und Sorgen den Kampf an. Niemand muss sich durch negative Gefühle klein kriegen lassen. In *Jetzt mal Klartext* liefert Joyce erfrischende, lebensverändernde Einsichten mit Geschichten aus ihrem persönlichen Leben, praktischen Ratschlägen, alles untermauert mit Bibelstellen.

Ein völlig neues Leben
Wie man Christus annimmt und was das bedeutet
80 Seiten, Pb,
Euro 6,- [D], 6,20 [A], sFr 11
ISBN 978-3-939627-13-5

Das Leben ist voller Entscheidungen. Aber es gibt eine Entscheidung, die wichtiger als alle anderen ist. Ob Sie Jesus Christus als Herrn annehmen oder nicht, ist die Entscheidung, von der alles andere im Leben abhängt, einschließlich die Frage, wo Sie die Ewigkeit verbringen werden. Dieses Buch ist ein Muss für ganz neue Christen und solche, die es werden wollen. Auch gut zum Verschenken geeignet.

Schreiben Sie uns!

Was hat Ihnen dieses Buch konkret gebracht? Haben Sie Anregungen? Möchten Sie Joyce Meyer Ministries etwas mitteilen? Dann schreiben Sie uns.

Joyce Meyer Ministries
Postfach 76 10 01
D-22060 Hamburg